외국인직접투자와 규제개혁

(Inward Foreign Direct Investment and Regulatory Reform)

변 재 웅

계명대학교 출판부

"본 연구는 2011년도 계명대학교 비사연구기금으로 이루어졌음."

머리말

외국인직접투자가 수용국에 미치는 경제적 효과는 다양한데, 특히 긍정적인 효과로서 고용증가, 국제수지의 개선, 기술이전에 의한 생산성 향상, 경영자원 확보, 경쟁제고, 투자증대에 의한 경제성장 등 다양한 효과가 있다. 이에 따라 외국인직접투자의 역할이 창조경제시대 더욱 중요시 되고 있다.

외국인투자기업이 한국경제에서 차지하는 비중은 2012년 기준으로 전 산업의 6%, 제조업의 10.3%로 국내 고용환경에 높은 기여를 하고 있으며, 외투기업이 한국의 전 산업 매출에서 차지하는 비중은 13.7%이며, 수출총액의 20.2%, 연구개발의 경우 7.1%를 각각 차지하는 등 이미 국내 경제에 중요한 역할을 하고 있다. 하지만 지속적인 유입증가가 없어서 추가적인 외국인직접투자 유치의 노력이 필요한 실정이다. 하지만 각종규제로 한국의 외국인직접투자의 제도는 OECD 국가 중 규제수준이 상당히 높고, 이에 따라 외국인투자유치는 낮은 수준이다. 최근 한국 투자환경에 대한 외국계기업 인식 조사에도 한국의 투자환경이 열악한 것으로 나타났으며, 정책의 일관성과 규제개혁의 중요성을 잘 보여주고 있다.

'외국인직접투자와 규제개혁'은 이러한 외국인직접투자의 중요성을 인식하고, 외국인직접투자의 다양한 측면을 최신 동향과 사례를 제공하는 전문서적으로 집필되었다. 한국경제는 성숙한 경제체제로 이행하기 위한 창조경제를 실현하기 위하여 규제개혁을 통한 산업 서비스화와 외국인직접투자의 중요성이 강조되는 시점이다.

본 '외국인직접투자와 규제개혁'은 전문저서로 모두 11개의 주제를 다루고 있는데, 외국인직접투자 배경과 동기(제2장), 한국의 외국인직접투자 현황 및 경제적 효과(제3장), 외국인직접투자의 주요 정책(제4장), 외국인직접투자의 지원제도(제5장), 경제자유구역(제6장), 한국 지방자치단체 외국인직접투자 지원제도 비교(제7장), 구미시 외국인직접투자 유치 성공요인 분석(제8장), 싱가포르 외국인직접투자 유치 성공 사례(제9장), 최근 인도 외국인투자 유치정책의 변화와 시사점 연구(제10장), 외국인직접투자와 규제개혁(제11장), 외국인직접투자의 문제점과 개선방안(제12장)을 각각 분석한다. 관련 자료는 주로 각종 문헌연구와 UNCTAD, 인베스트코리아, 관련기관 통계자료 등 국내외 2차 발간 자료를 중심으로 분석하였으며, 필요시 1차 방문 자료도 이용하였다.

'외국인직접투자와 규제개혁' 관련 전문서적의 출간을 기쁘게 생각하며, 그 동안 학문적 성장을 격려해주신 여러 교수님, 교정에 수고해준 제자 신영훈, 박재영 군과 출판에 도움을 주신 계명대학교 출판부, 본 저서가 비사연구비로 수행될 수 있게 허락해준 계명대학교에 감사드립니다. 마지막으로 그동안 연구 활동을 늘 지지해주고, 격려해준 사랑하는 아내와 딸에게 감사의 마음을 전합니다.

2015년 1월 5일
아름다운 성서 캠퍼스에서

저자 변재웅 (올림)

목차

제1장

서론

| 제1장 |

서론

외국인직접투자는 '외국소재 생산시설이나 판매기관 등에 대해 경영권을 확보할 목적으로 신규로 회사를 설립하거나 주식을 매입하는 것'을 말한다. 외국인직접투자는 원칙적으로 장기적인 투자를 의미하며, 형태는 크게 구주취득과 인수합병을 목적으로 하는 M&A형과, 사업장이나 공장을 신설하는 Greenfield형으로 구분할 수 있다.

외국인직접투자는 일반적으로 수용국의 경제성장, 기술 및 생산성 향상 등 다양한 분야에 긍정적 효과가 크다. 이에 따라 외국인직접투자의 역할이 창조경제시대에 더욱 중요시 되고 있다. 하지만 각종규제로 한국의 외국인직접투자의 제도는 OECD 국가 중 규제수준이 상당히 높고, 외국인투자유치 실적은 아직 낮은 수준이여서 이에 대한 다양한 분석과 대책이 필요하다. '외국인직접투자와 규제개혁'은 이러한 외국인직접투자의 중요성을 인식하고, 최신 동향과 사례를 제공하는 전문서적으로 집필되었다.

한국경제가 성숙한 경제체제로 이행되고 창조경제를 실현하기 위해서는 규제개혁을 통한 산업 서비스화와 외국인직접투자의 중요성이 강조된다. 규제개혁은 크게 입지, 에너지 및 환경, 노동 분야의 규제개선으로 기업부담의 완화와 투자 활성화가 필요하다. 이를 위하여 제조업의 서비스화, 고부가치 서비스산업의 육성을 통한 산업 서비스화로 성장 동력의 확충과 이에 맞는 규제환경 정비가 필요하다. 또한 외국인직접투자 촉진을 위하여 한국기업의 국내 U턴을 지원하는 종합적인 지원제도가 필요하다. 이와 함께 기업 관련규제와 노동시장의 환경 개선이 절대적으로 필요하다.

대한상의(2014)가 외국계 기업 201개사를 대상으로 조사한 한국 투자환경에 대한 외국계기업 인식 조사에 따르면 외국계 기업 55%가 한국의 투자환경이 열악하다고 인식하고 있는 것으로 나타났다. 외자유치 증대를 위하여 필요한 정책 과제로 특히 정책일관성확보(36.3%), 규제완화(27.9%), 인센티브 효율화(22.9%), 주거교육환경 등 사회 인프라 구축(12.4%)이 필요한 것으로 나타나 정책의 일관성과 규제개혁의 중요성을 잘 보여주고 있다. 본서는 총 12장으로 구성되어 있으며, 각장의 구성은 다음과 같다.

제 2장은 외국인직접투자 배경과 동기 및 경제적 효과에 대해서 분석한다. 특히 외국인직접투자의 긍정적인 효과로서 수용국의 고용증가, 국제수지의 개선, 기술이전에 의한 생산성 향상, 경영자원 확보, 경쟁제고, 투자증대에 의한 경제성장 등이 있다. 일례로 외투기업이 한국경제에서 차지하는 비중은 2012년 기준으로 전 산업의 6%, 제조업의 10.3%로 국내 고용환경에 높은 기여를 하고 있다. 또한 외투기업이 한국의 전 산업 매출에서 차지하는 비중은 13.7%이며, 수출총액의 20.2%를 차지하는 등 이미 국내 경제에 중요한 역할을 하고 있다.

먼저 외국인직접투자 관련 문헌연구(literature survey), 외국인직접투자 유치배경 및 목적, 외국인직접투자의 경제적 효과로서 수용국 및 투자국의 경제적 효과, 한국의 외국인직접투자의 경제적 효과, 외국인직접투자 유치 성공사례로 대구텍을 각각 분석한다.

제 3장은 한국의 외국인직접투자 현황을 분석한다. 먼저 세계 외국인직접투자 동향으로 유입과 유출 현황을 UNCTAD(2013) 자료를 중심으로 살펴본 후, 한국의 외국인직접투자 유입 현황을 유치성과, 연도별, 국가별, 산업별, 규모별, 형태별 동향을 각각 분석한 후, 한국에 진출한 외투기업 현황을 분석한다.

2012년 유입기준으로 세계 외국인직접투자 유입비중은 선진국 41.5%, 개도국 52.0%, 체제전환국이 6.5%를 각각 차지하였다. 2007년 선진국의 외국인직접투자 유입비중(65.9%)이 개도국(29.4%)보다 훨씬 높았으나, 점차 개도국의 비중이 증가하면서 2012년도에는 52%로 선진국(41.5%)을 추월하였다. 한국의 경우, 2005~2012년 동안 외국인직접투자 유입 보다는 해외로 나가는 유출 비중이 크다. 기업의 생산기지 세계화 등으로 해외직접투자가 계속 늘어 외국인직접투자 순유출 확대 추세가 2006년을 기점으로 심화되고 있다. 2008년 해외직접투자 잔액이 외국인직접투자 잔액을 초과하는 FDI 순유출국으로 전환되었다. 연도별, 국가별, 산업별, 규모별, 형태별 동향을 각각 자세히 분석한다.

제 4장에서는 한국의 외국인직접투자의 주요 정책에 대해 분석한다. 한국의 외국인직접투자 유치정책의 주요 핵심사항은 고용창출, 산업의 기술경쟁력 강화, 동북아 비즈니스허브 구현에 기여할 수 있는 외국인직접투자를 중점 유치하고, 경쟁국보다 좋은 투자환경 조성에 중점을 두는 정책을 의미한다. 외국인투자자들이 한국에 투자

하는 주된 이유로는 FTA를 통한 글로벌 네트워크 이용, 거대시장인 중국, 일본, 러시아 등과 가까운 지리적 이점 등이다.

한국의 외국인직접투자의 정책방향, 정책의 변화, 외국인직접투자의 절차, 한국의 투자요인을 각각 분석한다. 일례로 2012년 정부는 외국인직접투자가 경제에 미치는 기여도를 높이기 위해 외국인 투자촉진법 시행령을 일부 개정하였다. 개정 방안의 주요 방향은 규제나 절차를 완화하는 조치와 함께 특히 양질의 고용창출과 핵심 고기술산업의 투자유치로 인한 기술 파급효과 제고 등 경제적 기여도를 높이는 방향으로 설정하여 지속적인 외국인직접투자 유치의 양적, 질적 성장을 추진하였다. 특히 2014년 이후 외국인직접투자의 각종 규제개혁을 통하여 외국인직접투자 유치를 경주하고 있다.

제 5장은 한국의 외국인직접투자 지원제도에 대해 살펴본다. 외국인직접투자와 관련된 법령에는 외국인투자촉진법(전체법령), 외국인투자조세감면규정(기획재정부), 경제자유구역 지정 및 운영에 관한 법(경제자유구역청), 조세특례제한법 등 기본법령과 기타법령으로 구성되어 있다.

5장에서 한국의 외국인투자촉진법, 외국인직접투자의 보호와 규제, 한국의 외국인직접투자에 관한 조세지원제도, 현금지원제도, 외국인직접투자의 입지 및 기타 지원제도를 각각 분석한다. 한국의 외국인직접투자에 대한 제도는 1998년 최초로 제정된 외국인투자촉진법을 통해 꾸준히 변화하고 관리되었다. 한국은 외국인직접투자의 자유화를 표방하는 개방적인 제도를 가지고 외국인투자가들의 대외송금 보장, 외국환거래의 정지조항 예외적용, 내국민 대우, 조세감면 규정 등의 차별적용 배제 등을 시행함으로써 보호하고 있다. 그러나 외국인투자촉진법을 적용하기 어려운 공공성격의 업종에 대해서는 외국인직접투자 대상 업종에서 배제되거나 일정 수준 이상 투자하지 못하도록 제한하는 업종도 존재한다.

우리나라의 외국인직접투자 관련 조세지원은 외국기업이 우리나라에서 첨단고도기술을 수반하는 제조시설이나 R&D 센터 또는 업종별로 일정 규모 이상의 시설 또는 사업장을 직접 설치 · 운용하는 경우에 한하여 허용되고 있다. 그 대상 업종은 제조업, 관광업, 물류업 등에 한정되어 있다. 즉, 한국에 지주회사 형태로 진출하는 외국기업이나, 설사 지주회사라는 법적 형태를 갖추지 않아도 지역본부로서 주로 외국 자회사나 지점을 관리 · 감독하거나 그룹 차원의 용역을 제공하는 기업에 대해서는 이렇다 할 조세지원제도가 없는 실정이다.

더구나 경제적 이중과세 해소를 위해 최근 도입된 연결납세제도, 동업기업과세제도 등도 100% 한국에서 설립되어 운용되는 토종 내국기업만을 대상으로 적용하고 있기 때문에 외국기업으로서는 한국에 지역본부를 세울 조세상 유인이 전혀 없는 실정이다. 뿐만 아니라, 지역본부 설립 시 고용할 고급인력들의 영어 사용 수준이나 외국인투자가들의 주거환경 등에 있어서도 우리나라가 아시아의 다른 경쟁국들에 비해 우월한 점이 많지 않은 실정이다. 일례로 말레이시아는 항공우주, 생명공학, 정보기술(IT) 등 지식 집약적 산업에 대해선 해외 기업에도 최대 100% 법인세를 면제해주고 있다.

제 6장은 외국인직접투자의 중요한 역할을 하는 경제자유구역(Free Economy Zone: FEZ)을 분석한다. 경제자유구역은 외투기업의 경영환경 개선과 규제완화를 통해 기업의 자율성과 투자유치를 최대한 보장하는 경제특구의 개념이며, 산업 · 상업 · 물류 · 주거단지

가 어우러진 복합개발 방식으로 15~20년의 개발을 통해 국제비즈니스 도시를 조성되는 단지이다.

한국의 경우, 제조업 중심의 성장한계를 극복하고 동북아 국가 간 경쟁에서 우위를 선점하기 위한 국가적인 신성장동력 확보의 필요성에서 비롯되었다. 외국의 경우, 중국 푸동지역, UAE의 두바이, 싱가포르, 네덜란드, 아일랜드가 경제자유구역을 지정하여 외국기업유치, 규제완화, 세제혜택 등을 통해 성공적으로 운영되고 있다.

2002년 경제자유구역법 지정 및 운영에 관한 법률이 제정되어 2003년 3개 지역에 경제자유구역이 지정되었다. 2008년도에 추가로 평택 · 당진, 대구 · 경북, 군산 · 새만금 등 3곳이 지정되었으며, 또한 2013년에 국가 균형발전과 지역 경쟁력 제고 차원에서 동해안권(강원)과 충북지역이 추가로 지정되었다. 하지만 최근 2014년 정부는 90개 지구 중, 외국인 투자 유치 실적이 저조해 개발이 부진한 지구를 선별하여 지정을 해제하는 구조조정을 할 계획이다.

6장에서 먼저 경제자유구역 개요, 투자 개요, 투자 유치, 그리고 문제점을 분석한 후, 경제자유구역 개선방안, 사례 연구로 대구 · 경북 경제자유구역을 각각 분석한다. 현재 경제자유구역의 문제점으로 경제자유구역 개념의 모호 및 국내 투자유치특구의 중복, 각종 행정규제와 복잡한 인 · 허가 절차로 인한 신속성 결여, 외국투자자의 정주여건 부족, 경직된 외국인 고용제도, 경제자유구역간의 중복투자 및 차별화 부재 등이 있다. 이를 위해 경제자유구역 개선방안으로 효율적인 사업추진을 위한 행정 통합 및 Control Tower 구축, 외국인 임대단지 조성 필요, 경제자유구역청의 독립성 강화를 통한 책임 경영체제 구축, 국내기업 역차별 완화, 글로벌 U-Turn 기업의 전략적 유치방안 등을 분석한다.

제 7장은 한국지방자체단체의 외국인직접투자 제도 비교에 대해서 분석한다. 외국인직접투자의 지역경제의 파급효과는 지역자본형성, 고용창출, 선진기술이전, 산업연관, 경쟁우위 촉진 등 다양하다. 지방자치단체들의 제도(지방세, 입지지원 및 현금지원 제도) 비교, 경제특구간의 차별화 부재, 기존 외투기업과의 형평성 문제 등 지방자치단체의 외국인직접투자 문제점에 대해서 분석한다. 그리고 지방자치단체의 외국인직접투자 문제점의 개선방안으로 지방자치단체 지역개발의 지방분권화 필요, 지방자치단체의 과당경쟁 방지책 마련, 외국인직접투자 인센티브 철회제도 강화에 대해서 각각 분석한다.

제 8장은 지방자체단체의 외국인직접투자 유치의 성공사례로 구미시의 외국인직접투자 정책과 성공요인을 분석한다. 지방자치단체의 경우, 외국인직접투자가 경제성장, 고용창출에 기여할 뿐 아니라, 산업경쟁력을 직접 · 간접으로 강화시키는데 기여한다고 판단하고 외국인직접투자 유치에 적극적이다. 구미시는 입지지원, 현금지원, 조세감면과 인센티브제도 등의 다양한 정책을 통하여 성공적으로 외국인직접투자를 유치하고 있다. 본 장은 구미시의 외국인직접투자 유치정책의 성공요인을 분석하기 위하여 구미시의 투자유치정책 및 제도, 구미시의 투자유치성과 및 성공요인, 아사히글라스의 구미시 투자유치 성공사례를 각각 분석한다.

제 9장은 외국인직접투자 유치의 성공사례로 평가되고 있는 싱가포르의 투자 유치 전략과 성공요인에 대해서 분석한다. 싱가포르는 FDI 유출보다 외국인직접투자 유입이 훨씬 많은 투자유입 성공국가이다. 외국인직접투자는 2008년 122억 달러로 세계의 0.67%의 비중이었으나, 그동안 꾸준히 증가하여 566.5억 달러로 전 세계 외국인직접투자의 4.19%를 차지하는 등, 전세계 7위의 투자유입국이다.

싱가포르는 1960년 이후 정부주도, 수출주도, 외국인직접투자 주도 산업정책을 바탕으로 성장하다가 2000년대 이후 싱가포르 국가발전을 위한 청사진을 EDB(Singapore Economic Development Board)가 주도한 "Industry 21" 정책을 발표하고 지식기반경제에 바탕을 둔 경제체제로 전환하였으며, 이에 일환으로 외국인직접투자를 적극 유치하여 성공하고 있다. 싱가포르 경제의 특징은 소규모 개방경제, 정부관리 경제체제가 특징이다. 특히 생명공학, 전자, 석유화학, 그리고 서비스산업의 외국인직접투자 유치에 많은 노력을 경주하고 있는데 이러한 분야가 상당히 성공적으로 평가된다.

싱가포르는 외자유치와 건전한 투자환경 제공이라는 측면에서는 성공한 국가로 인정받고 있다. 싱가포르의 외국인직접투자 정책 및 인센티브 제도는 다국적기업의 지역본부 유치, 의료서비스, 금융 서비스, 제조업 분야 등의 발전에 기여하였다. 싱가포르 사례는 부족한 국내 부존자원으로 성공적인 외국인직접투자의 유치로 경제발전에 기여하였다는 점에서 의의가 있다.

제 10장은 인도 사례로 최근 외국인직접투자의 정책과 제도에 대해서 분석한다. 인도는 13억의 인구대국이자 소비중심의 경제구조를 가진 국가로 중국을 이은 글로벌 소비시장으로 부상할 것이라는 전망과 IT 등 첨단 업종에 강점을 보이는 만큼, 인도에 대한 관심이 증가하고 있다. 외국인직접투자의 중요성과 인도시장의 중요성이 증대되고 있어 이에 대한 연구가 필요한 실정이다. 이러한 맥락에서 인도정부는 최근 외국인직접투자 유입을 위하여 국내의 각종 제도를 정비하여 국내외 자본의 유치 및 수출증대 효과를 통한 국가경쟁력 강화를 추진한다는 점에서 한국기업의 인도 진출은 경쟁력 제고를 현실화시켜 줄 수 있는 유용한 수단이다. 본 장은 UNCTAD, 인도산업정책진흥국

등 최근 통계자료를 중심으로 인도의 외국인직접투자 투자 현황, 인도의 최근 외국인직접투자 유치 정책을 분석한다.

제 11장은 외국인직접투자와 규제개혁에 대해서 분석한다. 외국인직접투자의 꾸준한 유입에도 불구하고 한국의 외국인직접투자는 여전히 경제개발협력기구(OECD) 가운데 최하위 수준이다. 한국의 저조한 외국인직접투자 유치의 원인으로는 각종 규제가 지목되고 있는데, 일례로 OECD가 외국인 소유 제한, 인허가 절차 등을 비교한 외국인직접투자 규제지수에서 한국은 6번째로 높은 것으로 나타나 규제개혁의 필요성을 알 수 있다.

먼저 한국의 외국인직접투자 유치 문제점으로 한국의 외국인직접투자 제한업종 및 절차, WEF, IMD의 한국기업 평가, 한국의 외국인직접투자 규제지수, 기타 한국의 외국인직접투자 애로사항에 대해서 분석한다. 그리고 한국의 외국인직접투자 활성화 · 고도화 계획으로 한국의 외국인직접투자 규제완화 계획, 외국인직접투자 기타 애로사항 개선 계획, 그리고 외국인직접투자 규제완화, 애로사항 해결을 통한 기대 효과 및 시사점에 대해서 각각 분석한다. 또한 외국인직접투자 규제개혁 성공사례로 울산시 규제완화 성공사례, 강원도의 레고랜드(Lego Land) 유치사례, 말레이시아 레고랜드 유치 성공사례, 그리고 영국 규제개혁 성공사례를 각각 분석한다.

제 12장에서는 한국의 외국인직접투자의 문제점과 개선 방안에 대하여 분석한다. 국내 외국인직접투자 제도의 문제점으로 경직적인 노사관계, 외국인직접투자 제도의 미흡, 경제자유구역 제도 미흡 및 문제점, 조세제도 및 인센티브제도의 취약성, M&A형 외국인직접투자에 대한 부정적 인식, 국내 외국인직접투자 유치제도의 중복 등이

있다. 특히 한국의 높은 외국인직접투자 규제제도 또한 외국인직접투자 유치의 문제점으로 지적되고 있다. OECD가 규제와 인허가 행정 등을 평가한 외국인직접투자 규제지수는 한국이 미국, 독일 등 보다 크게 높다. 따라서 현재 외국인직접투자 제도는 규제완화를 통한 외자유치라는 정책을 제대로 반영하지 못하여 정비가 미흡한 실정이다.

국내 외국인직접투자 제도의 개선방안으로 외국인직접투자 유치제도의 개선, 지역 중견기업과의 합작투자(joint venture) 형식의 외국인직접투자 장려, 투자환경 개선방안, 외국인직접투자를 위해 특화된 투자유치 모델 선정, 경제특구 제도 개선을 통한 전문성 강화, 국내 대기업의 외국 협력업체 한국투자 장려, 기존 투자기업들의 증액투자 유도 등에 대한 분석과 대책이 필요하다. 이러한 정책과 제도의 개선과 합리화를 통하여 창조경제를 더욱 활성화 할 수 있다.

참고문헌

대한상공회의소(2014), "한국 투자환경에 대한 외국계기업 인식 조사", 보도자료 2079호.

한국은행(2014), "우리나라 FDI의 순유출 전환요인과 시사점", 경제리뷰 2014-7, 한국은행.

제2장

외국인직접투자 배경과 동기 및 경제적 효과

| 제2장 |

외국인직접투자 배경과 동기 및 경제적 효과

1. 서론

제 2장은 외국인 직접투자 배경과 동기 및 경제적 효과에 대해서 분석한다. FDI는 생산성, 고용, 경제성장, 경영자원 확보 등 투자수용국(host country)에 미치는 영향에 관한 실증적인 연구에 의하면, 일반적으로 FDI가 수용국의 경제성장, 기술 및 생산성 향상에 긍정적 효과가 있음을 주장이 있다. 본장은 제 2절에서 FDI 관련 문헌연구(literature survey)를 한 후, 제 3절에서 외국인직접투자유치 배경 및 목적으로 추진 배경과 외국인직접투자유치 중점 지구 현황을 분석한다. 제 4절에서 외국인직접투자의 경제적 효과로서 수용국 및 투자국의 경제적 효과, 한국의 외국인직접투자의 경제적 효과, 외국인직접투자 유치 성공사례로 대구텍을 분석한 후, 제 5절에서 결론을 도출한다.

2.
문헌연구(Literature Survey)[1]

FDI의 생산성, 고용, 경제성장 등 투자수용국(host country)에 미치는 영향에 관한 실증적인 연구가 그동안 진행되어 왔다. 일반적으로 FDI가 수용국의 경제성장, 기술 및 생산성 향상에 긍정적 효과가 있음을 주장하고 있는데 반하여, 최근의 실증연구들은 FDI의 영향에 대해 부정적 연구결과도 상존하고 있다. 먼저 수용국 경제에 FDI의 긍정적인 역할에 대한 국내외 연구로는 Borensztein, De Gregorio, Lee(1998), Balasubramanyam *et al*(1996), Afraro, Chanda, Kalemli-Ozcan, Sayek(2002) 등이 있으며, 기술, 생산성 향상등 파급효과가 있다고 주장하는 연구로는 Gorg and Strobl(2001), Grossman and Helpman(1995), Blomstrom and Sjoholm(1999), Haskel *et al*(2002), Keller and Yeaple(2003), Javorcik(2004), Fernandes and Paunov(2008), Zhang(2001), Choe(2003), 김승진(1999), 이홍식, 강성진(2006), 조용수(2006), 연태훈(2003) 등이 있다.

특히 Balasubramanyam *et al*(1996)는 46개 개발도상국(1970~1985년)의 FDI 영향에 관한 연구에서 외투기업의 투자로 수용국의 경제성장을 촉진한다고 주장한다. FDI로 수용국내 기업 간의 경쟁 제고로 경쟁우위를 선점하기 위하여 생산 및 연구개발과 관련된 분야에 투자를 하게 되고, 이러한 투자로 생산성의 향상과 혁신적 제품 생산으로 경제가 성장한다고 본다. Grossman and Helpman(1995) 연구는 외국인직접투자는 투자자본과 함께 다양한 인적자본 및 선진기술이 함께 유입되는 등 중요한 지식의 확산이 함께 이루어지기 때문에 생산성 향상과 국내 독점기업의 국제적 경쟁을 촉발시키는 역할 등 긍정적인 영향을

1 변재웅(2014), pp. 41–43.

미친다는 견해이다.

Blomstrom and Sjoholm(1999)는 인도네시아의 횡단면자료를 이용하여 FDI의 효과를 분석한 결과, 외투기업의 그 소유 정도가 높을수록 전반적으로 높은 수준의 노동생산성을 보이고 있을 뿐만 아니라, 다국적기업에 의한 자회사 설립은 국내기업에게도 기술확산(technology diffusion)을 통한 노동생산성의 향상을 유발하는 긍정적인 영향을 주장한다. Braga and Willmore(1991)는 브라질의 사례연구에서 FDI는 수입된 기술, R&D, 제품의 질과는 상관관계가 있으며, 수입된 기술은 기술 발전과 제품의 질에도 긍정적인 영향이 있다는 견해이다. Haskel *et al*(2002)도 영국 제조업체의 패널 데이터(Panel Data, 1973~1992년)분석을 통해 고용(부가가치) 측면에서 외투기업의 소유정도는 영국 국내기업의 총요소생산성 향상과 상관관계가 있으며, FDI의 확대가 기술 확산에 대해 긍정적인 효과가 있다고 본다.

하지만 Ruane and Ugar(2005), Barry, Goerg, and Stroble(2005)의 아일랜드 사례연구에서 유입 FDI가 파급효과가 없다고 주장한다. 또한 Djankov and Hoekman(2000)는 체코공화국 사례연구, Oteng-Abayie and Frimpong(2006)은 가나의 사례연구, Wasantha Athukorala(2003)는 스리랑카의 사례연구에서 FDI가 경제성장(생산성 향상)에 영향이 없다고 각각 주장한다. Hermes and Lensink(2003)과 Borensztein *et al*(1998)의 연구는 FDI가 수용국의 경제성장에 부정적인 영향이 있다고 주장한다. 또한 Aitken and Harrison(1999) 연구는 베네수엘라의 패널자료(1976~1989년)를 이용하여 FDI와 기업 생산성간의 관계를 분석하였는데, 외투기업에서 제조업 전반의 생산성을 높이는 데는 다소 긍정적으로 기여하였으나, 기업의 생산성에는 부정적인 영향을 미치는 것으로 나타났다. Haddard and Harrison(1993) 연구도 모로코에 대한 실증분석에서 국내기업의 생산성과 FDI 간에는 음의 상관관계를 보여준다.

기업환경이 FDI에 미치는 영향에 대한 소수의 연구결과가 있다. 먼저 외국 사례로는 Bénassy-Quéré *et al*(2007)는 52개국의 사례분석 결과, 수용국과 투자국 제도의 근접성이 양방향 FDI를 증가시킨다는 결과를 보여주고 있다. 조세제도, 창업의 용이성, 낮은 부패수준, 투명성, 계약법의 준수, 재산권의 안정, 사법절차의 효율성 등과 같은 공공부문의 효율성이 FDI를 유인하는 주요 요인이며, FDI 유인에 있어서 제도의 질을 높이려는 정책의 중요성을 강조한다.

한편 Bellak and Leibrecht(2005) 연구는 법인세 인하가 FDI의 유인에 미치는 영향을 35개국 패널자료(1995~2002년) 분석에서, 과거에는 조세인하 정책이 FDI 유인에 유효하였으나, 민영화와 관련하여 FDI가 감소하는 미래에는 FDI 유인을 위한 유효한 정책이 아니라는 견해이다. 한편 최준욱(2002)은 FDI와 조세감면의 효과에서 세부담 경감은 실질적인 투자효과가 미미하고 오히려 그 국가의 세수 결손만 가져온다고 한다. Roberts(2006)는 FDI의 결정요인에서 재산권제도와 민주주의는 FDI 유입에 긍정적인 영향을 미치는 요인이며, 신뢰할 만한 정책도 중요한 요인으로 분석한다. 국제무역에 대한 조세부과, 외국인 투자정책, 자본흐름의 제약조치 등과 같은 정책도 FDI의 변화를 결정하는 요인으로 파악한다.

3. 외국인직접투자유치 배경 및 목적

3.1. 추진 배경

한국은 1950년대 한국전쟁으로 인해 피폐해진 국토의 재건과 국가발전을 위해 짧은 시간 내에 경제를 재건하기 위하여 노력하였다. 그러나 인적자원이나 천연자원이 부족한 상태에서 성장에 필요한 재정적 자원을 확보하기가 어려웠기 때문에 외국으로부터 필요한 재정적 자원을 도입해 오는 것은 필수적인 과제였다. 외자도입 초기에는 미국 등으로부터 경제원조를 받았지만 영속적으로 경제원조에 의지하기에는 한계가 존재했으며, 바람직하지도 않았다. 따라서 한국 정부는 1960년대에 이르러 외자유치를 위한 노력을 경주하였는데, 특히 제1차 5개년 계획이 시작되던 1960년대 초반에는 외자도입 등을 통한 투자재원의 확보가 계획의 성패를 좌우하는 중요한 요인으로 부상하였다.

1960년대 초반에는 '외자도입촉진법', '차관에 대한 지불보증에 관한 법률', '장기결제방식에 의한 자본재도입에 관한 특별조치법' 등 외자도입에 관한 개별적인 법률들이 제정 · 시행되었으나, 이러한 법률들은 상호 중복되거나 모순되는 등 혼선을 야기하는 측면이 있었다. 이에 따라 1966년에 위 세 가지 법률들을 '외자도입법'으로 일원화하면서 외자도입에 대한 효과적인 규율이 이루어지도록 하였다. 1967년에는 외자도입 합리화를 위한 종합시책을 발표하여 연도별 외자도입 규모를 제한하고, 이후에는 국제금융기구로부터의 차관도입, 외국으로부터의 은행차관도입 및 외화채권발행에 의한 포괄적 외자조달방식으로 점진적으로 전환함으로써 외자도입의 규모가 커졌다. 1970년대 후반부터 정부는 점차 외국인직접투자에 대한 규제를 줄여나갔으나, 여전히 1980년대 전반까지는 규제의 측면이 강했다. 이에 따라 정부가 전반적으로 자율화, 개방화 정책을 추진하기 시작하면서 1984년에는 외자도입법 시행령을 개정하였다. 이를 통해 종래의 외국인직접투자 허용업종 열거방식을 제한업종 열거방식으로 전환하고, 외국인직접투자 허용비율을 철폐하는 등 외국인직접투자에 대한 문호를 대폭 개방하였다.

1990년대에 이르러서는 내외부적인 요청에 의해서 친화적인 외국인직접투자 환경이 조성되기 시작했다. 1996년 OECD에 가입과 1997년 IMF 외환위기로 인해 외국인직접투자에 대한 규제완화의 외부적 동력은 더욱 커지게 되었다. 이에 따라 현재 한국의 외국인직접투자법제는

과거에 비해 훨씬 개방적이고 투자친화적인 성격을 띈다.[2]

3.2. 외국인직접투자유치 중점 지구 현황

〈표 1〉은 국내 외국인직접투자 유치 지역별 비교이다. 현재 한국에서 외투기업의 유치를 장려하는 형식은, 경제자유구역, 산업단지, 국제자유도시, 자유무역지역, 외국인투자지역으로 구분된다. 이 중 산업단지는 외국인직접투자가 가능하나 원칙적으로 국내기업 위주의 유치를 진행하고 있으며, 국제자유도시는 현재 제주도에 국한 되어있다. 각 지역의 지정목적과 대략적인 지원방법은 조금씩 상이한데, 자세한 내용은 다음과 같다.

〈표 1〉 국내 외국인직접투자 유치 지역별 비교

구분	경제자유구역	산업단지	국제자유도시	자유무역지역	외국인 투자지역
지정목적	외국인 친화적 경영 생활환경 조성을 통한 적극적인 외자 유치로 동북아 비즈니스 거점으로 육성	산업입지의 원활한 공급을 통한 균형있는 국토개발과 지속적인 산업 발전 추진	국제적 기준 적용 등을 통해 제주도를 국제 자유 도시 조성	무관세 등 자유로운 제조, 무역 활동 보장을 통해 외자유치 및 지역 경제 활성화 기여	3천만 달러 이상 대규모 외국인투자에 대한 세제 등 인센티브 부여로 대규모 투자 우대
지정	지식경제부장관	국토해양부장관	국토해양부장관	지식경제부장관	시 · 도지사
요건	국제공항, 국제항만 요건 삭제	지방 산단: 지사 국가 산단: 장관	제주도	항만, 공항주변 지역, 산업단지	제한없음
자격	외투기업	국내기업	국내외기업	제조 · 물류 · 무역 · 지원 서비스업 (제조업은 외투 기업만 허용)	외투기업

자료: 대구경북경제자유구역(http://www.dgfez.go.kr/)

2 법무부(2012), pp. 16–17.

1) 경제자유구역 지정목적

경제자유구역(Free Economy Zone: FEZ)은 제조업 중심의 성장한계를 극복하고 동북아 국가간 경쟁에서 우리나라가 우위를 선점하기 위한 국가적인 신성장동력 확보의 필요성에서 비롯되었다. 경제자유구역은 외투기업의 경영환경 개선과 규제완화를 통해 기업의 자율성과 투자유치를 최대한 보장하는 경제특구의 개념이다. 외국의 경우 중국 푸동지역, UAE와 두바이, 싱가포르, 네덜란드, 아일랜드가 경제자유구역을 지정하여 외국기업유치, 규제완화, 세제혜택 등을 통해 성공적으로 운영되고 있다. 경제자유구역의 자세한 내용은 6장에서 분석한다.

2) 자유무역지역 지정 목적

자유무역지역은 자유로운 제조, 물류, 유통 및 무역활동 등이 보장되는 지역으로써 외국인직접투자, 무역의 진흥, 고용 창출, 기술의 향상을 통하여 국가 및 지역경제 발전에 이바지함을 목적으로 지정된 지역이다. 자유무역지역에 입주한 입주업체에 대해서는 외국인투자 신고, 공장건축허가, 수출입 승인 등 모든 행정업무를 산업통상자원부 자유무역지역관리원에서 일괄처리하는 One-Stop 서비스 체제를 구축하여 편의를 제공하고, 이를 통해 외국인직접투자 유치 및 수출 등을 지원하기 위해 지정된 지역이다. 뿐만 아니라 외국인직접투자에 대해서는 관련 법령에 따라 조세감면, 저렴한 임대료 및 지원시설 등 각종 혜택을 부여하고 있으며 특히 관세유보지역으로서 어느 지역보다도 수출입 활동이 유리할 수 있도록 지정된 지역이다.

〈표 2〉는 자유무역지역 지정 및 운영 현황이다. 이를 보면 현재 우리나라는 1970년 마산지역을 최초의 자유무역지역으로 지정했으며, 현재까지 8개의 자유무역지역을 지정하였다.[3]

---

3 울산자유무역지역(http://ftz.go.kr/ulsan/)
〈http://ftz.go.kr/ulsan/UlsanFreeTradeArea/freeTradeArea.jsp〉

〈표 2〉 자유무역지역 지정 및 운영 현황

구분	마산	익산	군산	대불	동해	율촌	울산	김제
지정 시기	70년 1월	73년 10월	00년 10월	02년 11월	05년 12월	05년 12월	08년 12월	08년 12월
면적 (천m²)	953	309	1,256	1,157	248	343	837	992
비고	-	'11년 산업 단지 전환	-	-	-	-	'14년 까지 조성계획	'13년 까지 조성계획

자료: 울산자유무역지역(http://ftz.go.kr/ulsan/)

3) 외국인직접투자지역 지정목적

외국인투자지역은 역사적으로 외국인기업전용단지, 외국인투자지역, 외국인투자지역(단지형+개별형)으로 발전되어 왔으며, 외국인투자촉진법 제정(1998.11.17) 이후 경제적 효과가 큰 대규모 신규투자를 유치하기 위하여 특별히 도입된 제도이다. 이를 통해 선진기술을 보유한 외국인투자자들에게 특정지역에 토지세 부담을 완화하여 투자유치 및 촉진을 통한 지역경제 활성화와 국가경제발전을 도모하기 위한 목적으로 지정되었다. 이러한 외국인투자지역에 입주가능 업종은 '외국인 투자 지역별 관리 기본계획'에서 정한 업종이어야 하며, 외국인투자촉진법을 근거 법률로 한다.

이러한 외국인투자지역은 크게 개별형과 단지형, 임대형으로 구분되고, 외국인투자자들에게 지원하는 인센티브는 크게 저렴한 임대료, 임대료 지원 및 조세감면, 자유로운 사업운영 보장 등으로 요약할 수 있다. 2012년도 기준으로 단지형의 경우 18개, 임대지구는 4개, 개별형 외국인투자지역은 60개가 지정되어있다.

4.
외국인직접투자의 경제적 효과

4.1. 수용국 및 투자국의 경제적 효과

〈표 3〉 외국인직접투자의 수용국 경제영향

구분		내용
긍정적 효과	고용 증가	• 수용국의 생산시설의 투자증대에 의한 직접적인 고용창출 • FDI의 유입으로 수용국의 수출증대 등을 통한 간접적인 고용창출
	국제수지의 개선	• 현지자회사의 과실송금 및 로열티를 수용국에 재투자할 경우 수용국에 유익 • 대규모 직접투자 자본이 해외로부터 유입되므로 국제수지 개선
	기술이전에 의한 생산성 향상	• 선진국의 우수한 기술력을 확보한 다국적기업을 받아들이는 경우 기술이전으로 인한 생산성 증대 효과로 선진국 간 투자에 비해 상대적으로 크게 나타남
	경영 자원 확보 효과	• 설비나 인간에 체화된 기술과 같은 경영자원은 해외직접투자의 유치를 통해 이전받는 것이 용이 • 특히 경영자원과 인력, 국내자본이 부족한 개도국의 경우 크게 나타남
	경쟁제고 효과	• 수용국 시장의 경쟁을 활성화시킴으로써 현지경쟁구조의 효율성 제고 • 가격하락에 의한 소비자 후생 증대 • 경영상의 효율성을 증대시켜 수용기업의 생산성 향상
	투자증대에 의한 경제성장 효과	• 수용국의 유휴자원과의 결합을 통하여 경제활동의 활성화 • 선진 다국적기업들은 수용국 기업보다도 유리한 조건으로 자본 조달
	기타 효과	• 저개발지역에 대한 투자수용은 지역 균형 개발 촉진 • 국내의 유휴 생산요소와 결합은 국내 자원 효율적 배분

<table>
<tr><th colspan="2">구분</th><th>내용</th></tr>
<tr><td rowspan="5">부정적 효과</td><td>국제수지 악화</td><td>• 장기적으로 원리금의 상환, 이익배당과 로열티 등의 상환, 현지투자기업에 의한 외국으로부터의 자본재, 중간재, 원자재 수입증가</td></tr>
<tr><td>자국의 경제 종속화</td><td>• 수용국의 산업기반이 취약할 경우, 상대국 투자기업과의 경쟁에서 살아남기 힘듬</td></tr>
<tr><td>외국기업 진출에 따른 산업구조 변화</td><td>• 수용국 정부의 외국인 소유기업에 대한 정책에 따라 산업구조가 변화</td></tr>
<tr><td>현지국 정부 · 국민의 경제주권침해</td><td>• 주요 의사결정이 투자국 기업에서 이루어질 경우, 수용국 정부의 정책이나 국민경제적 이익을 침해하는 의사결정을 할 가능성</td></tr>
<tr><td>외국기업의 정치적 개입</td><td>• 외국기업들의 로비스트 활용, 정치단체에 대한 헌금, 압력단체 등 행동으로 수용국 정부의 정책결정에 압력 행사</td></tr>
</table>

자료: 변재웅(2010), p. 138.

〈표 3〉은 외국인직접투자가 수용국에 미치는 경제적 효과를 보여준다. 수용국은 문헌연구에서도 알 수 있듯이 다양한 경제적 효과가 있다. 특히 긍정적인 효과로서 고용증가, 국제수지의 개선, 기술이전에 의한 생산성 향상, 경영자원 확보, 경쟁제고, 투자증대에 의한 경제성장 등 다양한 효과가 있다. 하지만 수용국에 미치는 경제적 효과는 수용국 정부가 외투기업에 대한 태도와 정책, 사회문화적 환경, 국민적 정서, 경제수준 등 여러 요인에 의해 효과가 달라진다.

기업들의 FDI 활동은 수용국 뿐만 아니라, 투자국 경제에도 많은 영향을 미치게 된다. 예를 들어 일국 기업이 FDI를 통해 수용국에 진출하여 생산 공장을 설립할 경우, 투자국의 입장에서는 투자국 내 해당제품의 생산 감소와 실업률의 증가, 그리고 자본의 해외유출, 산업공동화 등과 같은 부정적인 효과가 발생할 수 있다. 따라서 FDI를 실행하는 기업들은 경영활동을 수행함에 있어 수용국 정부뿐만 아니라, 투자국 정부의 정책도 고려해야 한다. 외투기업은 투자국의 정부 · 국민 · 이해집단 등이 투자기업에 대한 인식과 태도를 고려한 범세계적 경영전략이 필요하다. 〈표 4〉는 FDI 투자국의 경제영향을 보여준다.

〈표 4〉 FDI 투자국 경제영향

구분		내용
긍정적 효과	고용 증가	• 수출유발효과→국내 생산활동 증가, 고용 창출 • 해외자회사 운영에 따른 전문 관리직 고용 증가
	국제수지 개선	• 현지법인의 순이익 중 배당금, 대부금에 대한 이자, 기술제공의 대가인 로열티 수입, 투자국 파견 직원의 임금 등 • 투자 원금, 대부금의 회수
	생산요소 및 시장의 확보	• 투자국에서 획득하기 곤란한 천연자원, 저렴한 노동력과 같은 각종 생산요소 확보 • FDI를 통한 현지생산체제 구축, 시장 확보 • 시장 확보로 인한 현지 정부규제 완화
	산업구조에 미치는 효과	• 자국의 비교열위산업을 해외로 이전하면 수용국에서 경쟁력 있는 산업구조로 전환될 가능성→산업구조 고도화
	기업의 수익성 향상과 성장의 촉진	• 현지생산에 필요한 기계, 부품 등의 수출 증가 • 제품에 대한 수용국 수요 증대에 따른 수출 증가→본사의 수익성 향상→해외직접투자 (선순환)
부정적 효과	고용 감소	• 국내 생산 활동 위축으로 인한 일자리 감소 • 생산거점 해외이전으로 인한 국내공장 폐쇄→고용 감소
	국제수지 악화	• 생산이 해외에서 이루어짐으로써 제품이 국내로 역수입되면 국제수지에 악영향
	조세수입 감소	• 현지법인 소득의 국내 송금액에 대한 과세(조세수입)는 기업이 내부거래를 통해 이전가격을 조작할 경우 감소함
	역수입에 따른 국내산업과의 마찰	• 현지 생산 제품이 국내로 역수입 될 경우 동종의 국내산업과 마찰
	산업공동화 현상	• 해외수입의 증대와 국내생산기반의 위축으로 인한 산업공동화 현상 • 생산라인의 해외이전과 국내 투자환경의 악화에 따른 국내 제조업 투자부진
	기타 효과	• 투자 주체인 민간기업은 영리 추구 목적이 강하기 때문에 국가의 경제정책에 반(反)하는 투자를 할 수 있음

자료: 변재웅(2010), p. 133.

4.2. 한국의 외국인직접투자의 경제적 효과

〈표 5〉 외투기업의 경제적 성과 및 국내비중

연도		2010			2011		
업종		제조	비제조	전체	제조	비제조	전체
고용	만 명 (%)	24.7 (10.0)	23.6 (4.5)	48.4 (6.0)	27.0 (10.4)	23.0 (4.2)	50.1 (6.2)
수출	억 달러 (%)	–	–	923 (19.8)	–	–	1,007 (18.1)
R&D	십억 원 (%)	1,333 (5.4)	–	–	1,860 (7.1)	–	–
매출	조 원 (%)	296 (19.6)	103 (7.3)	399 (13.6)	387 (23.0)	95 (5.9)	482 (14.7)

자료: 김승진(2014), p. 56.

〈표 5〉는 한국에서 외투기업의 경제적 성과 및 국내비중을 나타낸 것이다. 현재까지 국내에 진출한 외투기업은 총 15,691건으로 집계되었다.[4] 이중 Global Fortune 500대 기업에 속해있는 약 250개 기업이 한국에 직접투자를 하고 있다. 한국의 고용환경에서 외투기업이 차지하는 비중은 2012년 기준으로 전 산업의 6%, 제조업의 10.3%로 국내 고용환경에 높은 기여를 하고 있다. 또한 외투기업이 한국의 전 산업 매출에서 차지하는 비중은 13.7%이며, 수출총액의 20.2%를 차지하는 등 이미 국내 경제에 중요한 역할을 하고 있다.[5]

한국의 외국인직접투자 유치비중과 사례를 좀 더 자세히 살펴보면 다음과 같다. 〈그림 1〉은 2010~2011년 기간 동안 발생한 외국인직접

4 산업통상자원부(http://www.motie.go.kr/)
〈http://www.motie.go.kr/motie/in/it/companyguide/companyguide.jsp〉

5 유인홍(2014), p. 22.

투자가 국민경제에서 차지하는 비중을 보여준다. 매출의 경우, 2010년 13.6%에서 2011년 14.7% 비중으로 소폭 증가하였으나, 부가가치는 같은 기간 동안 14.8%에서 14.1%로 소폭 하락하여 외형은 성장하였으나 수익성은 다소 악화되었다. 고용은 6%에서 6.2%로 소폭 증가했으나, 수출은 19.8%에서 18.1%로 감소하였다. 연구개발의 경우에는 5.4%에서 7.1%로 증가하였다. 따라서 한국에서의 외국인직접투자가 국민경제에 차지하는 비중은 적지 않으나, 지속적인 유입 · 증가가 없어서 추가적인 외국인직접투자 유치의 노력이 필요하다.

〈그림 1〉 FDI가 국민경제에서 차지하는 비중

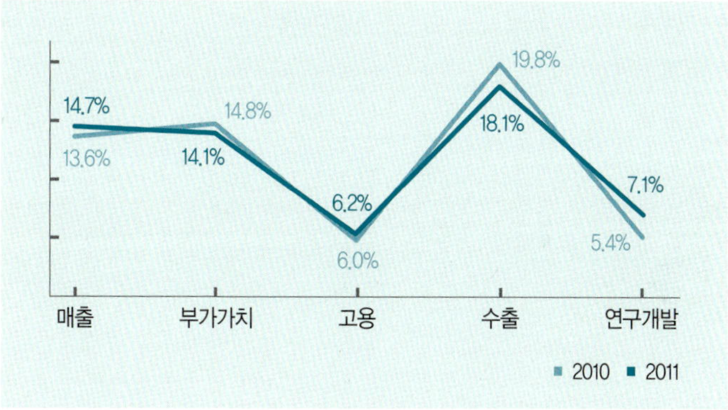

자료: 산업통상자원부 공식 블로그(http://blog.naver.com/mocienews/)

〈표 6〉은 2011~2012년도의 외투기업의 대규모 고용창출 사례를 보여준다. 대규모 고용창출의 대표적인 사례로는 한국GM(17,100명), 앰코테크놀로지코리아(5,925명), 로템(3,892명), ASE(2,325명), 아드반테스트(432명), 미국의 코닝(534명)이 있으며 이들의 고용인원을 모두 합하면 30,208명에 달한다.

〈표 6〉 외투기업의 대규모 고용창출 사례(2011~2012년)

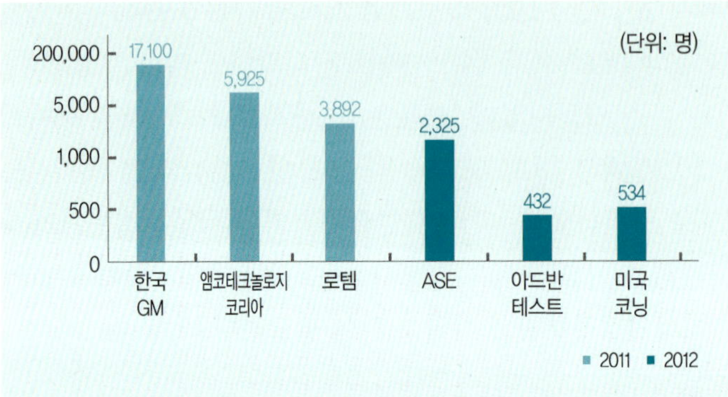

회사명	업종	고용인원
한국GM	자동차제조	17,100
앰코테크놀로지코리아	전자집적회로 제조	5,925
로템	철도차량 제조	3,892
ASE	시스템반도체 패키징 및 테스트업	2,325
아드반테스트	반도체테스트장비제조	432
미국 코닝	OLED용 유리기판제조	534

자료: 산업통상자원부 공식 블로그(http://blog.naver.com/mocienews/)

〈표 7〉 산업가치사슬 완성 사례

회사명	산업 가치사슬 완성 사례
동우화인캠	• 모회사의 핵심기술을 이용한 연구 및 생산을 통해 디스플레이 소재의 국산화를 가능케 하여 국내 LCD 산업의 가치사슬 완성
TOK	• 포토레지스트 생산의 독점적 기술을 가진 일본기업이 국내에 생산거점을 설립하여 안정적인 소재 공급으로 반도체 · 디스플레이 산업의 경쟁력 제고
보쉬	• 국내기술이 전무한 높은 기준의 디젤연료 분사시스템 부품생산공장을 설립하여 국내 완성차 업체에 공급
유미코아	• 양극재료 전구체용 원료 및 양극재료 전구체로 전기자동차 및 2차전지 제조에 필수적으로 투입되는 핵심 원재료 공급

자료: 산업통상자원부 공식 블로그(http://blog.naver.com/mocienews/)

〈표 7〉은 외투기업이 국내의 산업가치사슬을 완성한 사례를 보여주는데, 동우화인캠, TOK, 보쉬, 유미코아 등이 국내 전자, 자동차, 전지 산업 등에 경쟁력을 높이는 산업의 가치사슬을 완성시킨 대표적인 사례이다.

〈표 8〉 2010~2011년도 매출액 증가 상위 12대 외투기업 (단위: 백만원)

연번	기업명	업종	2010 매출액	2011 매출액	증가액
1	GS칼텍스 주식회사	제조업	33,039,593	44,954,889	11,915,296
2	S-오일 주식회사	제조업	20,511,068	31,913,863	11,402,795
3	한국GM 주식회사	제조업	12,597,422	15,068,001	2,470,579
4	엘에스니꼬동제련 주식회사	제조업	7,581,034	9,184,537	1,603,503
5	호남석유화학 주식회사	제조업	7,189,059	8,463,484	1,274,425
6	현대하이스코 주식회사	제조업	5,846,521	6,935,251	1,088,730
7	삼성토탈 주식회사	제조업	5,626,041	6,831,353	1,205,312
8	현대코스모 주식회사	제조업	1,145,084	1,948,878	803,794
9	에릭슨엘지㈜	제조업	606,593	1,379,695	773,102
10	쌍용자동차 주식회사	제조업	2,101,432	2,773,120	671,688
11	동국제강	제조업	5,271,376	5,909,399	638,023
12	볼보그룹코리아	제조업	1,735,827	2,360,852	625,026

자료: Invest Korea(2012), p. 56.

한국의 외투기업은 실적 추이 면에서도 기여도가 높다. 〈표 8〉은 2010~2011년도 매출액 증가 상위 12대 외투기업인데, 2011년 외투기업의 제조업 부문의 매출액 비중은 비제조업의 4배이다. 한국의 이들 외투기업은 제조업에서만 90조원이 넘는 매출액 증가를 보이며, 전체 외투기업 매출을 견인하였다. 이는 상대적으로 매출규모가 큰 대규모 투자기업이 주로 제조업에 집중되어 있는 현상에 의해 발생하는 문제이다. 일례로 2010년 대비 매출액 증가액순 상위기업을 살펴보면, 상위 12대 기업이 모두 제조업에 속해 있으며, 정유, 자동차제조, 금속, 화학 등 사업규모가 큰 산업에 실적이 높은 대표적 외투기업이 많이 있다.[6]

〈표 9〉는 2010년~2011년간 외투기업의 수출입 규모와 국내기업 대비 비중을 보여준다. 이에 따르면, 외투기업의 수출입 비중은 수출면에서 2010년 19.8%에서 18.1%로 감소하고, 수입면에서는 2010년 21.4%에서 2011년 23.6%로 늘어나 수출실적이 상대적으로 감소한 것을 알 수 있는데, 이는 당시 외투기업들의 지분처분 등에 의한 감소이다. 그럼에도 불구하고 외투기업이 국내수출에서 차지하는 비중은 상대적으로 높아 국내 경제에 많은 기여를 하고 있다.[7]

〈표 9〉 외투기업의 수출입 규모와 국내기업 비중(2010~2011년) (단위: 백만원)

산업 산업	국내기업		외투기업		외투기업의 수출입 비중	
	2010년	2011년	2010년	2011년	2010년	2011년
수출	466,384	555,214	92,329	100,713	19.8	18.1
수입	425,212	524,413	91,157	123,967	21.4	23.6

자료: 김동희(2014), p. 91.

〈표 10〉은 외투기업의 고용규모 및 국내기업 대비 비중을 보여준다. 2011년 외투기업 고용규모는 전 산업에서 500,630명으로 전년 대비 16,800여명 증가하였으며, 국내비중도 6%에서 6.2%로 증가하였다. 산업별로는 제조업 27만명, 비제조업 19만 4천명으로 종사자 수에 있어서는 전년도에 비해 모두 증가하였다. 외투기업이 국내기업에서 차지하는 비중은 제조업만 소폭 증가를 기록하였으며, 비제조업의 경우 외투기업 고용규모는 전년대비 증가하였으나 국내기업의 전체 고용규모

6 Invest Korea(2012), p. 55.

7 김동희(2014), p. 93.

가 확대되며 상대적으로 비중이 감소되었다.[8]

〈표 10〉 외투기업의 고용규모 및 국내기업 대비 비중 (단위: 명, %)

산업	국내기업		외투기업		외투기업의 고용비중	
산업	2010년	2011년	2010년	2011년	2010년	2011년
전산업	7,698,676	8,067,180	483,817	500,630	6.0	6.2
제조업	2,472,717	2,605,919	247,487	270,281	10.0	10.4
비제조업	4,856,906	5,072,103	190,499	194,057	3.9	3.8
금융업	369,053	389,158	45,832	36,292	12.4	9.3

자료: 김동희(2014), p. 91.

〈표 11〉은 2010년과 2011년의 외투기업의 부가가치규모 및 국내기업 대비 비중을 보여준다. 외투기업의 산업별 부가가치는 2011년 기준으로 전 산업의 약 80조 원, 제조업 52조 원, 비제조업 28조 원으로서 전년도에 비해 부가가치가 약 2.1% 감소하였다. 이는 국내기업이 전 산업과 제조업, 비제조업에 걸쳐 소폭 상승한 것과는 대조되는 것으로서, 외투기업은 수익성과 경영환경면에서 전년도 대비 증가세를 보인 제조업이 강점으로 보이고 있다.[9]

〈표 11〉 외투기업의 부가가치규모 및 국내기업 대비 비중(2010~2011년)

산업	국내기업		외투기업		외투기업의 부가가치 비중	
산업	2010년	2011년	2010년	2011년	2010년	2011년
전산업	554,872	576,116	82,370	80,639	14.8	14.1
제조업	279,866	288,990	49,599	52,143	17.7	18.0
비제조업	275,006	287,126	32,771	28,496	11.9	9.9

자료: Invest Korea(2012), p. 57.

8 Invest Korea(2012), p. 56.

9 Invest Korea(2012), p. 57.

4.3. 외국인직접투자 유치 성공사례: 대구텍

1) 대구텍 연혁

〈표 12〉는 대구텍의 주요 연혁표이다. 1916년 창립한 상동광산을 모체로 하여, 1952년 9월 국영기업 대한중석광업(주)으로 출범하였다. 당시 종업원 수는 4,287명, 수출은 16,457,000 달러(USD)로 대한민국 전체의 56%를 차지 할 정도로 큰 비중을 차지하였다. 이후 1960년대에 제련소를 준공하였고, 1970년대까지 광산과 제련업으로 사세를 확장하여, 1992년 4월 대한중석(주)으로 상호를 변경 후, 1994년 3월 공기업 민영화 방침에 따라 거평그룹에 인수되었다. 1998년 거평그룹의 부도로 회사정리절차 개시를 신청한 뒤, 이스라엘의 IMC그룹이 한국에 설립한 대한중석초경(주)에 인수되어 대구텍(주)로 상호를 변경하고, 외투기업으로 등록하였다. 1992년 2월 본사를 서울에서 대구로 이전하였고, 2006년 5월 워런 버핏의 버크셔 헤서웨이(Berkshire Hathaway)그룹에 인수되었으며, 2009년 8월 주식회사에서 유한회사로 전환하였다.[10]

〈표 12〉 대구텍의 주요 연혁

1952년 9월	• 대한중석광업(주) 설립 (수출 16,457,000 USD 달러, 당시 대한민국 전체의 56%)
1994년 3월	• 정부의 공기업 민영화 방침에 따라 "거평그룹"에 인수
1998년 8월	• IMC그룹 대한중석(주)인수 및 Taegu Tec Ltd.로 상호 변경
2006년 5월	• 워런 버핏 회장의 버크셔 헤서웨이(Berkshire Hathaway) 그룹, IMC그룹 지분 80% 인수
2012년 4월	• 대구텍 제 2공장 준공, 수출 3억 달러 달성
2013년 5월	• 버크셔 헤서웨이 그룹, 잔여지분 20% 추가인수로 IMC그룹 100% 소유

자료: 대구텍(www.taegutec.co.kr)

10 두산백과(www.doopedia.co.kr)

대구텍은 아시아 최대의 초경 절삭공구(cutting tools) 및 관련 산업 제품 생산기업으로, 2013년 5월 워런 버핏이 지분 100%를 인수하면서 국내 유일의 워런 버핏 자회사가 되었다.[11]

2) 직접투자의 파급효과

대구텍의 외국인직접투자의 파급효과는 경영방식의 개선, 과감한 투자를 통한 품질 개선 및 수출 증대, 글로벌 경영 구축이다. 첫째, 경영방식의 변화이다. 대구텍은 과거 노사분규가 대단히 많은 사업장이었다. 하지만 IMC가 인재를 자산으로 여기고, 연구개발(R&D)투자에 집중하면서 매년 두 자릿수의 고속성장을 지속하고 있다. 대구텍 경영의 특징은 해고가 없다는 점인데, 이는 회사가 위기를 맞더라도 직원들을 내보내지 않는 IMC 계열사들의 기업문화에서 비롯된 것이다. 일례로 2009년 글로벌 금융위기의 여파로 IMC의 매출이 전년보다 30%나 떨어졌을 때도 그룹 전체에서 해고자가 단 한명도 발생하지 않았다. 대신 주 4일 근무로 업무시간과 생산량을 조절하였고, 직원들과의 협의 아래 임금 인상분과 상여금을 줄여 인건비를 낮췄다.

또한 수평적인 소통구조도 특징인데, 대구텍에서는 임원실 등 간부급 직원들을 위한 편의공간이 눈에 띄지 않는다. 책상 배치도 임원과 일반사원이 나란히 앉아서 일하는 구조인데, 실적이 부진해도 임직원들 사이에서 문책하는 일은 벌어지지 않는다고 한다.[12]

둘째, 과감한 투자이다. 대구텍은 2012년 4월 1,000억 원을 투자해 총면적 58,000㎡ 규모의 최첨단 제 2공장을 완공했다. 막대한 설비 구입 등 지금까지 수천억 원에 달하는 이스라엘 특유의 과감한 재투자는 2006년 이후 엄청난 특허 획득으로 이어졌는데, 이는 IMC인수 이전과

11 위키백과(http://ko.wikipedia.org)

12 이코노미조선(2011.04.05), "워런 버핏의 선택, 대구텍을 가다"

이후에 획득한 특허 수와 비교할 수 없을 정도이다. 여기에 한국의 풍부한 인재와 효율적인 제조 능력이 뒷받침되면서 대구텍은 '알짜 기업'으로 거듭나서, 2011년 3월 제 2공장 기공식에 참석한 워런 버핏도 세계 최고의 공장이라며 칭찬했다.[13]

현재 1,200명 이상이 근무하고 있으며, 상당수의 직원은 R&D 분야에 근무하고 있으며, 매출의 7% 이상을 R&D에 투자하고 있어 짧은 기간에 혁신적인 기술력으로 신제품을 출시하여 글로벌 시장에서도 품질을 인정받고 있다. 출시된 지 5년 미만의 신제품이 전체 판매 제품의 60% 이상을 차지하고 수익이 높으며, 2012년 수출 3억 달러를 달성한 성공적인 해외투자 유입 성공 사례이다. 수출이 70%, 국내내수가 30% 정도인데 국내내수는 주로 현대, 기아, GM 등 초정밀도가 요구되는 자동차 관련 회사가 주요 수요처이다.[14]

셋째, 글로벌 경영 구축이다. 대구텍은 현재 인도, 중국, 터키에 100% 자회사 생산 공장을 운영 중이며, 미국, 유럽 등 전세계 26개의 해외법인과 80개국에 130여개의 전문 대리점망을 구축하여 세계선도 절삭공구 생산업체로 성장하였다.

5. 결론

제 2장은 외국인직접투자 배경과 동기 및 경제적 효과에 대해서 분석하였다. FDI의 생산성, 고용, 경제성장 등 투자수용

13 MK뉴스(2013.09.29), "대구텍, 워런 버핏의 힘"

14 회사 방문 인터뷰.

국(host country)에 미치는 영향에 관한 실증적인 연구가 그동안 진행되어 왔다. 일반적으로 FDI가 수용국의 경제성장, 기술 및 생산성 향상에 긍정적 효과가 있음을 주장하고 있는데 반하여, 최근의 실증연구들은 FDI의 영향에 대해 부정적 연구결과도 상존하고 있다. 외국인직접투자가 수용국에 미치는 경제적 효과는 문헌연구에서도 알 수 있듯이 다양하다. 특히 긍정적인 효과로서 고용증가, 국제수지의 개선, 기술이전에 의한 생산성 향상, 경영 자원 확보, 경쟁제고, 투자증대에 의한 경제성장 등 다양한 효과가 있다.

외투기업이 한국경제에서 차지하는 비중은 2012년 기준으로 전 산업의 6%, 제조업의 10.3%로 국내 고용환경에 높은 기여를 하고 있다. 또한 외투기업이 한국의 전 산업 매출에서 차지하는 비중은 13.7%이며, 수출총액의 20.2%를 차지하는 등 이미 국내 경제에 중요한 역할을 하고 있다. 매출의 경우, 2010년 13.6%에서 2011년 14.7% 비중으로 소폭 증가하였으나, 부가가치는 같은 기간 동안 14.8%에서 14.1%로 소폭 하락하여 외형은 성장하였으나, 수익성은 다소 악화되었다. 고용은 6%에서 6.2%로 소폭 증가했으나, 수출은 19.8%에서 18.1%로 감소하였다. 연구개발의 경우에는 5.4%에서 7.1%로 증가하여 한국의 외국인직접투자가 국민경제에 차지하는 비중은 적지 않으나, 지속적인 유입 · 증가가 없어서 추가적인 외국인직접투자 유치의 노력이 필요하다.

다음은 대구텍의 경우에서도 알 수 있듯이, 외국인직접투자의 파급효과로 경영방식의 개선, 과감한 투자를 통한 품질 개선 및 수출 증대, 글로벌 경영 구축 등이 있다. 현재 수출 3억불이상, 인도, 중국, 터키에 100% 자회사 생산 공장을 운영 중이며, 미국, 유럽 등 전세계 26개의 해외법인과 80개국에 130여개의 전문 대리점망을 구축하여 세계선도 절삭공구 생산업체로 성장하였다.

참고문헌

김동희(2014), "글로벌 경쟁우위 확보를 위한 외국인투자유치 전략", 2014 글로벌 투자유치 전략 설명회, 2014년 글로벌 FDI 전망 및 우리의 전략, 14-002, KOTRA.

김동희(2014), "외투기업 경영실태 조사 분석-개요와 해석", 산업부-지자체-IK 투자유치 합동 워크샵 자료, KOTRA, Invest Korea, 산업통상자원부, pp. 85-97.

김승진(1999), "외국인 투자기업의 생산성 효과 분석", KDI 정책연구, KDI.

김승진(2014), "외투기업 사후지원제도 소개(옴부즈만, 홈닥터)", 2014 글로벌 투자유치 전략 설명회, 2014년 글로벌 FDI 전망 및 우리의 전략, 14-002, KOTRA.

대구경북경제자유구역(http://www.dgfez.go.kr/)
〈http://www.dgfez.go.kr/page.php?mnu_uid=297&〉

두산백과(www.doopedia.co.kr)

법무부(2012), "2011 경제발전경험 모듈화 사업: 해외투자유치 관련 법제 정비", 기획재정부.

변재웅(2010), "해외직접투자론 I (이론 및 전략)", 비즈프레스.

변재웅(2014), "싱가포르 외국인투자 유치 성공 사례 연구", 무역통상학회지, 14(1), 한국무역통상학회, pp. 39-63.

산업통상자원부 공식 블로그(http://blog.naver.com/mocienews/)

산업통상자원부(http://www.motie.go.kr/)
〈http://www.motie.go.kr/motie/in/it/companyguide/companyguide.jsp〉

산업통상자원부(2014), "2013 외국인직접투자 동향", 산업통상자원부.

연태훈(2003), "외국인 직접투자의 생산성 파급효과에 대한 연구", 정책시리즈 2003-05, 한국개발연구원.

외투도우미(http://fims.kicox.or.kr/)
〈http://fims.kicox.or.kr/DM/YGS/YGS200/YGS200_Lis.do〉
〈http://fims.kicox.or.kr/DM/YGS/YGS100/YGS100_Lis.do〉

울산자유무역지역(http://ftz.go.kr/ulsan/)
〈http://ftz.go.kr/ulsan/UlsanFreeTradeArea/freeTradeArea.jsp〉
위키백과(http://ko.wikipedia.org)
유인홍(2014.1.8), "2013년 외국인 투자유치 현황", KOTRA 2014년 글로벌 FDI 전망 및 우리의 전략-한국의 산업별, 지역별 FDI 유치전략, KOTRA, pp. 17-40.
이코노미조선(2011.04.05), "워런 버핏의 선택, 대구텍을 가다".
이홍식 · 강성진(2006), "직접투자의 탈산업화에 대한 영향 분석", 연구보고서 06-07, 대외경제정책연구원.
조용수(2006), "외국인투자의 일자리 창출효과 분석", LG주간경제, LG경제연구원.
최준욱(2002), "다국적기업의 지역본부 유치와 조세정책", 재정포럼, 70, 한국조세연구원, pp. 67-80.
Invest Korea(2012), "2012년도 연차보고서", Invest Korea.
MK뉴스(2013.09.29), "대구텍, 워런 버핏의 힘"
Aitken, B. and A. Harrison.(1999), "Do Domestic Firms Benefit from Direct Foreign Investment? Evidence from Venezuela." The American Economic Review, 89(2), pp. 605-618.
Alfaro, L. A. Chanda, S. Kalemli-Ozcan, and S. Sayek.(2002), "FDI and Economic Growth: The Role of Local Financial Market." Journal of International Economics, 64, pp. 89-112.
Balasubramanyam, V. N., M. Salisu and D. Sapsford.(1996), "Foreign Direct Investment and Growth in EP and IS Countries." Economic Journal, 106, pp. 92-105.
Barry, F.(2006), "FDI and Irish Economics Development over Four Stages of European Integration." Dublin: University College Dublin.
Barry, F., H. Goerg, and E. Stroble.(2005), "Foreign Direct Investment and Wages in Domestic Firms in Ireland; Productivity Spillover versus Labour-Market Crowing Out." International Journal of the Economic Business, 12, pp. 67-84.
Bellak, C. and M. Leibrecht.(2005), "Effective Tax Rates as a Determinant

of Foreign Direct Investment in Central and East European Countries: A Panel Analysis." SFB International Tax Coordination, Discussion Paper, No.7.

Bénassy-Quéré, A., M. Coupet. and T. Mayer.(2007), "Institutional Determinants of Foreign Direct Investment." World Economy, pp. 764-782.

Blomstrom, M. and F. Sjoholm.(1999), "Technology Transfer and Spillovers: Does Local Participation with Multinationals Matter." European Economic Review, 43, pp. 915-923.

Borensztein, E., J. De Gregorio. and J. W. Lee.(1998), "How does Foreign Direct Investment Affect Economic Growth?" Journal of International Economics, 45, pp. 115-135.

Braga, H. and L. Willmore.(1991), "Technological Imports and Technological Effort: An Analysis of Their Determinants in Brazilian Firms", Journal of Industrial Economics, 39(4), pp. 421-432.

Choe, J. I.(2003), "Do Foreign Direct Investment and Gross Domestic Investment Promote Economic Growth?", Review of Development Economics, 7(1), pp. 44-57.

Djankov, S. and B. Hoekman(2000), "Foreign Investment and Productivity Growth in Czech Enterprises." World Bank Economic Review, 14, pp. 49-64.

Fernandes, A. M. and C. Paunov.(2008), "Foreign Direct Investment in Services and Manufacturing Productivity Growth", Policy Research Working Paper No. 4739, World Bank.

Gorg, H. and E. Strobl.(2001), "Multinational Companies and Productivity Spillovers: A Meta-Analysis." The Economic Journal, 111, pp. 723-739.

Grossman, S. and E. Helpman.(1995), "Innovation and Growth in the Global Economy." Cambridge, M.A.: MIT Press.

Haddad, M. and A. Harrison.(1993), "Are there Positive Spillovers from Direct Foreign Investment? Evidence from Panel Data for

Morocco." Journal of Development Economics, 42, pp. 51-74.

Haskel, J., S. Pereira, and M. Slaughter.(2002), "Does Inward Foreign Direct Investment Boost the Productivity of Domestic Firms?" NBER Working Paper, 8724.

Hermes, N. and R. Lensink.(2003), "Foreign Direct Investment", Financial Development and Economic Growth, Journal of Development Studies, 40(1), pp. 142-163.

Javorcik, B. S.(2004), "Does Foreign Direct Investment Increase the Productivity of Domestic Firms? In Search of Spillovers Through Backward Linkages", The American Economic Review, 94(3), pp. 605-627.

Keller, W. and S. R. Yeaple.(2003), "Multinational Enterprises, International Trade, and Productivity Growth: Firm Level Evidence from the United States", NBER Working Paper, No. 9504.

Oteng-Abayie, E. F. and J. M. Frimpong.(2006), "Bounds Testing Approach to Cointegration: An Examination of Foreign Direct Investment Trade Growth Relationships." American Journal of Applied Sciences, 3(11), pp. 2079-2085.

Roberts, P. and G. Lloyd.(2000), "Regional Development Agencies in England: New Strategic Regional Planning Issues?" Regional Studies, pp. 75-79.

Ruane, F. and A. Ugur.(2005), "Foreign Direct Investment and Productivity Spillovers in Irish Manufacturing Industry: Evidence from Firm Level Panel Data." International Journal of the Economics of Business, 11(3), pp. 53-66.

Wasantha Athukorala.(2003), "The Impact of Foreign Direct Investment for Economic Growth: A Case Study in Sri Lanka". 9th International Conference on Sri Lanka Studies.

Zhang, K. H.(2001), "Does Foreign Direct Investment Promote Economic Growth?" Evidence from East Asia and Latin America, Contemporary Economic policy, 19(2), pp. 175-185.

제3장

한국의 외국인직접투자 현황

| 제3장 |

한국의 외국인직접투자 현황

1. 서론

제 3장은 한국의 외국인직접투자 현황을 분석한다. 먼저 2절에서 세계 외국인직접투자 동향으로 유입과 유출 현황을 UNCTAD(2013) 자료를 중심으로 살펴본 후, 제 3절에서 한국의 외국인직접투자 유입 현황을 유치 성과, 연도별, 국가별, 산업별, 규모별, 형태별 동향을 각각 분석한다. 제 4절은 한국에 진출한 외국인투자기업 현황을 분석한 후, 제 5절 결론을 도출한다.

2.
세계 외국인직접투자 동향

최근 외국인직접투자 동향의 특징은 신흥국 역할 확대, 다국적 기업의 투자회수, 서비스업 외국인직접투자 비중 증가 등이다. 먼저 신흥국 경제가 안정적인 흐름을 이어가면서 신흥국으로의 외국인직접투자 유입비중이 선진국을 초과했으며, 주요 신흥국들의 직접투자 순위도 상승하고 있다. 또한 신흥국 투자에 따른 비용 증가와 선진국 경기둔화 등으로 다국적 기업들의 투자회수가 늘어나는 추세이다. 산업별로는 신흥국의 서비스업 투자수요가 증가하면서 서비스업 외국인직접투자의 중요성이 커지고 있다. 당분간 글로벌 경기둔화와 투자환경 악화로 글로벌 외국인직접투자가 완만하게 증가하는 가운데 이러한 추세가 지속될 가능성이 높다.[1]

2.1. 유입동향

〈표 1〉 세계 외국인직접투자 유입 추이(2007~2012년) (단위: 백만 달러, %)

구분		2007	2008	2009	2010	2011	2012
전세계		2,002,695	1,816,398	1,216,475	1,408,537	1,651,511	1,350,926
선진국	전 체	1,319,893 (65.91)	1,026,531 (56.51)	613,436 (50.43)	696,418 (49.44)	820,008 (49.65)	560,718 (41.51)
	United States	215,952 (10.78)	306,366 (16.87)	143,604 (11.80)	197,905 (14.05)	226,937 (13.74)	167,620 (12.24)
	United Kingdom	200,039 (10.0)	89,026 (4.90)	76,301 (6.27)	50,604 (3.40)	51,137 (3.10)	62,351 (4.61)
	Japan	22,550 (1.13)	24,426 (1.34)	11,939 (9.81)	–1,251 (–0.09)	–1,755 (–0.11)	1,731 (0.13)

1 황나영(2013), p. 16. UNCTAD(2013).

구분		2007	2008	2009	2010	2011	2012
선진국	Canada	116,820 (5.83)	61,553 (3.39)	22,700 (1.87)	29,086 (2.06)	41,386 (2.51)	45,375 (3.36)
	France	96,221 (4.80)	64,184 (3.53)	24,219 (1.99)	33,627 (2.39)	38,547 (2.33)	25,093 (1.86)
	Australia	45,535 (2.27)	47,010 (2.59)	26,701 (2.19)	35,242 (2.50)	65,297 (3.95)	56,959 (4.22)
	Germany	80,208 (4.05)	8,109 (0.45)	22,460 (1.85)	57,428 (4.08)	48,937 (2.96)	6,565 (0.49)
	Switzerland	32,435 (1.61)	15,144 (0.83)	28,891 (2.37)	32,550 (2.31)	11,817 (0.72)	3,613 (0.27)
	Ireland	24,707 (1.23)	−16,453 (−0.91)	25,715 (2.11)	42,804 (3.04)	11,467 (0.69)	29,318 (2.17)
	Italy	43,849 (2.19)	−10,835 (−0.60)	20,077 (1.65)	9,178 (0.65)	34,324 (2.08)	9,625 (0.71)
	Sweden	28,846 (1.44)	36,888 (2.03)	10,033 (0.82)	−64 (−0.0045)	9,246 (0.60)	13,711 (1.01)
개도국	전 체	589,430 (29.43)	668,439 (36.80)	530,289 (43.59)	637,063 (45.23)	735,212 (44.52)	702,826 (52.03)
	China	83,521 (4.17)	108,312 (5.96)	95,000 (7.80)	114,734 (8.15)	123,985 (7.51)	121,080 (8.97)
	Hong Kong, China	62,110 (3.10)	67,035 (3.69)	54,274 (4.46)	82,708 (5.88)	96,125 (5.82)	74,584 (5.52)
	Brazil	34,585 (1.72)	45,058 (2.48)	25,949 (2.13)	48,506 (3.44)	66,660 (4.04)	65,272 (4.83)
	Singapore	46,972 (2.35)	12,200 (0.67)	24,939 (2.05)	53,623 (3.81)	55,923 (3.39)	56,651 (4.19)
	India	25,350 (1.27)	47,139 (2.60)	35,657 (2.93)	21,125 (1.50)	36,190 (2.19)	25,543 (1.89)
	Chile	12,572 (0.63)	15,518 (0.84)	12,887 (1.06)	15,373 (1.09)	22,931 (1.39)	30,323 (2.24)
	Indonesia	6,928 (0.35)	9,318 (0.51)	4,877 (0.40)	13,771 (0.98)	19,241 (1.17)	19,853 (1.47)
	Korea, Republic of	8,961 (0.45)	11,195 (0.61)	8,961 (0.73)	10,110 (0.71)	10,247 (0.62)	9,904 (0.73)
	Malaysia	8,595 (0.43)	7,172 (0.39)	1,453 (0.12)	9,060 (0.64)	12,198 (0.74)	10,074 (0.75)

자료: UNCTAD(2013), World Investment Report 2013.

〈표 1〉은 세계 외국인직접투자 유입 추이(2007~2012년)를 보여준다. 2012년 전세계 외국인직접투자 순유입액은 경기 침체와 정책 불확실성 등의 영향으로 전년대비 18% 감소한 1조 3,500억 달러를 기록했다. 2012년 기준으로 세계 외국인직접투자 유입비중은 선진국 41.5%, 개도국 52.0%, 체제전환국 6.5%를 각각 차지하였다. 2007년 선진국의 외국인직접투자 유입비중(65.9%)이 개도국(29.4%)보다 훨씬 높았으나, 점차 개도국의 비중이 증가하면서 2012년도에는 52%로 선진국(41.5%)을 추월하여 투자유입의 높은 비중을 차지하였다.

국가별로는 미국의 외국인직접투자 유입비중이 평균 13%로 가장 높은 비중을 차지하고 있으며, 영국(4.6%) 등 유럽 국가들의 비중이 높다. 개도국 중 가장 높은 비중을 차지하고 있는 중국은 2007년 4.17%에서 2012년도에는 약 9%로 증가하여 세계 2위의 주요 투자 유입국이다. 그리고 홍콩(5.52%), 브라질(4.83%), 싱가포르(4.19%), 인도(1.9%)가 주요 투자 유입국이며, 한국의 외국인직접투자 유입비중은 아직 1% 미만이다.

2.2. 유출동향

〈표 2〉 세계 FDI 유출 추이(2007~2012년) (단위: 백만 달러, %)

구분		2007	2008	2009	2010	2011	2012
전세계		2,272,049	2,005,332	1,149,776	1,504,928	1,678,035	1,390,956
선진국	전 체	1,890,420 (83.20)	1,600,707 (79.82)	828,006 (72.01)	1,029,837 (68.43)	1,183,089 (70.50)	909,383 (65.38)
	United States	393,518 (17.32)	308,296 (15.37)	266,955 (23.22)	304,399 (20.23)	396,656 (23.64)	328,869 (23.64)
	United Kingdom	325,426 (14.32)	183,153 (9.13)	39,287 (3.42)	39,502 (2.62)	106,673 (6.36)	71,415 (5.13)
	France	164,310 (7.23)	155,047 (7.73)	107,130 (9.32)	64,575 (4.29)	59,553 (3.54)	37,197 (2.27)

구분		2007	2008	2009	2010	2011	2012
선진국	Japan	73,548 (3.24)	128,019 (6.38)	74,699 (6.50)	56,263 (3.73)	107,601 (6.41)	122,551 (8.81)
	Germany	170,617 (7.51)	72,758 (3.63)	69,643 (6.06)	12,525 (0.83)	52,168 (3.10)	66,926 (4.81)
	Canada	64,627 (2.84)	79,277 (3.95)	39,601 (3.44)	34,723 (2.30)	49,849 (2.97)	53,939 (3.88)
	Italy	96,231 (4.24)	67,000 (3.34)	21,275 (1.85)	32,655 (2.17)	53,629 (3.20)	30,397 (2.19)
	Switzerland	51,020 (2.25)	45,333 (2.26)	26,378 (2.29)	79,290 (5.27)	47,316 (2.81)	44,313 (3.19)
	Sweden	38,841 (1.71)	30,363 (1.51)	25,908 (2.25)	20,178 (1.34)	28,158 (1.68)	33,428 (2.40)
	Australia	16,857 (0.74)	33,618 (1.68)	16,233 (1.41)	27,271 (1.81)	14,285 (0.85)	16,141 (1.16)
	Ireland	21,146 (0.93)	18,949 (0.94)	26,616 (2.31)	22,348 (1.48)	−4,290 (−0.26)	18,966 (1.36)
개도국	전 체	330,033 (14.55)	344,034 (17.16)	273,401 (23.78)	413,220 (27.46)	422,067 (14.54)	426,082 (30.63)
	Hong Kong, China	67,872 (2.99)	57,099 (2.85)	57,940 (5.04)	98,414 (6.53)	95,885 (5.71)	83,985 (6.03)
	China	26,510 (1.17)	55,910 (2.78)	56,530 (5.18)	68,811 (4.58)	74,654 (4.45)	84,220 (6.05)
	Korea, Republic of	21,607 (0.95)	20,289 (1.01)	17,392 (1.51)	28,357 (1.88)	28,999 (1.72)	32,978 (2.37)
	Singapore	36,897 (1.62)	3,812 (0.19)	24,051 (2.09)	25,341 (1.68)	26,249 (1.57)	23,080 (1.66)
	India	17,234 (0.76)	21,147 (1.05)	16,031 (1.39)	15,933 (1.06)	12,456 (0.74)	8,583 (0.62)
	Malaysia	11,314 (0.50)	14,965 (0.75)	7,784 (0.68)	13,399 (.0.93)	15,249 (0.91)	17,115 (1.23)
	Chile	4,852 (0.21)	9,151 (0.46)	7,233 (0.62)	9,461 (0.06)	20,373 (1.21)	21,090 (1.52)
	Indonesia	4,675 (0.21)	5,900 (0.29)	2,249 (0.20)	2,664 (1.78)	7,713 (0.46)	5,423 (0.39)
	Brazil	7,067 (0.31)	20,457 (1.02)	−10,084 (−0.88)	11,588 (0.77)	−1,029 (−0.06)	−2,821 (−0.2)

자료: UNCTAD(2013), World Investment Report 2013.

〈표 2〉는 세계 FDI 유출 추이(2007~2012년)이다. 2012년 기준으로 세계 FDI 유출 비중은 선진국 65.3%, 후진국 30.6%, 체제전환국 4.1%를 각각 차지하고 있다. 2007년에는 선진국 비중(83.20%)이 후진국(14.55%) 비중보다 압도적 이었지만, 2012년도에는 선진국의 비중이 줄어든 반면, 후진국의 비중이 30.6%로 많이 증가되었다. 세계경제의 불확실성이 지속되면서 2012년 전 세계 FDI는 약 18% 정도 감소했다.

국가별로 미국의 FDI 유출비중은 평균 20% 이상으로 꾸준히 증가하여 세계의 주요 투자국이다. 이외에도 일본(8.8%), 영국(5.1%), 독일(4.8%) 등 유럽 국가들이 주요 투자국이다. 중국은 2007년에는 1.17%로 FDI 유출비중이 매우 낮은 국가 중 하나였지만, 2009년 5.18%, 2012년도 6.05%로 꾸준히 증가하여 세계 3위를 기록하였다. 한국은 2007년 0.95%에서 2012년에는 2.37%로 FDI 유출이 매년 증가하여 세계 13위를 기록하였다.

〈그림 1〉 전 세계 FDI 흐름(2004~2012) 및 전망(2013~2015) (단위: 십억 달러)

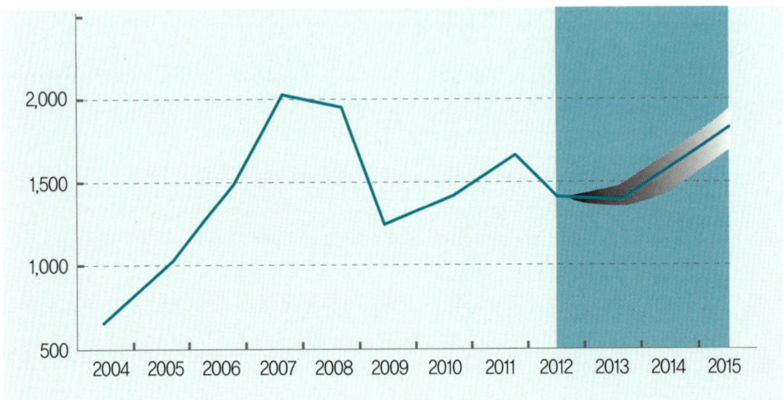

자료: UNCTAD(2013), World Investment Report 2013, p. xii.

〈그림 1〉은 전 세계 FDI 흐름(2004~2012) 및 전망(2013~2015)을 보여주는데, 2015년까지 세계 FDI는 완만히 증가할 전망이며 UNCTAD(2013)의 「세계투자보고서 2013 (World Investment Report 2013)」에 따르면, 전 세계 연간 FDI 규모는 2013년 1.45조 달러, 2014년 1.6조 달러, 2015년 1.8조 달러로 완만한 증가세를 유지할 것으로 전망하고 있다. 중기적으로 생산, 투자, 무역 등 거시경제 지표가 개선될 것으로 예상되며, 이는 다국적기업이 보유하고 있는 현금성 자산을 신규투자로 전환하는 유인으로 작용할 것으로 보인다.

또한, 동 보고서에 따르면 중기적으로 경기침체가 완화될 것으로 기업들이 예상함에 따라 향후 3년간의 FDI는 증가할 것으로 전망되며, 미국과 BRICs 국가들의 경제상황 호전이 FDI 금액 증가에 긍정적 요소로 작용할 것으로 예상된다. 다만, 세계 금융시스템의 구조적 결함, 거시경제적 환경 악화 가능성, 각국별 정책 불확실성 등 위험요소가 존재하고 특히, 유럽 국가들의 경제상황이 FDI에 여전히 부정적 영향을 끼칠 것으로 보이며 긴축정책, 무역보호주의 등도 위협요소 중 하나이다.[2]

3.
한국의 외국인직접투자 유입 현황

3.1. 한국의 외국인직접투자 유치 성과

〈그림 2〉는 한국의 외국인직접투자 유치 동향을 보여준다. 지난 30년간 한국의 외국인직접투자 유입은 1990년대 말까지 꾸준하게 성장하는 모습을 보이다가 그 이후 등락을 반복하며 정체되는 모습이다. 특

2 UNCTAD(2013), World Investment Report 2013.

히 우리나라 외국인직접투자 동향은 2004년 이후 완만한 성장을 유지해오다가 2013년도에 들어서 감소한 모습을 보이고 있다. 이는 세계적인 경기침체로 인한 전 세계 FDI 규모 축소에 따른 것으로 보인다. 또한 〈그림 3〉에서 알 수 있듯이, 투자유입에서도 신고된 금액과 도착한 금액간의 격차가 상당히 있다.[3]

〈그림 2〉 한국의 지난 30년간 외국인직접투자 유입 추이

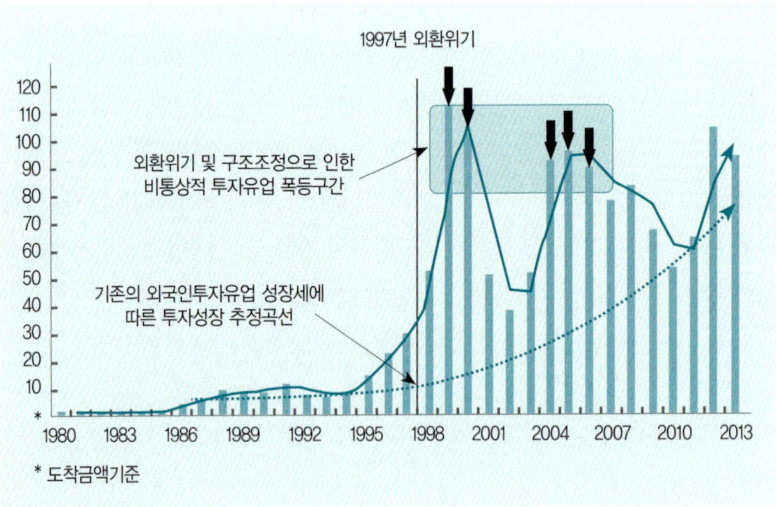

자료: 김동희(2014), p. 3.

3 주간무역(2014.1.10). 신고금액은 투자 집행을 위해 한국정부에 외국인 투자 신고서를 작성한 금액이고, 도착금액은 신고한 금액이 실제로 한국으로 유입되어 집행된 금액을 의미한다. 이에 따라 실제로 유입되어진 외국인직접투자금액은 도착기준 금액이다. 또한 신고금액과 도착금액의 격차가 적을수록 계획된 투자가 원활히 집행된 것이라고 볼 수 있다.

〈그림 3〉 한국의 외국인직접투자 최근 추이(2008~2013) (단위: 억 달러)

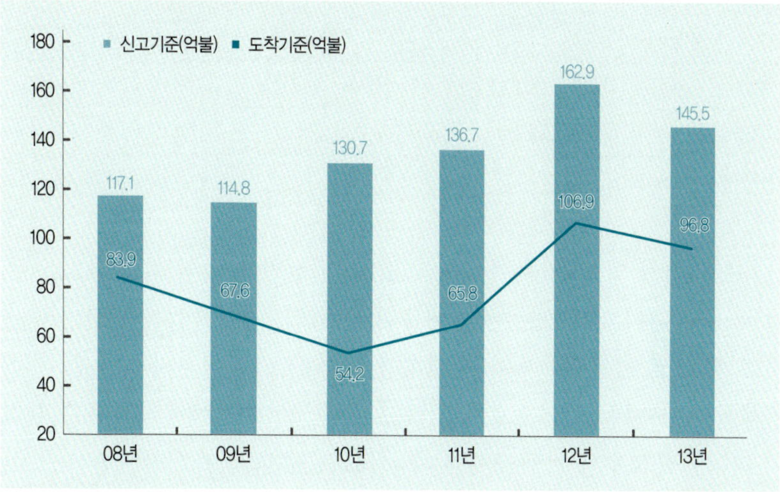

자료: 산업통상자원부(2014.1.29.), p. 1.

〈그림 3〉은 한국의 외국인직접투자의 최근 추이를 보다 상세하게 보여준다. 2013년도 외국인직접투자는 엔저로 인한 일본투자 위축, 기저효과(base effect) 등으로 2012년 대비 다소 감소했다. 그럼에도 지난 5년간의 추세치와 비교해서는 안정적인 증가세를 유지하였다. 2013년의 신고기준 외국인직접투자 금액은 145.5억 달러로, 전년 동기(162.9억 달러) 대비 10.7% 감소하였으나, 최근 5년 평균치(132.4억 달러)에 비해서는 9.9% 증가하였다. 도착기준 외국인직접투자 금액은 96.8억 달러로, 전년 동기(106.9억 달러) 대비 9.4% 감소하였으나, 최근 5년 평균치(75.7억 달러)에 비해서는 27.9% 증가하였다.[4]

4 산업통상자원부(2014.1.29.), 보도자료, p. 1.

〈표 3〉 한국의 외국인직접투자 유출입 (단위: 백만 달러, %)

FDI 흐름	2005~7 평균치	2009	2010	2011	2012	2005~7 평균치	2010	2011	2012
유입	8,105	8,961	10,110	10,247	9,904	3.0%	3.5%	3.3%	3.1%
유출	13,496	17,392	28,357	28,999	32,978	5.0%	9.9%	9.5%	10.4%

자료: UNCTAD(2013), World Investment Report 2013.

〈표 3〉에서 알 수 있듯이, 2005~2012년 동안 한국의 외국인 자본 유입 보다는 해외로 나가는 유출 비중이 큰 형태이다. 기업의 생산기지 세계화 등으로 해외직접투자가 계속 늘어 외국인직접투자 순유출 확대 추세가 2006년을 기점으로 심화하고 있다. 2008년 해외직접투자 잔액이 외국인직접투자 잔액을 초과하는 FDI 순유출국으로 전환한 것으로, 국내 기업이 해외에 투자하는 규모가 외국인이 국내에 투자하는 규모를 넘어섰다는 의미다.[5] 이로 인해 최근 국내 산업들의 성장이 정체되고, 대기업들이 FDI 형식으로 진출하며, 국내 사업장의 증설 규모가 줄어드는 상황이다. 또한 이러한 환경 속에 대기업의 협력업체들도 해외로의 이전이 활발해지고 있어 자본과 기술의 유출 등 산업공동화의 우려가 있다.

지난 2006~2012년 외국인직접투자는 내수 시장의 한계, 인건비 부담 등으로 해외 현지생산이 늘면서 평균 증가율이 32.6%로 빠르게 증가한 반면 외국인직접투자 증가율은 규제, 노사문제 등의 영향으로 평균 8.3% 증가에 그쳤다.[6]

이에 정부는 새로운 성장산업을 모색하며 새로운 기술 및 사업을 영위할 수 있고, 양질의 일자리를 창출할 수 있는 외국인직접투자를 적극 추진하고 있다. 한국의 외국인직접투자 현황을 알기 위해서는 연도별,

5 한국은행(2014).

6 매일경제(2014.09.25).

지역별, 산업별, 규모별, 형태별 외국인직접투자 동향 등의 다양한 지표의 분석이 필요하다.

3.2. 연도별 외국인직접투자 동향

〈표 4〉 한국의 연도별 외국인직접투자 현황(2000~2014년 2/4분기)

(신고기준, 단위: 백만 달러, %)

	2000년	2005년	2010년	2012년	2013년	2014년
신고금액	15,256	11,566 (−24)	13,071 (+13)	16,286 (+24)	14,553 (−10)	10,331
투자금액	10,283	9,611 (−6)	5,418 (−43)	10,623 (+96)	9,684 (−8)	7,204

자료: 산업통상자원부(http://www.motie.go.kr)

〈표 4〉는 한국의 연도별 외국인직접투자 현황(2000~2014년 2/4분기)이다. 2000년대 들어 110억 달러~120억 달러대 수준에 머물러 있었으나, 2010년도에 이어 2011년에도 130억 달러 이상이 투자 신고되어, 외국기업의 한국에 대한 투자확대가 본격화된 것으로 평가된다. 2012년 외국인직접투자는 162.8억 달러이며, 2014년 상반기도 103.3억 달러로 외국인직접투자 유입이 증가되고 있다. 향후 3년 이내 전후방 연관효과를 통한 일자리 창출, 소재분야 등 밸류체인의 취약부문 보완을 통한 산업 경쟁력제고 효과가 기대된다. 2014년도 외국인직접투자는 상반기에만 전년도 신고금액의 70.9%를 달성, 투자금액은 전년도의 74.3%의 수치를 달성하여, 사상최대 신고, 투자금액이었던 2012년도 기록을 넘어 설 것으로 예상된다. 중화권 중심의 투자가 증가한 점이 특징이다.

3.3. 국가별 외국인직접투자 동향

〈표 5〉 국가별 외국인직접투자 동향(2000년~2014년 2/4분기)

(신고기준, 단위: 건, 백만 달러)

국가 \ 연도	2000	2005	2010	2012	2013	2014
미국	2,921,335	2,689,764	1,974,549	3,674,116	3,525,255	2,509,233
싱가포르	297,090	388,812	772,977	1,405,407	431,044	1,085,335
일본	2,452,375	1,880,795	2,082,692	4,541,610	2,689,660	1,148,823
중국	76,288	68,414	414,178	726,952	481,186	775,841
캐나다	519,887	192,524	480,345	393,769	387,599	210,665
네덜란드	1,775,172	1,140,928	1,184,839	634,621	618,008	147,410
인도	701	3,735	371,436	10,945	98,719	197
호주	78,883	51,149	7,247	152,569	50,491	126,925
독일	1,626,974	704,812	268,260	407,864	359,951	141,977
영국	86,481	2,316,458	648,956	360,811	115,876	260,549

자료: 산업통상자원부(http://www.motie.go.kr)

〈표 5〉는 국가별 외국인직접투자 동향(2000년~2014년 2/4분기)을 보여 준다. 한국으로 유입되는 국가별 외국인직접투자의 금액으로 보면, 미국과 일본이 가장 활발하게 투자를 하고 있다. 하지만 일본은 최근 엔저현상으로 인해 직접투자금액이 감소하고 있는 추세이다. 미국의 외국인직접투자는 2000년 29억 달러에서 2010년 19억 달러로 10년 사이 10억 달러 가까이 감소하였으나, 2012년에는 36억 달러와 2013년에는 35억 달러를 기록하며 증가세이며, 2014년 상반기에만 25억 달러 이상의 투자를 기록하였다.

유럽 국가들의 한국에 대한 직접투자는 급격한 하락세를 보이고 있는데, 이는 EU내 남유럽에서 시작된 재정위기로 독일 등이 외국에 투자한 자본을 회수하려는 움직임 때문이다. 일례로 독일의 경우 2000년 16억 달러를 투자한 것에 비해, 2013년에는 1억 달러로 급감하였다. 중국의 직접투자는 2000년에는 단지 7천 달러로 시작해서 2010년까지 계속해서 감소추세를 보이다가 2010년 4.14억 달러, 2012년에는 약 7억 달러 수준으로 증가하였다. 2014년 상반기에만 7억 달러를 기록하는 등 제주도에 직접투자를 본격적으로 하게 되면서 다시 증가세로 돌아설 것으로 전망된다.

2014년 1~9월 FDI (이하 신고 금액 기준) 실적이 148억 2,000만 달러로 작년 같은 기간보다 37.9% 증가했는데, 중국의 투자액(10억 3,000만 달러)이 작년 같은 기간(3억 1,000만 달러)보다 3배 넘게 증가했다. 여기에 대만, 홍콩을 포함한 중화권의 투자는 30억 1,000만 달러로 90% 가까이 증가했다.[7]

〈표 6〉은 지역별 외국인직접투자 금액 현황을 보여준다. 금액기준으로 아주지역(44.19%)의 투자 유치액이 가장 많으며, 이어서 구주지역(27.75%), 미주지역(27.14%) 순이다. 그러나 신고 건수 대비 신고 금액을 비교하면, 미주지역과 구주지역이 아주지역보다 투자 건수 대비 투자 금액 비율이 높다. 이는 건수 대비 투자금액이 크다는 의미이고 대규모 외국인직접투자의 집행이 많은 반면, 아주 지역의 경우 투자건수는 많지만 건수당 투자 금액은 상대적으로 적다.

7 산업통상자원부(http://www.motie.go.kr)

〈표 6〉 한국의 지역별 외국인직접투자 유치금액(2010~2013년)

(신고기준, 단위: 백만 달러, %)

연도	2010		2011		2012		2013(2분기)		전체 결과	
국가	신고 건수	신고 금액	신고 건수	신고 금액	신고 건수	신고 금액	신고 건수	신고 금액	신고 건수	신고 금액
미주 지역	538	2,680,588	450	3,746,389	431	4,407,298	189	3,016,785	1,608 (16.06%)	13,851,061 (27.14%)
아주 지역	1,847	6,898,247	1,615	4,398,107	1,773	8,848,266	807	2,407,090	6,042 (60.35%)	22,551,711 (44.19%)
구주 지역	498	3,290,518	481	5,395,238	439	2,960,061	212	2,515,472	1,630 (16.28%)	14,161,290 (27.75%)
중동 지역	102	171,433	73	92,373	84	52,216	49	43,078	308 (3%)	359,100 (7%)
아프리카 지역	134	29,620	105	40,656	134	15,411	71	15,202	444 (4.4%)	100,888 (0.19%)
OECD	1,314	7,777,415	1,286	9,845,081	1,323	11,331,953	571	5,026,748	4,494 (44.89%)	33,981,197 (66.59%)
APEC	1,894	6,931,333	1,674	7,474,378	1,824	12,957,270	738	4,829,931	6,130 (61.23%)	32,192,912 (63.08%)
EU	398	3,195,997	378	5,032,791	328	2,716,956	173	2,485,216	1,277 (12.75%)	13,430,960 (26.32%)
아세안	222	1,635,575	222	741,763	180	1,681,303	91	369,066	715 (7.14%)	4,427,707 (8.67%)
중화 지역	871	1,593,979	701	1,938,964	760	4,006,034	306	794,755	2,638 (26.35%)	8,333,732 (16.33%)
전체	3,109	13,071,314	2,709	13,673,072	2,865	16,286,005	1,328	7,998,352	10,011 (100%)	51,028,742 (100%)

자료: 산업통상자원부(http://www.motie.go.kr)

3.4. 산업별 외국인직접투자 동향

〈표 7〉 산업별 외국인직접투자 동향(2000년~2014년 2/4분기)

연도	2000년		2005년		2010년	
산업분류	건수	금액	건수	금액	건수	금액
전체결과	4,145 (100%)	15,265 (100%)	3,669 (100%)	11,566 (100%)	3,109 (100%)	13,071 (100%)
농, 축, 수산, 광업	14 (0.3%)	4 (0.03%)	10 (0.3%)	3 (0.03%)	25 (0.8%)	4 (0.03%)
제조업	832 (20%)	6,877 (45%)	748 (20.4%)	3,078 (26.6%)	614 (19.7%)	6,659 (50.9%)
서비스업	3,260 (39%)	8.130 (53%)	2,857 (77.8%)	8,301 (71.8%)	2,431 (78.1%)	6,302 (48.2%)
전기, 가스, 수도, 건설	40 (0.7%)	255 (1.7%)	54 (1.5%)	184 (1.5%)	39 (1.5%)	107 (0.8%)
연도	2012년		2013년		2014년 2/4분기	
산업분류	건수	금액	건수	금액	건수	금액
전체결과	2,865 (100%)	16,286 (100%)	2,608 (100%)	14,548 (100%)	1,154 (100%)	10,334 (100%)
농, 축, 수산, 광업	7 (0.2%)	4 (0.02%)	10 (0.00%)	6 (0.01%)	10 (0.00%)	12 (0.00%)
제조업	556 (19.5%)	6,097 (37.4%)	459 (17%)	4,647 (31%)	236 (20%)	3,456 (33%)
서비스업	2,266 (79%)	9,602 (58.9%)	2,110 (80%)	9,847 (67%)	895 (77%)	6,727 (65%)
전기, 가스, 수도, 건설	36 (1.3%)	586 (3.5%)	29 (0.01%)	46 (0.02%)	13 (0.01%)	137 (0.01%)

자료: 산업통상자원부(http://www.motie.go.kr)

외국인 투자가들이 한국의 어떤 산업에 관심을 보이는지 알아보기 위해서는 〈표 7〉의 산업별 외국인직접투자동향을 살펴보면 알 수 있다.

외국인 투자가 대부분은 전통적으로 제조업과 서비스업에 관심이 많으며, 지속적인 투자를 하고 있다. 금액기준으로 2000년 제조업(45%)과 서비스업(53%)이 총 98%를 차지하였으며, 2013년 제조업(31%)과 서비스업(67%)이 총 98%로 여전히 높은 비중을 차지하고 있다. 하지만 제조업은 2010년을 제외하고는 감소 추세이고, 서비스업은 2010년을 제외하고는 증가하는 추세이다.

그 외 농, 축, 수산, 광업은 금액기준 차지하는 비중이 거의 없으나, 감소하는 추세이다. 농, 축, 수산, 광업은 금액기준으로 2000년~2010년까지는 0.03%의 비중을 차지하며 동등한 수치를 보였으나, 2012년 0.02%와 2013년 0.01%로 매년 0.01%씩 감소하다가, 2014년 상반기에는 0.00%를 기록하였다. 전기, 가스, 수도, 건설은 금액기준으로 매년 감소하다가, 2012년 3.5%로 증가하였지만, 다시 감소세를 보이며 미미한 비중을 차지하고 있다.

〈그림 4〉 한국의 외국인직접투자 주요 업종별 비중(2013년)

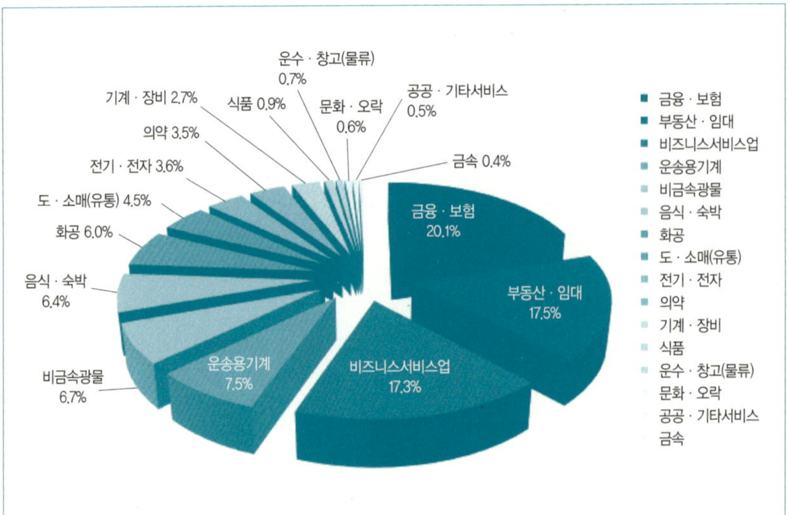

자료: 유인홍(2014), p. 26.

〈그림 4〉는 2013년 한국의 외국인직접투자 주요 업종별 비중을 보여주는 그래프로 금융 · 보험(20.1%), 부동산 · 임대(17.5%), 비즈니스 서비스업(17.3%)의 순이었다. 서비스업이 전체 투자금액의 67.7%, 제조업이 31.9%의 비중을 차지했다.

3.5. 규모별 외국인직접투자 동향

〈표 8〉 규모별 외국인직접투자 동향(2000년~2014년 2/4분기)

(신고기준, 단위: 건, 백만 달러)

규모대 분류	1백만 달러 미만		1백만 달러~ 1천만 달러		1천만 달러~ 1억만 달러		1억 달러 이상		전체결과	
연도	건수	금액	건수	금액	건수	금액	건수	금액	건수	금액
2000	3,609 (87)	483 (3.2)	418 (10.1)	1,545 (10.1)	125 (3)	4,022 (16.3)	29 (0.7)	9,214 (60.4)	4,147	15,265
2005	3,106 (84.7)	413 (3.6)	442 (12)	1,451 (12.5)	122 (3.3)	3,705 (32)	20 (0.5)	5,996 (51.8)	3,669	11,565
2010	2,604 (83.7)	342 (2.6)	339 (11)	1,137 (8.7)	142 (4.6)	4,140 (31.7)	33 (1)	7,450 (57)	3,110	13,071
2012	2,256 (78.7)	426 (2.6)	395 (13.8)	1,297 (8)	192 (6.7)	6,294 (38.7)	35 (1.2)	8,267 (50.8)	2,865	16,285
2013	2,024 (77.6)	405 (2.7)	408 (15.6)	1,414 (9.7)	160 (6.1)	5,395 (37)	28 (1)	7,331 (50.3)	2,608	14,548
2014	880 (76.2)	192 (1)	184 (15.9)	725 (7)	86 (7.4)	3,027 (29.2)	19 (1.6)	6,388 (61.8)	1,154	10,334

자료: 산업통상자원부(http://www.motie.go.kr)

〈표 8〉은 규모별 외국인직접투자 동향(2000년~2014년 2/4)을 보여준다. 소규모 투자(1천만 달러 미만), 중규모 투자(1천만 달러~1억 달러), 대규모 투자(1억 달러 이상)로 구분하여 외국인직접투자의 특징을 살펴보면 다음과 같다. 2013년 금액기준으로 소규모 투자(1천만 달러

미만), 중규모 투자(1천만 달러~1억 달러), 대규모 투자(1억 달러 이상)의 비중은 각각 12.4%, 37%, 50.3%로 대규모투자가 반 이상을 차지한다. 하지만 건수면에서는 1천만 달러 미만이 93.7%를 차지하고 있다.

소규모투자(1천만 달러 미만)는 금액기준으로 2000년도 13.3%이었고, 건수로는 전체 건수의 97.1%이다. 2013년도에는 금액기준 12.5%와 건수기준 92.2%를 차지하였다. 소규모투자의 특성상 금액은 전체 비중에서 큰 차지를 하지 않지만, 건수로는 여전히 제일 많다.

중규모투자(1천만 달러~1억 달러)는 2000년 금액기준으로 16.3%였으나, 2012년에는 38.6%로 점유율이 상승하였다. 2013년 중규모투자(1천만 달러~1억 달러)는 37.0%로 -1.6% 감소했지만, 그 차이가 미미하다. 중규모투자는 한국의 외국인직접투자의 건수뿐만 아니라 금액이 차지하는 비중도 높아지고 있는 추세이다.

대규모투자(1억 달러 이상)의 경우, 건수는 줄어들고 있는 추세이지만, 대규모투자의 특성상 금액 면에서는 2013년 기준으로 여전히 반 이상(50.3%)의 높은 비중을 차지하고 있으며, 건당 투자규모가 가장 크다.

3.6. 형태별 외국인직접투자 동향

외국인직접투자의 형태는 크게 M&A형과 신설투자(Greenfield형)로 구분할 수 있다. M&A의 경우, 기존의 현지 기업을 인수, 합병하는 것을 의미하고, 신설투자(Greenfield)는 외국자본을 통해 새롭게 진출하는 형태를 의미한다. 〈표 8〉은 한국의 형태별 외국인직접투자 동향(2000년~2014년 2/4분기)을 보여준다.

〈표 8〉 형태별 외국인직접투자 동향(2000년~2014년 2/4분기)

(신고기준, 단위: 건, 백만 달러)

연도	2000		2005		2010		2013		2014(2/4)	
투자 유형별	건수	금액	건수	금액	건수	금액	건수	금액	건수	금액
M&A	326 (7.9%)	2,865 (18.8%)	371 (10.1%)	5,268 (45.5%)	249 (8.1%)	2,015 (15.4%)	241 (9.25%)	4,978 (34%)	131 (11.3%)	4,725 (45.7%)
Green field	3,820 (92.1%)	12,399 (81.2%)	3,298 (89.9%)	6,297 (54.5%)	2,860 (91.9%)	11,056 (84.6%)	2,367 (90.7%)	9,569 (65.7%)	1,023 (88.7%)	5,608 (54.3%)
전체	4,146	15,265	3,669	11,566	13,071	2,709	2,608	14,548	1,154	10,334

자료: 산업통상자원부(http://www.motie.go.kr)

2000년~2014년까지의 M&A와 Greenfield를 살펴보면, 한국의 경우 전통적으로 M&A형 투자보다 Greenfield형 투자의 비중이 높다. M&A는 금액기준으로 2000년 18.8%, 2005년 45.5%를 각각 기록하였다. 2010년 그 비중이 크게 감소하였지만, 2013년 34%에서 2014년 상반기에만 45.7%를 기록하였다.

Greenfield는 금액기준으로 2000년 81.9%의 비중이지만, 2010년 이후 꾸준한 하락세를 보여 2013년에는 65.7%와 2014년 상반기에는 54.3%를 나타내고 있다. M&A의 신고건수는 매년 비슷한 수치지만, 신고금액으로 볼 때 2014년 상반기까지 45.7%로 상승하여 향후 한국의 M&A 유치와 관리에 많은 관심을 보여야 할 것이다.

4.
한국에 진출한 최근 외국인투자기업 현황

현재까지 국내에 진출한 외투기업은 총 15,691건

으로 집계되었다.[8] 이 중 Global Fortune 500대 기업에 속해있는 약 250개 기업이 한국에 직접투자를 하고 있다. 한국의 고용환경에서 외투기업이 차지하는 비중은 2012년 기준으로 전 산업의 6%, 제조업의 10.3%로 국내 고용환경에 높은 기여를 하고 있다. 뿐만 아니라 외투기업이 한국의 전 산업 매출에서 차지하는 비중은 무려 13.7%이며, 수출총액에 20.2%를 차지하기도 하는 등, 이미 국내 경제 환경에 중요한 역할을 하고 있다.[9]

〈표 9〉는 2013년도 투자신고 상위 30개 기업에 관한 현황을 보여준다. 주로 부동산/임대 사업이나, 금융/보험, 비즈니스서비스업 등 서비스산업에 대한 투자가 활발하며, 국내 주력 산업인 전지/전자, 화공산업, 혹은 이러한 산업을 지원하는 산업들이다.

〈표 9〉 투자신고 상위 30개 기업(2013년)

순위	업체명	국가	신고일	신고금액(달러)	대표업종
1	엠비케이파트너스 삼호사모투자전문회사	몰타	2013.4.18.	1,345,000,000	금융/보험
2	한국지엠코리아	미국	2013.3.25.	722,000,000	운송용기계
3	삼성코닝정밀소재㈜	룩셈부르크	2013.11.21.	505,000,000	비금속광물
4	람정제주개발㈜	홍콩	2013.8.12	500,000,000	음식/숙박
5	미정(LEE WILEMON CAPITAL)	미국	2013.2.5.	400,000,000	부동산/임대
6	커뮤니티캐피탈 파트너스코리아	미국	2013.4.30.	350,000,000	부동산/임대
7	케이에이브이원㈜	미국	2013.1.2.	300,000,000	부동산/임대
8	트리플파이브과천㈜	홍콩	2013.6.27.	300,000,000	부동산/임대

8 산업통상자원부(http://www.motie.go.kr/) 〈http://www.motie.go.kr/motie/in/it/companyguide/companyguide.jsp〉

9 유인홍(2014), p. 24.

순위	업체명	국가	신고일	신고금액(달러)	대표업종
9	다산일호 사모투자 전문회사	캐나다	2013.9.16.	298,000,000	금융/보험
10	앰코테크놀로지코리아㈜	케이만 군도	2013.1.25.	250,000,000	전기/전자
11	㈜로엔엔터테인먼트	몰타	2013.8.12.	239,150,368	비즈니스서비스업
12	전기초자코리아 주식회사	일본	2013.6.12.	216,000,000	비금속광물
13	한국에스지증권 주식회사	프랑스	2013.6.5.	177,000,000	금융/보험
14	한국화이자제약	파나마	2013.5.16.	155,700,000	의약
15	미정(GNS.INC)	미국	2013.6.20.	150,000,000	음식/숙박
16	바이오빔코리아	미국	2013.11.27.	150,000,000	유통
17	(유)샤프게인코리아	포르투갈	2013.2.1.	149,000,000	부동산/임대
18	솔로파워코리아 주식회사	미국	2013.5.9.	125,000,000	기계/장비
19	지멘스에너지솔루션 즈유하노히사	독일	2013.9.23.	117,000,000	비즈니스서비스업
20	다산이호 사모투자 전문회사	네덜란드	2013.12.12.	116,000,000	금융/보험
21	인베스타벤처스	미국	2013.1.2.	110,000,000	금융/보험
22	솔베이실리카코리아 주식회사	프랑스	2013.12.5.	110,000,000	화공
23	㈜테이팩스	일본	2013.2.13.	101,834,862	화공
24	주식회사 셀트리온	네덜란드	2013.6.25.	101,000,000	의약
25	서울아이비씨홀딩스㈜	필리핀	2013.2.19.	100,000,000	부동산/임대
26	에너낙코리아	미국	2013.12.10.	100,000,000	비즈니스서비스업
27	로얄캐닌	프랑스	2013.10.22.	100,000,000	식품
28	롯데베르살리스 엘라스토머스 주식회사	이탈리아	2013.11.12.	100,000,000	화공
29	미정(ABENGOA BIOENERGIA)	스페인	2013.11.1.	100,000,000	화공
30	엠에스에스홀딩스㈜	스웨덴	2013.3.26.	97,100,000	비즈니스서비스업

자료: 유인홍(2014), p. 25.

5.
결론

제 3장은 한국의 외국인 직접투자 현황을 분석하였다. 2012년 유입기준으로 세계 외국인직접투자 유입비중은 선진국 41.5%, 개도국 52.0%, 체제전환국 6.5%를 각각 차지하였다. 2007년 선진국의 외국인직접투자 유입비중(65.9%)이 개도국(29.4%)보다 훨씬 높았으나, 점차 개도국의 비중이 증가하면서 2012년도에는 52%로 선진국(41.5%)을 추월하여 투자유입의 높은 비중을 차지하였다.

한편 2012년 기준으로 세계 FDI 유출 비중은 선진국 65.3%, 후진국 30.6%, 체제전환국 4.1%를 각각 차지한다. 2007년에는 선진국 비중(83.20%)이 후진국(14.55%) 비중보다 압도적 이었지만, 2012년도에는 선진국의 비중이 줄어든 반면, 후진국의 비중이 30.6%로 많이 증가되었다. 한국의 경우, 2005~2012년 동안 한국의 외국인 자본 유입 보다는 해외로 나가는 유출 비중이 큰 형태이다.

년도별로는 2012년 외국인직접투자는 162.8억 달러이며, 2014년 상반기 103.3억 달러를 기록하는 등 외국인 투자 유입이 증가되고 있다. 국가별로는 미국과 일본이 가장 활발하게 투자를 하고 있지만 일본은 최근 엔저현상으로 인해 직접투자금액이 감소하고 있는 추세이며 중국을 비롯한 중화권의 투자는 증가 추세이다.

업종별 금액기준으로 2000년 제조업(45%)과 서비스업(53%)이 총 98%를 차지하였으며, 2013년 제조업(31%)과 서비스업(67%)이 총 98%로 여전히 높은 비중을 차지하고 있다. 2013년 한국의 외국인직접투자 주요 업종별 비중은 금융 · 보험(20.1%), 부동산 · 임대(17.5%), 비즈니스서비스업(17.3%)의 순이었다. 제조업은 2010년을 제외하고는 감소 추세이고, 서비스업은 2010년을 제외하고는 증가하는 추세이다.

투자 규모면에서는 2013년 금액기준으로 소규모 투자(1천만 달러 미만), 중규모 투자(1천만 달러~1억 달러), 대규모 투자(1억 달러 이상)의 비중은 각각 12.4%, 37%, 50.3%로 대규모투자가 반 이상을 차지한다. 하지만 건수면에서는 1천만 달러 미만이 93.7%를 차지하고 있다 설립형태면에서 한국의 경우 전통적으로 외국인직접투자의 형태가 M&A형의 투자보다 Greenfield형 투자의 비중이 높다. 2013년 기준으로 M&A는 34%, 신규투자는 65.7%를 기록하였다.

국내에 진출한 외투기업은 현재 총 15,691건으로 이 중 Global Fortune 500대 기업 중 약 250개 기업이 한국에 직접투자를 하고 있다. 한국의 고용환경에서 외투기업이 차지하는 비중은 2012년 기준으로 전 산업의 6%, 제조업의 10.3%로 국내 고용환경에 높은 기여를 하고 있다. 또한 외투기업이 한국의 전 산업 매출에서 차지하는 비중은 무려 13.7%이며, 수출총액에 20.2%를 차지하기도 하는 등, 이미 국내 경제 환경에 중요한 역할을 하고 있다.

참고문헌

김동희(2014), "외투기업 경영실태 조사 분석-개요와 해석", 산업부-지자체-IK 투자유치 합동 워크샵 자료, KOTRA, Invest Korea, 산업통상자원부, pp. 85-97.

매일경제(2014.09.25), "韓 직접투자 순유출 전환, 경제수준 비해 빠르다."

산업통상자원부(http://www.motie.go.kr/)
〈http://www.motie.go.kr/motie/in/it/companyguide/companyguide.jsp〉

산업통상자원부(2013), http://www.motie.go.kr

- 규모별 외국인 직접투자
- 산업별 외국인 직접투자
- 연도별 외국인 직접투자
- 지역별 외국인 직접투자
- 형태별 외국인 직접투자

산업통상자원부(2014.1.29), 보도자료, 산업통상자원부.

유인홍(2014), "2013년 외국인 투자유치 현황", KOTRA 2014년 글로벌 FDI 전망 및 우리의 전략-한국의 산업별, 지역별 FDI 유치전략, pp. 17-40.

주간무역(2014.1.10), "KOTRA, 2014 외국인 투자유치 전망과 전략 설명회 개최", KOTRA.

한국은행(2014), "우리나라 FDI의 순유출 전환요인과 시사점", 경제리뷰, 2014-7, 한국은행.

황나영(2013), "글로벌 FDI 동향과 향후 전망", 우리금융경영연구소, 주간금융경제동향, 제3권 제29호, pp. 1-4.

UNCTAD(2013), World Investment Report 2013, UNCTAD.

제4장

외국인직접투자의 주요 정책

1. 서론

2. 최근 외국인직접투자의 정책 방향

3. 한국의 외국인직접투자 정책 변화
   - 3.1. 외환위기 이전
   - 3.2. 외환위기 이후 외국인직접투자 촉진 정책의 변화

4. 외국인직접투자 절차
   - 4.1. 외국인투자 신고
   - 4.2. 유형별 외국인투자 신고 절차
   - 4.3. 기존주식 등의 취득에 의한 외국인투자 신고 및 허가신청
   - 4.4. 합병 등에 의한 주식 등 취득에 의한 외국인투자 신고
   - 4.5. 장기차관방식의 외국인투자 신고

5. 한국의 외국인투자 요인
   - 5.1. 한국시장의 투자 강점
   - 5.2. FTA를 통한 글로벌 네트워크
   - 5.3. 지리적 이점

6. 결론

| 제4장 |

외국인직접투자의 주요 정책

1. 서론

제 4장에서는 한국의 외국인직접투자의 주요 정책에 대해 분석한다. 한국의 외국인직접투자 유치정책의 주요 핵심사항은 고용창출, 산업의 기술경쟁력 강화, 동북아 비즈니스허브 구현에 기여할 수 있는 외국인직접투자를 중점 유치하고, 경쟁국보다 좋은 투자환경 조성에 중점을 두는 정책을 의미한다. 제 2절에서 최근 외국인직접투자의 정책방향을 살펴본다. 한국의 외국인직접투자 정책 변화는 크게 외환위기 이전과 이후로 나눌 수 있다. 제 3절은 한국의 외국인직접투자 정책의 변화를 분석한다. 제 4절, 제 5절에서 외국인직접투자의 절차, 한국의 투자요인을 각각 분석한 후, 제 6절에서 결론을 도출한다.

2.
최근 외국인직접투자의 정책 방향

외국인직접투자 정책이란, 우리나라의 법인 또는 국민이 영위하는 기업의 경영활동에 외국인 투자자의 참여를 활성화하여 기술이전, 설비확충 등을 이루어 우리기업의 경쟁력을 높이고, 고용창출 · 생산증대 등 국가경제의 양적 · 질적 발전을 도모하고자 하는 정책이다. 한국의 외국인직접투자 유치정책의 주요 핵심사항은 고용창출, 산업의 기술경쟁력 강화, 동북아 비즈니스허브 구현에 기여할 수 있는 외국인직접투자의 중점 유치, 경쟁국보다 좋은 투자환경 조성에 중점을 두는 정책을 의미한다.[1]

〈표 1〉 외국인직접투자 유치정책 추진경과

기간	목표	제도
1960~79년	국내산업 육성을 우선시한 제한적인 외국인직접투자 도입	- '외자도입촉진법' 등 제정 ('60) - 외자도입촉진법' 등 관련법 정비 ('66)
1980~97년	개방경제로의 이행과 외국인투자기반 조성	- 외국인투자 가능업종 관련 Negative 방식 채택 - UR 및 WTO 출범 등으로 경제개방의 가속화 - '외국인투자 및 외자도입에 관한 법률' 제정 ('97)
1998~ 2002년	외환위기 극복과 외국인 직접투자유치 확대	- 강력한 외국인투자 유치 추진 및 적대적 M&A 허용 - 외국인투자촉진법 제정 ('98)
2003~이후	외국인직접투자유치 활성화 및 규제개혁	- 외국인직접투자유치 활성화 조치 - 외국인투자 규제개혁 추진 ('13)

자료: 산업통상자원부(http://www.motie.go.kr/)에서 정리.

1 산업통상자원부(http://www.motie.go.kr/)

〈표 1〉은 외국인직접투자 유치정책 추진경과이다. 1960~79년 국내 산업 육성을 우선시한 제한적인 외국인직접투자 도입, 1980~97년 개방경제로의 이행과 외국인직접투자 기반 조성, 1998~02년 외환위기 극복과 외국인직접투자유치 확대, 2003년 이후는 외국인직접투자의 규제개혁과 활성화 기간으로 구분할 수 있다.

특히 1990년 후반 이후, 한국의 외국인직접투자는 글로벌 환경의 변화에 의하여 투자유치 중요성 확대 및 투자유치정책 재편의 필요성을 보여준다. 〈표 2〉는 1990년 이후 최근 한국의 외국인직접투자의 특성을 보여준다.

〈표 2〉 한국 외국인직접투자의 특성

시기	1990년대 후반 2000년대 초반	2000년대 중반	2000년대 후반	2010년대 초반
글로벌 투자환경변화	아시아 외환위기 IT 버블붕괴 중동지역 긴장고조로 인한 불안	선진국의 경기회복 및 신흥경제권의 약진	글로벌 금융위기, 신흥경제권으로의 자본유입	글로벌 경제블록화, 선진국의 경제부활
한국의 외국인직접투자	외환위기 극복을 위한 긴급외자유치	기업구조조정 투자 및 재무적 투자 확대	긴급투자매물 감소 및 투자규모의 하향안정	투자유치 중요성 확대 및 투자유치정책 재편
한국 외국인직접투자 특성	외환위기로 인한 매각 특수 여세	금융 및 서비스 부문의 투자유입 증대(대형 M&A)	구조조정 특수의 소멸 및 투자 다양화	본격적 투자유치 전략 수립 및 새로운 동력 추구

자료: 김동희(2014), p. 4.

최근 외국인직접투자 정책의 특징을 좀 더 살펴보면 다음과 같다. 2013년 정부는 외국인직접투자가 경제에 미치는 기여도를 높이기 위해 외국인투자촉진법 시행령을 일부 개정했는데, 개정 방안의 주요 방향은 규제나 절차를 완화하는 조치와 함께 특히 양질의 고용창출과 핵심 고기술산업의 투자유치로 인한 기술 파급효과 및 고도화 제고 등 경제적 기여도를 높이는 방향으로 설정하였다.

첫째, 고용효과와 관련하여 외국인투자 신고 및 외투기업 등록서식에 예상 고용인원을 기재하도록 하고, 이후 고용창출 효과를 발표하도록 함으로서 고용창출의 경제적효과를 강조한다. 이는 기존의 외국인직접투자를 투자금액 실적 중심으로 평가했던 정책에서 고용창출 효과도 고려한 정책으로 고용효과의 중요성을 부각시킨 점이 특징이다. 일례로 단지형 외국인투자지역에 대한 임대료 감면도 현행 투자금액 중심에서 투자금액과 고용효과에 따라 차등 감면하는 방향으로 전환하였다. 조세감면 대상 기술 품목을 전후방 파급효과를 통한 대규모 고용유발효과 산업이나 국내에서 기술개발이 불가능한 원천기술이나 특허를 보유한 핵심기술 위주로 정비하였다.[2]

둘째, 핵심고부가가치산업 유치와 외국인직접투자에 우호적인 환경조성을 위해 각종 지원제도의 개편이다. 예를 들면 국공유지에 대한 수의계약 요건을 기존의 '외국인투자비율 10% 이상 및 1억 원 이상' 투자에서 '최소 5년 동안 외국인투자 비율을 30% 이상 유지하는 것'으로 규정하되, 국민경제 기여도가 큰 경우에는 예외적으로 수의계약이 가능하도록 허용했다.

셋째, 대형 투자가의 투자유치를 위하여 투자가의 기호에 맞추어 투자가가 원하는 지역, 시기, 인센티브를 종합적으로 구성하여 사업장 단위로 제공하는 개별형 외국인투자지역 지정 대상에 정보통신 서비스 업종을 추가했다.[3]

넷째, 한국의 외국인직접투자의 고도화 추진이다. 2014년 1월에 외국인직접투자 유치 관계부처들은 합동으로 '성장잠재력 확충과 일자리

2 박문수 외(2013) p. 30.
3 박문수 외(2013) p. 31.

창출을 위한 외국인투자 활성화 방안'을 발표하였다. 주요 내용은 글로벌 헤드쿼터 적극유치이다. 해외 자회사에 대한 의사결정과 경영지원을 총괄하는 지역 거점인 헤드쿼터를 유치하면 고급 일자리가 창출되고, 구매와 후속 생산시설 투자 유발효과를 기대할 수 있다. 싱가포르(4,000여개), 홍콩(1,367개), 중국(516개), 일본(139개) 등 각국이 헤드쿼터 유치 경쟁을 하고 있지만, 현재 국내 헤드쿼터로는 한국바스프, 이베이 아태경영관리, 볼보코리아, 다우케미컬 등으로 비교적 소수이다.[4]

3. 한국의 외국인직접투자 정책 변화

3.1. 외환위기 이전

〈표 3〉은 외환위기 이전 한국의 외국인직접투자 정책 변화를 보여준다. 시기별로는 외환위기 전에 투자제한단계(1962~1983년), 기반조성단계(1984~1989년), 자유화단계(1990~1997년), 유치촉진단계(1998~2002)로 구분한다.

〈표 3〉 외환위기 이전 외국인직접투자 유치정책의 변천과정

구분	연도	주요내용
투자제한단계 (1962~1983)	1960년	• 공공차관 도입에 역점을 두는 상업차관 중심의 외자도입 추진
	1965년	• 대외채무 부담에 직면 후, 국내산업과 마찰이 없는 범위 내에서 외국인직접투자 허용

4 한국경제(2014.1.10)

구분	연도	주요내용
투자제한단계 (1962~1983)	1970년	• 중화학공업 부문에 외국인직접투자 허용 • 외국인의 경영참여를 제한 (투자비율 50:50 원칙) • 차관 중심의 외자도입이 한계에 직면하면서 상환부담이 없는 외국인직접투자 유치 필요성 대두
	1980년	• 정부주도의 산업화가 일정수준에 도달하고 개도국의 외채위기로 차관도입 어려워짐
기반조성단계 (1984~1989)	1984년	• 외국인직접투자 가능 업종을 확대하기 위해 허용업종 열거 방식에서 금지제한업종 열거방식으로 전환 • 일률적으로 50%로 제한하던 투자 비율 방식 철폐
	1980년 말	• 국내 외환사정 호전, 외국인직접투자 정책에 폐쇄적인 태도 • 특정산업, 특정효과를 위한 분야에만 투자인센티브 한정 • 미국측 제도개선 요구, 정부는 투자유치의 필요성 인식
자유화단계 (1990~1997) 자유화단계	1991년	• 외국인투자에 신고제 도입
	1992년	• 원칙신고, 예외적인 인가제로 전환
	1993년	• 투자업종의 자유화 추진
	1997년	• 우호적 M&A 투자 허용
유치촉진단계 (1998~2002)	1998년 이후	• 외국인투자 제한업종 추가 개방 • 외국인 국내기업 M&A 전면 허용 • 외국환거래 자유화 • 외국인투자촉진법 제정 • 규제개혁 및 4대 부문 개혁추진

자료: 양홍승(2002), p. 40., 백창곤(2002), p. 25.에서 정리

3.2. 외환위기 이후 외국인직접투자 촉진 정책의 변화

〈표 4〉는 외환위기 이후 외국인직접투자 정책변화이다. 외환위기 이후의 주요 정책변화는 외국인투자촉진법제정, 투자제한업종 자유화, 외국인직접투자 절차 대폭 간소화, 투자 인센티브 강화, 투자규제 개혁 등이 특징이다.

〈표 4〉 외환위기 이후 외국인직접투자 정책 변화

<table>
<tr><td>외국인
투자촉진법
제정</td><td colspan="2">• 투자자 보호를 재확인하고 투자자유화를 구체화하고 외국인직접투자 절차 간소화
• 투자인센티브 제공
• 외국인투자지역 지정제도 마련
• 원스톱 서비스 제도 신설 및 고충처리기구 설치
• 외국인투자위원회 및 외국인투자지원센터 신설</td></tr>
<tr><td>투자제한
업종자유화</td><td colspan="2">• 극히 일부를 제외한 대부분 외국인투자에 대해 개방된 상황</td></tr>
<tr><td>외국인투자
절차 대폭
간소화</td><td colspan="2">• 투자신고 과정을 단순화
• 신고서식은 국 · 영문 모두 사용가능
• 조세감면 등 각종 지원을 위해 외투기업에 대한 등록제도 그대로 유지</td></tr>
<tr><td rowspan="2">투자
인센티브
강화</td><td>경제자유
구역</td><td>• 경제자유구역의 대상사업에는 5년형과 7년형으로 구분
• 대상사업은 5년형은 제조업, 관광업, 물류업, 의료업, 개발 사업자
• 대상사업은 7년형은 제조업, 관광업, 물류업, 연구시설
• 감면대상 및 조건의 5년형에는 법인세 · 소득세 · 취득 · 등록 · 재산세가 감면대상이고 3년간 100%, 2년간 50%의 감면
• 감면대상 및 조건 7년형은 5년간 100%, 2년간 50%의 감면
• 결정조건은 5년형으로는 경제자유구역 입주, 7년형은 경제 자유구역 입주 및 경제자유구역위원회 의결</td></tr>
<tr><td>외국인
투자지역</td><td>• 대상사업 5년형은 제조업, 물류업으로 경제자유구역에 비해서 대상사업 수가 적음
• 대상사업 7년형은 경제자유구역의 대상사업과 같음
• 경제자유구역 감면대상 및 조건의 5년, 7년형과 동일함
• 결정조건은 5년형으로는 외국인전용단지입주, 7년형으로는 외투지역 지정(외국인투자위원회)</td></tr>
<tr><td>투자규제 개혁</td><td colspan="2">• 투자 규제의 개혁을 통한 외국인 투자의 촉진</td></tr>
</table>

자료: 산업통상자원부(http://www.motie.go.kr/)

1) 외국인투자촉진법의 제정

IMF 위기 이후 외국인투자촉진법을 제정하여 외국인직접투자의 적극적인 유치에 노력하였는데 일례로 투자 인센티브를 확충하고 외국인투자지역을 새로 도입하고 투자유치전담기구를 신설하였다. 이는 규제 및 관리 위주의 정책에서 촉진 및 지원 중심으로 법령체계를 개편하였다.

2) 투자제한업종 자유화

정부는 1998년에 건물임대업, 증권거래업 등 7개 업종을 전면 개방하고, 유선방송업과 투자조합에 대해서 개방을 확대했다. 이후 선물거래업, 종합금융회사, 신용조사업 등 11개 업종을 전면 개방하고 담배제품제조업과 도박장 운영업을 부분 개방하였으며, 발전업 등 7개 업종을 부분 개방하였다. 1999년에는 담배제품제조업, 주정제조업 등 7개 업종을 전면 개방하여, 현재 극히 일부를 제외하고 거의 대부분이 외국인직접투자에 대해 개방된 상황이다.[5]

3) 외국인직접투자 절차 대폭 간소화

과거 투자신고를 신고수리에서 단순신고로 단순화하고 비거주자의 외국인직접투자 신고시 거주자를 신고대리인으로 지정하도록 의무화하던 제도를 폐지했다. 신고서식은 국 · 영문 모두 사용할 수 있도록 하였으며, 외자가 국내에 도착된 날로부터 1개월 이내에 외국환은행에 보고하던 절차를 폐지하였다. 다만 외투기업에 대한 등록제도는 그대로 유지했는데, 이는 조세감면 등 각종 지원과 사후관리를 위한 것이다.[6]

---

5 김주남(2007), p. 34.

6 김주남(2007), p. 35.

4) 조세인센티브 강화

〈그림 1〉 조세감면 절차도

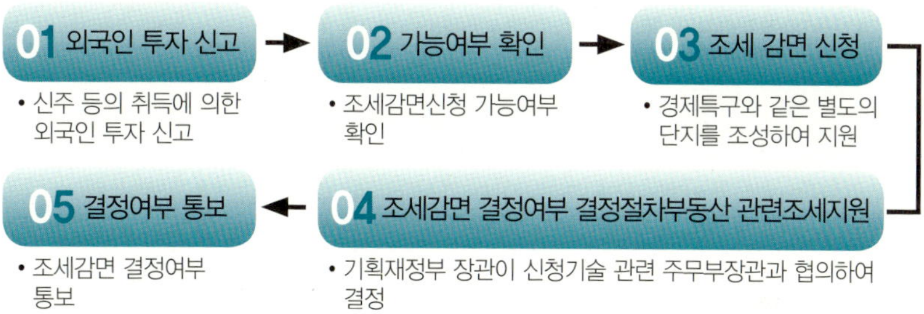

자료: 한국관광공사(http://kto.visitkorea.or.kr)

〈그림 1〉은 조세감면 절차도이다. 조세감면의 경우, 외국인직접투자를 신고하게 되면 조세가능여부를 먼저 확인하고, 경제특구와 같은 별도의 단지로 지정하여 조세 감면을 받을 수 있도록 한다. 그리고 기획재정부 장관이 신청기술 관련 주무부장관과 협의하여 관련 조세감면 지원 여부를 결정하고 통보하는 형식이다. 또한 경제자유구역과 외국인투자지역 조세감면을 대상사업, 감면대상 및 조건, 결정조건으로 나누어 비교해보면 다음 〈표 5〉와 같다.[7]

〈표 5〉 경제자유구역과 외국인투자지역 비교

구분	경제자유구역		외국인투자지역	
	5년형	7년형	5년	7년
대상사업	제조업(1천만 달러 이상) 관광업(1천만 달러 이상) 물류업(5백만 달러 이상) 의료업(5백만 달러 이상) 개발사업자 (3천만 달러 이상 또는 외투비율 50% 이상으로 총사업비가 5억달러 이상)	제조업(3천만 달러 이상) 관광업(2천만 달러 이상) 물류업(1천만 달러 이상) 연구시설 (2백만 달러 이상 투자 & 석사급연구원 10인 이상 상시고용)	제조업(1천만 달러 이상) 물류업(5백만 달러 이상)	제조업(3천만 달러 이상) 관광업(2천만 달러 이상) 물류업(1천만 달러 이상) 연구시설 (2백만 달러 이상 투자 & 석사급연구원 10인 이상 상시고용)

7 산업통상자원부(http://www.motie.go.kr/)

구분	경제자유구역		외국인투자지역	
	5년형	7년형	5년	7년
감면 대상 및 조건	법인세 · 소득세 취득 · 등록 · 재산세 (3년간 100%, 2년간 50%)	법인세 · 소득세 취득 · 등록 · 재산세 (5년간 100%, 2년간 50%)	법인세 · 소득세 취득 · 등록 · 재산세 (3년간 100%, 2년간 50%)	법인세 · 소득세 취득 · 등록 · 재산세 (5년간 100%, 2년간 50%)
결정 조건	경제자유구역 입주	경제자유구역 입주 및 경제자유구역위원회 의결	외국인전용단지 입주	외투지역 지정 (외국인투자위원회)

자료: 산업통상자원부(http://www.motie.go.kr/)

경제자유구역의 대상사업에는 5년형과 7년형으로 나뉘게 된다. 5년형은 제조업(1천만 달러 이상), 관광업(1천만 달러 이상), 물류업(5백만 달러 이상), 의료업(5백만 달러 이상), 개발사업자(3천만 달러 이상 또는 외투비율 50% 이상으로 총사업비가 5억 달러 이상)이 있다. 반면 7년형으로는 제조업(3천만 달러 이상), 관광업(2천만 달러 이상), 물류업(1천만 달러 이상), 연구시설(2백만 달러 이상 투자, 석사급 연구원 10인 이상 상시고용)이 있다.

외국인투자지역 대상사업에는 5년형으로 제조업(1천만 달러 이상), 물류업(5백만 달러 이상)으로 경제자유구역에 비해서 대상사업 수가 적은 것을 알 수 있다. 7년형으로는 제조업(3천만 달러 이상), 관광업(2천만 달러 이상), 물류업(1천만 달러 이상), 연구시설(2백만 달러 이상 투자, 석사급연구원 10인 이상 상시고용)으로 경제자유구역의 대상사업과 동일하다.

감면대상 및 조건으로 경제자유구역의 5년형에는 법인세, 소득세, 취득 · 등록 · 재산세가 감면대상이고 3년간 100%, 2년간 50%의 조건을 가지고 있고 7년형으로 법인세 · 소득세, 취득 · 등록 · 재산세가 감면대상이고 5년간 100%, 2년간 50%의 조건을 가지고 있다. 그리고 외국인직접투자의 감면대상 및 조건은 경제자유구역과 동일하다.[8]

---

8 지식경제부(http://www.mke.go.kr./)

5) 외국인직접투자 규제개혁 정책

산업통상자원부는 2014년 경제자유구역 · 자유무역지역 분야에 대한 『제3차 규제 청문회』를 개최하였고, 경제자유구역 · 자유무역지역 분야 규제 총 58건 중 17건을 폐지(29%)하고, 11건을 개선(18%)하기로 하는 등 박근혜 정부 임기내 정부 전체의 규제감축 목표(20%)를 초과하는 감축을 추진하기로 하였다.[9] 외국인직접투자 유입에서 규제개혁은 중요한 정책으로 11장에서 자세히 분석한다.

4. 외국인직접투자 절차

외국인직접투자의 경우, 외국에서 국내 경제에 투자하는 직접적인 방법인 만큼 절차를 명확히 하여 관리하고 있다. 〈그림 2〉는 외국인직접투자 절차를 보여준다.

〈그림 2〉 외국인직접투자 절차

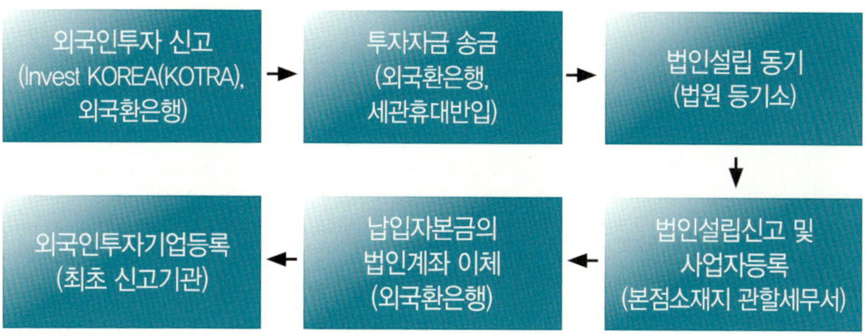

자료: 인베스트코리아(www.investkorea.org)

---

9 산업통상자원부(2014.5.20), 보도자료.

외국인직접투자 절차는 크게 외국인투자 신고, 투자자금 송금, 법인설립 등기 및 사업자 등록, 외투기업 등록의 4단계로 이루어진다. 내국인의 법인설립절차와 비교할 때, 외국인은 '외국인투자 신고'와 '외국인투자기업 등록'의 2개 단계만 추가될 뿐, 나머지는 기본적으로 동일하다. 단, 개인사업자가 등록하는 경우 '법인설립 등기' 절차가 필요하지 않다.[10]

4.1. 외국인투자 신고

외국인투자 신고는 그 유형에 따라 주식취득 전에 미리 신고하는 사전신고와 주식취득 후 또는 계약체결 후에 신고하는 사후신고로 나뉜다. 외국투자가는 다음과 같이 외국인투자 신고를 할 수 있다.

- 신고인: 외국투자가가 직접 신고하거나 대리인이 신고
- 신고접수기관: 국내은행 본 · 지점, 외국은행 국내지점,
  Invest Korea(KOTRA) 또는 KOTRA 해외투자거점
  KBC(Korea Business Center)
- 신고처리기간: 즉시(신고증명서 교부)[11]

4.2. 유형별 외국인투자 신고절차

외국인이 대한민국 국민(법인)이 영위하는 기업이 새로이 발행하는 주식 등의 취득에 의하여 외국인투자를 하고자 하는 경우에는 미리 투자신고를 하여야 한다(사전신고). 신주 취득에는 다음의 4가지 경우가 있다.

---

10 인베스트코리아(www.investkorea.org) 〈외국인 투자절차〉

11 인베스트코리아(www.investkorea.org) 〈외국인 투자절차〉

• 외국인이 단독 또는 내국인과 합작하여 새로운 법인을 설립하는 경우
• 국내기업의 유상증자에 참여하는 경우
• 외국인(개인)이 국내에서 개인사업체를 운영하는 경우
• 비영리법인에 출연을 하는 경우(출연방식의 신주취득)[12]

4.3. 기존주식 등의 취득에 의한 외국인투자 신고 및 허가신청

외국인이 대한민국 국민(법인)이 영위하는 기업이 이미 발행한 주식 등의 취득에 의하여 외국인투자를 하는 경우에는 미리 사전 투자신고를 하여야 한다. 다만 자본시장과 금융투자업에 관한 법률에 따른 주권상장법인이 발행한 기존주식 등을 취득하는 경우에는 취득 후 30일 이내에 신고 할 수 있다. 기존주식 취득에는 비상장법인의 주식을 국내주주로부터 10% 이상 직접 취득하는 경우, 상장법인의 주식을 10% 이상 취득하는 경우가 있다.[13]

4.4. 합병 등에 의한 주식 등 취득에 의한 외국인투자 신고

합병 등에 의한 주식 등의 취득은 신주 취득이나 기존주식 취득과 달리 사전에 이를 신고하는 것이 아니며, 주식 등의 취득일로부터 30일 이내에 사후 신고하면 된다. 합병 등에 의한 주식취득 신고의 경우 대부분 외투기업 변경등록 또는 신규 등록 신청 대상이 된다. 합병 등에 의한 주식 등 취득 유형은 다음과 같다.

---

12 인베스트코리아(www.investkorea.org) 〈외국인 투자절차〉

13 방위산업체를 영위하는 기업에 대해 기존주식 등의 취득에 의하여 외국인투자를 하려는 경우에는 미리 지식경제부장관의 허가를 받아야 하며(허가신청), 만약 허가 규정을 위반하여 기존주식 등을 취득하는 경우 해당 기존주식에 따른 의결권을 행사할 수 없게 되고 지식경제부장관으로부터 주식 양도명령을 받을 수 있다. 인베스트코리아(www.investkorea.org) 〈외국인 투자절차〉

• 외국투자가가 해당 외국인투자기업의 준비금, 재평가적립금, 그 밖에 다른 법령에 따른 적립금이 자본으로 전입됨으로써 발행되는 주식 등을 취득한 경우
• 외국투자가가 해당 외국인투자기업이 다른 기업과 합병, 주식의 포괄적 교환 · 이전 및 회사분할을 하는 때에 소유하고 있던 주식 등에 의하여 이후 존속 또는 신설되는 법인의 주식 등을 취득한 경우
• 외국인이 등록된 외국인투자기업의 주식 등을 외국투자가로부터 매입, 상속, 유증 또는 증여에 의하여 취득한 경우
• 외국투자가가 법에 의하여 취득한 주식 등으로부터 생긴 과실의 출자로 인하여 주식 등을 취득한 경우
• 외국인이 전환사채, 교환사채, 주식예탁증서 그 밖에 이와 유사한 것으로서 주식 등으로 전환, 인수 또는 교환한 경우 등이 있다.[14]

4.5. 장기차관방식의 외국인투자 신고

외투기업의 해외 모기업이나 외국투자가와 자본출자관계가 있는 기업이 해당 외투기업에 대부하는 평균상환기간 5년 이상의 차관에 해당하는 외국인투자를 하려는 경우 미리 사전 신고하여야 한다. 장기차관의 도입주체는 외투기업이며 설립중인 외투기업은 차주가 될 수가 없으므로 장기차관방식의 투자신고는 반드시 외투기업이 설립된 후 가능하다. 또한 차관금액은 출자목적물이 아니므로 외투기업등록증 기재사항은 아니다. 다만, 신고기관에 외화매입(예치)증명서를 첨부하여 차관도착 보고를 하여야 장기차관에 의한 외국인투자로 인정받을 수 있다.[15]

---

14 인베스트코리아(www.investkorea.org) 〈외국인 투자절차〉
15 인베스트코리아(www.investkorea.org) 〈외국인 투자 신고〉

5.
한국의 외국인투자 요인

5.1. 한국시장의 투자 강점

인구 5,000만명의 소비자와 세계 14위의 GDP 규모(US$ 13,044억달러, 2013년 기준)를 갖춘 한국시장은 투자가들에게 매력적인 내수시장을 제공하고 있다. 글로벌 기업들은 각 회사의 신제품을 한국에 제일 먼저 출시하는 테스트 마켓(test market)으로 활용하는데, 이는 한국 소비자들의 높은 구매력과 제품에 대한 정확하고 빠른 피드백 제공 때문이다. 또한 입지적으로 거대 시장인 러시아, 중국, 일본에 대한 시장접근성이 용이한 점 등 여러 가지 잠재 투자매력을 지니고 있으며, 세계 GDP의 61%를 차지하는 주요국들과 적극적인 FTA를 체결해 실질적인 경제 영역도 넓어 투자 및 교역의 매력적인 입지적 요인이 증가하고 있다.[16]

5.2. FTA를 통한 글로벌 네트워크

한국은 세계에서 유일하게 미국, 아세안, EU를 연결하는 글로벌 FTA 네트워크를 구축했으며, 현재 한국과 FTA 발효 중인 국가 및 연합은 칠레, 싱가포르, EFTA, ASEAN, 인도, EU, 페루, 미국, 터키, 호주, 캐나다이다. 또한 중국, 베트남과는 FTA에 합의했으며 일본, 남미공동시장(MERCOSUR), 러시아, 이스라엘, 남부아프리카 관세동맹(SACU), 몽골, 중미, 말레이시아, 인도네시아와 현재 공동연구 및 FTA 체결 여건 조성 중이다.[17]

---

16 인베스트코리아(www.investkorea.org) 〈한국의 투자 강점〉

17 인베스트코리아(www.investkorea.org) 〈한국의 투자 강점〉

〈표 7〉 한국의 FTA 현황(2015년 1월)

발효된 FTA	협상 중 FTA 국가 및 연합	타결된 FTA	공동연구 또는 FTA 여건 조성 중인 국가 및 연합
한-칠레 FTA (2004.4.1. 발효) 한-싱가포르 FTA (2006.3.2. 발효) 한-EFTA FTA (2006.9.1. 발효) 한-ASEAN FTA (상품 2007.6.1. 발효, 서비스 2009.5.1. 발효, 투자 2009.9.1. 발효) 한-인도 CEPA (2010.11. 발효) 한-EU FTA (2011.7.1. 발효) 한-페루 FTA (2011.8.1 발효) 한-미국 FTA (2012.3.15 발효) 한-터키 FTA (2013.5 발효) 한-호주 FTA (2014.12 발효) 한-캐나다 FTA (2015.1 발효)	인도네시아 중국(FTA 합의) 베트남 (FTA 합의) 한-중-일 RECP(6개국) 멕시코 GCC 뉴질랜드	콜롬비아 (2013.2.21.~ 정식 서명)	일본 멕시코 GCC(6개국) Mercosur(4개국) 이스라엘 중미(6개국) 말레이시아

자료: 대한민국 관세청(http://www.customs.go.kr/) 참조 후 재정리.

5.3. 지리적 이점

한국, 중국, 일본은 세계 GDP의 약 25%를 차지하는 거대 시장을 구성하고 있다. 중국은 저임금, 대규모 시장의 이점을 갖추고 있고, 일본은 기술력과 세련된 소비시장을 형성하고 있다. 중국과 일본, 나아가 러시아 시장도 진출을 희망하는 투자가 뿐 아니라 싱가포르, 말레이지아, 베트남 등 동남아시아 국가에 진출이 용이하며, 아시아 국가 중 지리적, 경제적, 문화적 요인과 접근성을 고려했을 때 한국은 적합한 투자지역이다.[18]

18 인베스트코리아(www.investkorea.org) 〈한국의 투자 강점〉

6.
결론

제 4장은 한국의 외국인직접투자의 주요 정책에 대해서 분석하였다. 한국에 외국인직접투자자들이 투자하는 주된 이유로는 FTA를 통한 글로벌 네트워크 이용, 거대시장인 중국, 일본, 러시아 등과 가까운 지리적 이점 등이 주요 투자 원인이다. 외환위기 이후, 한국은 외국인투자촉진법의 제정하여 외국인직접투자의 적극적인 유치에 노력하였는데, 투자인센티브를 확충하고, 외국인투자지역을 새로 도입하고 투자유치 전담기구를 신설하였다. 이를 통해 투자자 보호를 재확인하고 투자자유화에 대한 확고한 의지를 구체화하고 있으며, 외국인투자지역을 선정하고, 임대료 등에서 상당히 큰 투자인센티브를 제공하고 있다는 점이 특징이다.

한국의 외국인투자정책은 1960~79년도의 국내산업 육성을 우선시한 제한적인 외국인직접투자 도입에서 1980~97년도의 개방경제로의 이행과 외국인투자기반 조성, 1998~2002년도에 이르러 외환위기 극복과 외국인 직접투자유치 확대형식으로 발전되어 왔다. 2012년도에 정부는 외국인투자가 경제에 미치는 기여도를 높이기 위해 외국인투자촉진법 시행령을 일부 개정하였다. 개정 방안의 주요 방향은 규제나 절차를 완화하는 조치와 함께 특히 양질의 고용창출과 핵심 고기술산업의 투자유치로 인한 기술 파급효과 제고 등 경제적 기여도를 높이는 방향으로 설정하여 지속적인 외국인 투자유치의 양적, 질적 성장을 도모하였다. 특히 2014년 이후 외국인투자의 각종 규제의 개혁을 통하여 외국인투자 유치에 경주하고 있다.

참고문헌

김동희(2014), "외투기업 경영실태 조사 분석-개요와 해석", 산업부-지자체-IK 투자유치 합동 워크샵 자료, KOTRA, Invest Korea, 산업통상자원부, pp. 85-97.

김주남(2007), "외국인 직접투자가 한국 유통산업에 미친 영향 : 사례 분석을 중심으로", 관동대학교 박사학위논문.

대한민국 관세청(http://www.customs.go.kr/)

박문수 · 김재덕 · 장윤종 · 이경희(2013), "서비스업종에서의 외국인투자 실태분석 및 시사점", 산업연구원. ISSUE PAPER 2013-314.

백창곤(2002), "우리나라의 외국인직접투자(FDI) 유치제도와 개선방안에 관한 연구 : 외국인투자지원센터(KISC) 투자자관계관리를 중심으로", 경희대 국제법무대학원 석사 학위논문.

산업통상자원부(http://www.motie.go.kr/)

산업통상자원부(2014.5.20)(www.motie.go.kr/), 경제자유구역법에 '네거티브 규제 방식' 도입, 보도자료.

양홍승(2002), "한국의 외국인직접투자 정책에 관한 연구 : 외국인투자기업의 만족도를 중심으로", 호남대 경영대학원 석사학위논문.

인베스트코리아(www.investkorea.org)

- 한국의 투자강점
  〈http://www.investkorea.org/ikwork/iko/kor/cont/contents.jsp?code=101010102〉
- 외국인 투자 신고
  〈http://www.investkorea.org/ikwork/iko/kor/cont/contents.jsp?code=101040105#_4_1_1〉
- 외국인 투자절차
  〈http://www.investkorea.org/ikwork/iko/kor/cont/contents.jsp?code=101040105〉

지식경제부(http://www.mke.go.kr./)

한국경제(2014.1.10), "글로벌기업 헤드쿼터 유치 확대…임직원 소득세율 계속 감면"

한국관광공사(http://kto.visitkorea.or.kr)

제5장

외국인직접투자의 지원제도

| 제5장 |

외국인직접투자의 지원제도

1. 서론

제 5장에서는 한국의 외국인직접투자 지원제도에 대해 살펴본다. 이를 위해 제 2절에서 한국의 외국인투자촉진법의 설립 배경과 외국인투자촉진법 관련 법령에 대해서 살펴본다. 제 3절은 외국인직접투자의 보호, 외국인직접투자의 제한과 금지, 외국인직접투자 제외업종, 외국인직접투자 제한업종을 분석한다. 제 4절은 한국의 외국인직접투자에 관한 조세지원제도의 종류, 조세지원제도의 특징을 살펴본다. 제 5절은 현금지원제도의 정의, 지원 대상, 지원율, 재정자금 분담비율, 법정 사용용도, 현금지원제도의 문제점을 각각 살펴본다. 제 6절은 외국인직접투자의 입지 및 기타 지원제도를 살펴본 후, 제 7절에서 결론을 도출한다.

2.
외국인투자촉진법

2.1. 외국인투자촉진법의 설립배경

외국인직접투자를 지원하고 외국인투자가에게 편의를 제공하여 외국인직접투자 유치를 촉진함으로써 국민경제의 건전한 발전을 이바지하기 위해 외국인투자촉진법이 제정되었다. 외국인투자촉진법은 외국인직접투자와 관련된 기본법으로서의 역할을 하며, 하위 법령으로 외국인투자촉진법에서 위임된 사항과 그 시행에 관하여 필요한 사항을 규정한 외국인투자촉진법 시행령과 시행규칙, 그리고 외국인투자 및 기술도입에 관한 규정을 두고 있다.[1]

2.2. 외국인투자촉진법 관련 법령

〈표 1〉 외국인직접투자 관련법령

구분	법령
기본법령	• 외국인투자촉진법 · 시행령 · 시행규칙 • 외국인투자 및 기술도입에 관한 규정(지식경제부 고시) • 외국인투자 통합공고(지식경제부 고시) • 외국인투자 등에 대한 조세감면규정(기획재정부 고시) • 조세특례제한법(제5장 외국인투자 등에 대한 조세특례) · 시행령 · 시행규칙
기타법령	• 외국환거래법: 외국인투자와 관련한 외국환 및 대외거래에 관한 사항 • 자유무역지역의 지정 및 운영에 관한 법률 • 경제자유구역의 지정 및 운영에 관한 법률 • 자본시장과 금융투자업에 관한 법률 등

자료: 하이코리아(http://www.hikorea.go.kr/)

외투기업도 국내법에 의하여 설립된 내국법인이므로 외국인투자촉

1 인베스트코리아(http://www.investkorea.org/) 〈외국인투자촉진법〉

진법에 따른 절차를 거쳤다 하더라도 각 개별법상 순수 내국법인에게 적용되는 법률을 동일하게 적용 받는다. 따라서 각 개별법에 따른 인·허가 사항이 있는 경우에는 그에 따른 인·허가를 받아야만 당해 사업의 영위가 가능하게 된다.[2] 〈표 1〉은 외국인직접투자 관련법령에 관한 내용인데, 크게 기본법령과 기타 법령으로 나누어진다.

3.
외국인직접투자의 보호와 규제

3.1. 외국인직접투자의 보호

〈표 2〉 외국인직접투자의 보호

대외송금 보장	• 외국투자가가 취득한 주식 등으로부터 생기는 과실, 주식 등의 매각대금, 외국인투자촉진법 규정에 따른 차관계약에 의하여 지급되는 원리금 및 수수료와 기술도입계약에 의하여 지급되는 대가는 송금 당시 외국인투자·기술도입계약의 허가내용 또는 신고내용에 따라 그 대외송금이 보장.
외국환거래의 정지 (Safeguard) 조항 예외 적용	• 기획재정부장관은 천재지변·전시·사변, 국내외 경제사정의 중대하고도 급격한 변동, 그 밖에 이에 준하는 사태가 발생하여 부득이한 사정이 인정되는 경우, 외국환거래를 일시 정지하거나 제한할 수 있음. (외국환거래법 제6조 제1항부터 제3항), 그러나, 외국인투자촉진법에서 정하는 외국인투자에 대하여는 외국환거래법의 동 조항의 적용이 배제됨. (외국환거래법 제6조 제4항)
내국민 대우	• 외국투자가와 외투기업은 법률에 특별한 규정이 있는 경우 외에는 그 영업에 관하여 대한민국 국민 또는 대한민국 법인과 같은 대우.
조세감면 규정 등의 차별 적용배제	• 대한민국 국민(법인)에게 적용되는 조세에 관한 법률 중, 감면에 관한 규정은 법률에 특별한 규정이 있는 경우를 제외하고는 외국투자가, 외투기업, 외국인투자촉진법의 규정에 의한 차관의 대주 및 기술을 제공한 자에 대하여 동일하게 적용.

자료: 인베스트코리아(http://www.investkorea.org/)

외국인직접투자는 외국인투자촉진법을 통해 일반 증권투자나 채권

2 인베스트코리아(http://www.investkorea.org/) 〈외국인투자촉진법 관련법령〉

투자와 같은 간접투자보다 투자보호수준을 강화하여 지원하고 있다. 〈표 2〉는 외국인직접투자의 보호에 관한 내용으로, 대외송금 보장, 외국환 거래의 정지조항 예외적용, 내국민 대우, 조세감면 규정 등의 차별 적용 배제 등으로 구성된다.

3.2. 외국인직접투자의 제한과 금지

〈표 3〉은 외국인직접투자 대상에서의 제외, 제한 업종 수를 나타낸 것이다. 외국인투자촉진법에서는 한국표준산업분류에 따른 총 1,145개 업종 중에서 공공행정, 외무, 국방 등 60개 업종에 대해 외국인직접투자 제외업종으로 정하고 있으며, 1,085개 투자대상 업종 중 29개 업종은 외국인직접투자가 가능하나 투자비율 등에 제한을 두고 있다.[3]

〈표 3〉 외국인직접투자의 제한과 금지

제외업종	60
제한업종	1,085
합 계	1,145

자료: 인베스트코리아(http://www.investkorea.org/)

3.3. 외국인직접투자 제외업종

외국인직접투자 제외업종에는 외국인투자촉진법을 적용하기 어려운 공공성격의 업종이 대부분을 차지하고 있다. 현재 고지된 외국인직접투자 제외업종으로는 우편업, 중앙은행, 개인 공제업, 연금업, 금융시장 관리업 등의 금융지원 서비스업이 포함되었고, 입법 · 사법 · 행정기관, 주한외국공관, 기타 국제 및 외국기관, 교육기관(유아, 초 · 중 · 고

3 인베스트코리아(http://www.investkorea.org/) 〈외국인직접투자 제한업종〉

등 · 대학교, 대학원, 특수학교 등), 예술가, 종교단체, 산업 · 전문가 · 환경운동 · 정치 · 노동운동 단체 등이 있다.[4]

3.4. 외국인직접투자 제한업종

외국인직접투자 제한업종도 원칙적으로 외국인직접투자가 금지되지만, 허용기준이 마련된 경우에는 허용기준 범위 내에서 투자가 허용된다. 외국인투자 및 기술도입에 관한 규정 및 외국인투자 통합공고에서 고시한다. 외국인투자가는 외국인직접투자 금지업종 및 부분허용업종을 함께 영위하는 기업에 투자할 수 없으며, 외국인직접투자 부분허용업종을 2개 이상 영위하는 기업에 투자할 경우 투자허용비율이 가장 낮은 업종의 투자비율을 초과할 수 없다.[5]

〈표 4〉 외국인직접투자 제한업종

<table>
<tr><th>업종명
(표준산업분류)</th><th>허용기준</th></tr>
<tr><td>곡물 및 기타 식량작물 재배업(01110)</td><td>• 벼 재배 및 보리 재배 제외</td></tr>
<tr><td>육우 사육법(01212)</td><td rowspan="2">• 외투비율이 50% 미만인 경우 허용</td></tr>
<tr><td>연근해 어업(03112)</td></tr>
<tr><td>기타 기초 무기화학 물질제조업(20129)</td><td rowspan="2">• 원자력발전 연료의 제조 · 공급사업은 제외하고 허용</td></tr>
<tr><td>기타 비철금속제련, 정련 및 합금 제조업(24219)</td></tr>
<tr><td>원자력 발전업(35111)</td><td>〈 미 개 방 〉</td></tr>
<tr><td>수력 발전업(35112)
화력 발전업(35113)
기타 발전업(35119)</td><td>• 외국인이 한전으로부터 매입하는 발전설비 합계는 국내전체 발전설비의 30%를 초과하지 않아야 함</td></tr>
</table>

4 인베스트코리아(http://www.investkorea.org/) 〈외국인직접투자 제외업종〉
5 인베스트코리아(http://www.investkorea.org/) 〈외국인직접투자 제한업종〉

업종명 (표준산업분류)	허용기준
송전 및 배전업(35120)	• 외투비율이 50% 미만일 것 • 외국투자가 의결권주식 소유비율 〈내국인 제1주주 비율〉
방사성폐기물 수집 운반 및 처리업(38240)	• 전기사업법 제82조의 방사성폐기물관리사업 제외
육류 도매업(46312)	• 외투비율이 50% 미만인 경우 허용
내항 여객운송업(50121) 내항 화물운송업(50122)	• 허용대상: 남 · 북한간 여객 또는 화물운송 • 대한민국 선사와 합작 • 외투비율이 50% 미만
정기 항공운송업(51100) 부정기 항공운송업(51200)	• 외투비율이 50% 미만인 경우 허용
신문 발행업(58121)	• 외투비율이 30% 미만인 경우 허용
잡지 및 정기 간행물 발행업(58122)	• 외투비율이 50% 미만인 경우 허용
라디오 방송업(60100)	〈 미 개 방 〉
지상파 방송업(60210)	〈 미 개 방 〉
프로그램 공급업(60221)	• 외투비율이 49% 이하인 경우 허용 (단, 종합편성 및 보도프로그램 전문편성채널 사용사업은 미개방) ※ 프로그램공급업은 방송법상의 방송채널사용사업을 지칭
유선방송업(60222)	• 종합유선방송업에 대하여 외투비율이 49% 이하인 경우 허용 (단, 중계유선방송 사업은 미개방)
위성 및 기타 방송업 (60229)	• 외투비율이 33% 이하인 경우 허용 (단, 인터넷 멀티미디어 방송사업은 외투비율이 49% 이하인 경우에 허용)
유선통신업(61210) 무선통신업(61220) 위성통신업(61230) 그 외 기타 전기통신업 (61299)	• 외국정부 또는 외국인(외국인 의제법인 포함)이 소유하는 주식(의결권주식에 한하며, DR등 의결권을 가진 주식등가물 및 출자 지분 포함)의 합이 그 발행주식 총수의 49% 이하인 경우에 한하여 허용(다만 KT는 외국인 등이 최대주주가 될 수 없으나, 주식소유가 5% 미만인 경우에는 허용) ※ 외국인 의제법인: 외국정부나 외국인(자본시장과 금융투자업에 관한 법률 제9조 제1항 제1호에 따른 특수 관계인 포함)이 최대주주인 법인으로서 그 발행주식 총수의 15% 이상인 법인 • 임차한 통신회선설비를 이용한 전화사업(61281, 통신재판매업)은 가능 (단, 부가통신업은 제한이 없음)
뉴스 제공업(63910)	• 외투비율이 25% 미만인 경우 허용
국내은행(64121)	• 시중은행 및 지방은행에 한하여 허용(특수은행, 농수축협은 미개방)

자료: 인베스트코리아(http://www.investkorea.org/) 에서 정리

〈표 4〉에서 알 수 있듯이, 외국인직접투자 제한업종으로는 곡물 및 기타 식량작물 재배업, 육우 사육법, 연근해 어업, 기타 기초 무기화학 물질제조업, 기타 비철금속제련, 정련 및 합금 제조업, 발전업, 송전 및 배전업, 방사성폐기물 수집운반 업종, 금융업 등 29개 분야로 구성되어 있다.

4. 외국인직접투자의 조세지원제도

일정요건을 충족한 외국인직접투자에 대해서 조세특례제한법이 정하는 바에 따라 법인세 감면, 지방세 감면, 관세 면제, 기타 방법으로 지원되고 있다.

4.1. 조세지원제도의 종류

1) 법인세 감면

외투기업에 대한 법인세 감면은 외투비율을 적용하여 조세특례제한법상 감면대상사업에서 생긴 소득을 대상으로 한다. 단, 감면대상사업에 투자하는 외국법인 또는 외국기업의 의결권 이 있는 주식 등을 대한민국 국민(법인)이 직접 또는 간접으로 10% 이상 소유하는 경우에는 그 주식의 소유비율에 상당하는 투자부분은 조세감면 대상사업으로 보지 않는다. 즉, 국내 거주자의 해외 우회투자(round trip)지분에 대하여는 조세감면을 배제한다. 감면기산일은 최초로 소득이 발생한 과세연도와 사업개시일로부터 5년이 되는 날이 속하는 과세연도 중 먼저 도래하는 과세연도부터 적용한다.

증자의 경우에는 증자등기일을 사업개시일로 보아 동 규정을 적용하며, 준비금 · 재평가적립금, 그 밖의 다른 법령에 따른 적립금의 자본전입으로 인하여 외국투자가가 취득한 주식 등에 대해서는 그 발생근거가 되는 주식 등에 대한 감면의 예에 따라 그 감면기간의 남은 기간과 그 남은 기간의 감면비율에 따라 감면한다. 유상감자 후 5년 이내에 증자하여 조세감면신청을 하는 경우에는 그 감자전보다 순증하는 부분에 대한 외투비율에 한하여 감면을 결정하고 증자 후 감자하는 경우에는 증자분이 우선 감자된 것으로 본다. 단, 순수 내국기업이 증자를 통해 외국인으로부터 투자를 받아 외투기업이 되는 경우에는 위의 증자에 해당하지 아니하고 신규 외국인직접투자에 해당된다.

합병의 경우, 외투기업이 감면기간 중에 내국법인(감면기간중인 외투기업 제외)과 합병하여 당해 합병법인의 외투비율이 감소한 때에는 합병 전 외투기업의 외투비율을 적용한다. 신규감면대상이 아닌 재평가적립금 · 준비금의 자본 전입 시 균등 배정한 경우, 증자한 사업연도나 그 다음 사업연도의 감면비율 및 감면기간에 변동이 없다.[6] 〈표 5〉는 각 세부 사항에 대한 구체적인 법인세 감면세액 계산방법 및 감면비율을 보여준다.

〈표 5〉 한국의 감면세액 계산방법

6 인베스트코리아(http://www.investkorea.org/) 〈외국인직접투자 조세지원 감면세액 계산방법〉

구분	계산방법
감면세액	감면세액=(산출세액×감면대상사업과세과표/총과세표준)×감면비율
감면비율 (투자비율 경과비율)	• 일반적인 경우(원시투자만 있는 경우) $\text{감면세액} = \text{산출세액} \times \frac{\text{감면대상사업 관세표준}}{\text{총과세표준}} \times \text{감면비율}$ $\text{감면비율} = \frac{\text{감면대상 외국투자가자본금}}{\text{총자본금}} \times \text{당해사업연도 감면율}(100\%, 50\%)$ • 신규감면대상이 되는 증자(현금, 배당금)를 한 당해 사업연도의 감면 비율계산 $\left[\text{증자전 외국 투자가자본금} \times \text{당해사업연도 감면율}\right] + \left[\text{외국인 증자 자본금} \times \frac{\text{증자등기일부터 당해사업 연도 말일까지의 일수}}{\text{당해 사업연도 일수}} \times 100\%\right]$ $\text{증자전 자본금} + \left[\text{증자 자본금} \times \frac{\text{증자등기일부터 당해사업 연도 말일까지의 일수}}{\text{당해 사업연도 일수}}\right]$ • 증자한 사업연도의 다음 사업연도의 감면비율 $\frac{\left[\text{증자전 외국 투자가 자본금} \times \text{당해사업연도 감면율}\right] + \left[\text{증자자본금중 외국투자가자본금} \times 100\%\right]}{\text{총자본금}}$

자료: 인베스트코리아(http://www.investkorea.org/)

2) 지방세 감면

외투기업이 감면대상 사업을 영위하기 위하여 취득 · 보유하는 재산에 대해서는 법인세 감면기간과 동일하게 취득세 · 등록세 · 재산세를 100% 또는 50% 세액감면을 하거나 과세표준에서 공제한다.

사업개시일 이후에 취득한 재산에 대해서는 취득세 · 등록세 · 재산세 모두 사업개시일 부터 3~5년간은 당해 재산에 대한 산출세액에 외투비율을 곱한 금액(감면대상세액)의 100%, 그 다음 2년간은 50%를 감면한다. 단, 과세대상 재산을 사업개시일 이후에 취득하더라도 조세감면 결정을 받기 전에 취득하는 경우에는 이미 납부한 취득세 · 등록세를 환급 받을 수 없다.

반면, 사업개시일 이전에 취득한 재산에 대한 취득세 · 등록세의 경우 조세감면 결정을 받은 날 이후에 취득하는 재산에 대한 감면대상 세액 100% 전액을 감면하고, 재산세는 해당 재산을 취득한 날부터 3~5년 동안은 감면대상 세액의 100%, 그 다음 2년 동안은 공제대상금액의 50%를 감면한다. 그밖에 조례에 의해 지방세 감면기간을 15년의 범위 안에서 연장하거나, 감면 또는 공제비율을 높일 수 있다.[7]

3) 관세 면제

법인세 또는 소득세가 감면되는 사업에 직접 사용되는 다음의 자본재로서 새로이 발행하는 주식 등의 취득에 의한 외국인투자 신고에 따라 도입되는 경우 조세특례제한법에 의해 관세 등을 면제한다.

- 외투기업이 외국투자가로부터 출자 받은 대외지급수단 또는 내국지급수단으로 도입하는 자본재
- 외국투자가가 출자목적물로 도입하는 자본재

관세 면제는 외국인투자신고를 한 날로부터 5년 이내에 관세법에 의한 수입신고가 완료되는 자본재에 한해 적용된다. 다만 공장 설립승인의 지연 등 기타 부득이한 사유로 인하여 동 기간 내에 수입신고를 완료 할 수 없는 경우에는 추가로 1년 이내의 범위에서 기획재정부장관의 승인을 얻어 면제 적용을 받을 수 있다.

7 나성대(2003), p. 31.

국내산업의 국제경쟁력 강화에 긴요한 산업지원 서비스업 및 고도의 기술을 수반하는 사업이나 외국인투자촉진법에 의해 개별형 외국인투자지역에 입주하는 외투기업이 영위하는 사업에 대해서는 관세, 개별소비세, 부가가치세 모두를 면제하며, 단지형 외국인투자지역 입주 외투기업, 자유무역지역 입주 특정 기업, 경제자유구역 입주 외투기업, 경제자유구역 개발사업 시행자 해당 외투기업, 제주투자진흥지구 개발사업 시행자 등 해당 외투기업 등이 영위하는 사업에 대해서는 관세를 면제한다.[8]

4) 기타 조세지원제도

• 외국인기술자에 대한 조세지원

특정 외국인기술자가 국내에서 내국인에게 근로를 제공하고 지급받는 근로소득으로서 당해 외국인기술자가 국내에서 최초로 근로를 제공한 날로부터 2년이 되는 날이 속하는 달까지 발생한 근로소득에 대하여 소득세가 50% 면제된다. 또한, 외국인투자촉진법에 의한 기술도입계약에 의하여 근로를 제공하는 외국인기술자가 국내에서 법인세 등이 감면되는 외투기업에 고도기술을 제공하고 지급받는 근로소득도 소득세를 50% 면제받을 수 있다.[9]

• 외국인근로자에 대한 과세특례

외국인 임원 또는 사용인(일용근로자가 아닌 자)은 아래의 두 가지 과세방법 중 선택하여 적용 받을 수 있으며, 적용범위는 외국법인의 국내지점 근무자를 포함한다. 국내에서 근무하고 년말 까지 지급받는 근

---

8 인베스트코리아(http://www.investkorea.org/) 〈조세지원〉

9 인베스트코리아(http://www.investkorea.org/) 〈조세지원〉

로소득에 대한 소득세에 대해 근로소득의 100분의 15를 단일세율로 지정하여 적용(소득세 관련 비과세 · 공제 · 감면 및 세액공제 등 규정 미적용)한다.[10]

4.2. 우리나라 조세지원제도의 특징

외국인직접투자에 대한 조세감면 내용을 규정하고 있는 조세특례제한법을 살펴보면, 우리나라의 외국인직접투자 관련 조세지원은 외국기업이 우리나라에서 첨단고도기술을 수반하는 제조시설이나 R&D 센터 또는 업종별로 일정 규모 이상의 시설 또는 사업장을 직접 설치 · 운용하는 경우에 한하여 허용되고 있다. 그 대상 업종을 살펴보면 제조업, 관광업, 물류업 등에 한정되어 있다. 즉, 우리나라에 지주회사 형태로 진출하는 외국기업이나, 설사 지주회사라는 법적 형태를 갖추지 않아도 지역본부로서 주로 외국 자회사나 지점을 관리 · 감독하거나 그룹차원의 용역을 제공하는 기업에 대해서는 이렇다 할 조세지원제도가 없는 실정이다.

더구나 경제적 이중과세 해소를 위해 최근에 도입된 연결납세제도, 동업기업과세제도 등도 100% 한국에서 설립되어 운용되는 내국기업들을 대상으로만 적용하고 있기 때문에 외국기업으로서는 한국에 지역본부를 설립할 조세상 유인이 전혀 없다고 해도 과언은 아니다. 뿐만 아니라, 지역본부 설립 시 고용할 고급인력들의 영어 사용 수준이나 외국인투자가들의 주거환경 등에 있어서도 우리나라가 아시아의 다른 경쟁국들에 비해 우월한 점이 많지 않다는 점을 고려할 필요가 있다.[11]

---

10 인베스트코리아(http://www.investkorea.org/) 〈조세지원〉

11 조세일보(2012.02.02)

5. 외국인직접투자의 현금지원제도

외국인직접투자에 대한 현금지원제도는 지원 대상 조건과 그에 따른 지원율, 재정자금 분담비율, 법정사용용도를 명확히 규제하고 있으며 각각의 내용은 다음과 같다.

5.1. 현금지원제도의 정의

정부와 지방자치단체는 외국투자가가 국내에서 일정 요건을 만족하는 외국인직접투자를 하는 경우 당해 외국인직접투자의 고도기술수반 여부 및 기술이전효과, 고용창출규모, 국내투자와의 중복여부, 입지지역의 적정성, 지역 및 국가경제에 미치는 영향, 투자의 생존가능성 등을 고려하여 사업에 소요되는 자금을 현금으로 지원하고 있다.[12]

5.2. 지원 대상

현금지원 대상은 외투비율이 30% 이상인 외국인직접투자로서 다음 조건에 부합되어야 한다.

- 국내산업의 국제경쟁력강화에 긴요한 '산업지원 서비스업' 및 '고도의 기술을 수반하는 사업'을 경영하기 위하여 공장시설(제조업이 아닌 경우에는 사업장)을 새로 설치하거나 증설하는 경우
- '부품 · 소재전문기업 등의 육성에 관한 특별조치법'에 따른 부품 · 소재로서 다음 중 어느 하나에 해당하고 아래 '현금 지원 대상

12 오보수(2009), p. 27.

부품 · 소재산업'에 해당하는 부품 · 소재를 생산하기 위하여 공장 시설을 새로 설치하거나 증설하는 경우
- 최종생산물의 고부가가치화에 기여가 큰 것
- 첨단기술이나 핵심고도기술을 수반하는 부품 · 소재로서 기술파급효과나 부가가치창출효과가 큰 것
- 산업의 기반이 되거나 산업간 연관효과가 큰 것[13]

5.3. 지원율

현금지원율은 협상을 거쳐 최소 외국인직접투자 금액의 5% 이상을 지원하되 상한선은 비공개 산식에 의하여 결정한다. 다만, R&D 센터의 경우에는 외국인직접투자 금액 이외에 '해외에서 조달되는 연구개발비(외투기업의 재무상태변동표의 자본금계정을 증가시키지 않고 손익계산서상에 수익으로 기표되는 것)' 중 일정한 용도에 사용되는 자금을 포함하여 산정한다.[14]

5.4. 재정자금 분담비율

국가와 지방자치단체 간 현금지원에 대한 재정자금 분담비율은 다음과 같다.

- 토지의 매입비 및 임대료 : 수도권은 40:60, 비수도권은 75:25
- 고용보조금 및 교육훈련보조금 : 50:50 (다만, 기술계 인턴사원에 대한 고용보조금은 전액 국고지원으로 함)

13 인베스트코리아(http://www.investkorea.org/) 〈현금지원〉
14 인베스트코리아(http://www.investkorea.org/) 〈현금지원〉

- 건축비, 자본재 및 연구기자재의 구입비, 기반시설의 설치비, 연구개발비 : 수도권은 40:60, 비수도권은 75:25 (다만, 위원회의 의결을 거치는 경우에는 동 비율 변경 가능)[15]

5.5. 법정 사용용도

외투기업은 지원받은 현금지원금을 다음의 용도로만 사용해야 한다.

- 공장시설이나 연구시설의 설치를 위한 토지 또는 건물의 매입비 또는 임대료
- 공장시설이나 연구시설의 건축비
- 공장시설이나 연구시설에서 사업용이나 연구용으로 사용할 자본재 및 연구기자재의 구입비
- 공장시설이나 연구시설의 신축에 필요한 전기 · 통신시설 등 기반시설의 설치비
- 고용보조금 및 교육훈련보조금

이때, 외투기업에 대한 임대 토지 매입비는 현금지원 한도에 포함하며, 현금지원은 재정자금지원과 중복(지원 항목 중복은 불가)으로 지원받을 수 있으나, 재정자금지원기준의 범위를 초과할 수 없다.[16]

5.6. 현금지원제도의 문제점

KOTRA(2011)에 따르면, 2004년 외국인직접투자 촉진을 위해 현금

15 인베스트코리아(http://www.investkorea.org/) 〈현금지원〉
16 인베스트코리아(http://www.investkorea.org/) 〈현금지원〉

지원제도가 도입된 이후 지원 사례 6건에 금액은 677억 원인 것으로 집계됐다.[17] 정부는 이 제도의 활성화를 위해 1천만 달러였던 투자금액 하한액을 2009년 없애고, 현금지원 한도도 투자금액의 5~10% 수준에서 2배 가까이 늘리기도 했다. 현금지원제도는 조세감면이나 입지지원 등 다른 인센티브보다 효과가 확실하기 때문에 대표적인 외국인직접투자 지원 방법이다.

2011년 우수 외투기업에 대한 현금지원을 대폭 확대하겠다고 밝힌 바 있다. 하지만, 효과를 인정받은 제도지만, 정작 활용도는 떨어지고 있는 실정인데, KOTRA(2011)는 그 이유로 예산 확보의 어려움을 지적했다. 현금지원제도는 지원 금액을 중앙정부와 지자체가 분담해야 한다. 사전에 수요 예측이 어려운 외국인직접투자의 성격상 사전에 예산을 확보해놓는 것이 필수이지만, 현금지원예산을 따로 편성해놓는 지자체는 거의 없는 실정이다.

현금지원은 외국인직접투자 유치에 적극적인 협상력을 발휘할 수 있고 기존 인센티브 제도의 경직성을 줄일 수 있는 방법이다. 이를 위해 일부 지자체가 도입한 투자유치진흥기금 제도를 모든 지자체로 확대하고, 현금지원심의위원회를 구성해 투명한 현금지원제도를 정착시키는 것이 필요하다. 일례로 외국인직접투자 유치가 활성화돼 있는 이스라엘은 글로벌 대기업이 현금지원을 요청하면 법에 얽매이지 않고 특별예산을 편성해 지원하고 있다. 체코도 현금지원 예산을 미리 정하지 않고 계약이 이뤄지면 편성해 탄력적인 자금 지원을 하고 있다. 또한 운영절차를 간소화해야 하는 것도 필요하다. 현재 현금지원 신청은 지경부와 KOTRA의 외국인직접투자 전담조직인 인베스트코리아(InvestKorea)로 이원화돼 있다. 하지만 신청 이후 실무적인 절차는 대부분 인베스트코리아를 통해 이뤄지고 있다. 또 현금지원규모가 30억 원 미만인 작은

17 KOTRA(2011), p. 8.

프로젝트는 지식경제부 외국인투자위원회를 거치지 않고 관계부처 협의만으로 지원 가능하도록 해야 한다.[18]

6.
외국인직접투자의 입지 및 기타 지원제도

우리나라는 산업발전을 촉진하기 위해 계획적으로 지정 · 개발되는 산업단지 외에도 외국인직접투자의 유치를 촉진하기 위해 산업단지 내의 특정한 지역 또는 별도로 입지를 확보해서 각종 지원을 제공하고, 외국인직접투자에 필요한 제반 여건이 갖추어진 외국인투자지역, 자유무역지역, 경제자유 구역 등의 입지를 확보하고 있다. 외국인직접투자에 대한 입지지원제도는 형태에 따라 크게 단지형 투자지역, 개별형 투자지역, 기타 입지지원제도로 나누어진다.

6.1. 입지지원제도의 종류

1) 단지형 투자지역

- 지자체에서 외투지역 지정예정 면적(최소 33만㎡ 이상)의 60% 이상 입주수요(MOU)를 확보한 후에 외투지역 지정계획안을 지식경제부에 제출하여 외투지역 지정심의를 요청
- 신규지정의 경우, 산업단지가 개발되어 즉시 공장착공이 가능하고, 명시적인 외국인직접투자 수요가 확보되어 있어야 함. 이 경우

18 조선비즈(2011.10.16)

의 산업단지 개발은 준공을 의미하는 것이 아니라, 공장착공이 가능할 정도를 말하며, 외국인직접투자 수요는 MOU 이상의 투자수요를 의미

- 기존 투자지역을 확대 지정하는 경우에는 기존 투자지역의 80% 이상이 입주가 완료되고 신규 투자입지수요를 확보
- 외투지역 신규 또는 확장 지정계획 제출 시에는 기존지역에 대한 성과분석 및 추가지정에 따른 기대효과를 분석한 검토보고서를 첨부[19]

2) 개발형 투자지역

- 외투지역 지정기준을 충족하면서 외투기업의 투자실행가능성, 지정에 따른 기대효과를 종합검토 후 외국인투자위원회에서 심의 · 의결을 통해 지정한다.[20]

〈표 6〉은 개발형 투자지역의 업종별 지정기준인데, 제조업, 고도기술, 산업지원(물류), 관광업, 산업지원(물류 외), 물류업, 사회기반, 연구개발시설을 크게 4가지로 구분된다.

〈표 6〉 개발형 투자지역 업종별 지정기준

업 종	지정기준
제조업, 고도기술, 산업지원(물류)	외국인직접투자 3천만 달러 이상
관광업, 산업지원(물류 외)	외국인직접투자 2천만 달러 이상 (관광호텔업, 종합유원시설업 등)

19 인베스트코리아(http://www.investkorea.org/) 〈입지지원〉

20 인베스트코리아(http://www.investkorea.org/) 〈입지지원〉

업 종	지정기준
물류업, 사회기반	외국인직접투자 1천만 달러 이상 (복합화물터미널사업 등)
연구개발시설	산업지원 서비스업, 고도기술수반사업의 연구개발시설 –외국인직접투자 2백만 달러 이상 (석사 이상 연구경력 3년 이상 인력 10인 이상)

자료: 인베스트코리아(http://www.investkorea.org/)

〈표 7〉는 단지형 투자지역과 개별형 투자지역의 지정요건, 입지지원, 조세감면, 임대료 감면 등의 비교표이다.

〈표 7〉 단지형과 개별형 비교

구 분	단지형 투자지역	개별형 투자지역
개 요	중소규모 외투기업 유치를 위해 사전에 일정지역을 지정하여 입주('94 이후)	대규모 투자가가 희망하는 지역을 신청에 따라 지정('97 이후)
위 치	산업단지	제한 없음(희망지역)
지정(입주)요건	외투지분 30% 이상 등	업종별 최소금액이상 투자(제조업 3천만 달러, 관광업 2천만 달러, 물류업 1천만 달러 이상 등)
입지지원	부지매입 후 입주기업 임대 – 국비 : 수도권 40%, 기타 75%	부지매입비 지원(요청시) – 국비 : 수도권 40%, 기타 75%
조세감면 (법인세, 관세, 취득세 등)	• 감면요건 – 제조업: 1천만 달러 이상 – 물류업: 5백만 달러 이상 • 감면기간 – 국세 5년 (3년 100%, 2년 50%) – 지방세 15년 이내	• 별도 감면요건 없음 – 지정요건과 동일 • 감면기간 – 국세 7년 (5년 100%, 2년 50%) – 지방세 15년 이내
임대료 감면	75~100% 감면 (필요 시 중앙정부, 지자체가 부지매입 임대)	100% 감면 (필요 시 중앙정부, 지자체가 부지매입 임대)

자료: 인베스트코리아(http://www.investkorea.org/)

3) 외국인투자지역 지정현황

〈표 8〉 단지형 투자지역 기준(2011년 6월)

구 분	최초 지정일	면적 (천㎡)	입주 면적 (천㎡)	입주율 (%)	임대료 (원/㎡년)	입주 기업수	고용인원 (명)	투자 유치액 (백만 달러)
천안(충남)	'94.10.13	510.1	510.1	100.00%	2,712	43	3,670	304
평동(광주)	'94.10.13	1,091	907.6	83%	924	61	2,728	88
대불(전남)	'98.08.29	1,614.40	1,614.40	100.00%	468	41	2,835	78
사천(경남)	'01.08.17	495.9	495.9	100.00%	1,692	15	298	72
오창(충북)	'02.11.06	446.3	435	97.50%	1,764	12	1,665	105
구미(경북)	'02.11.06	329.4	132.6	40.30%	1,272	6	1,121	54
장안1(경기)	'04.09.30	418.2	321.5	76.90%	2,040	14	1,307	323
인주(충남)	'04.12.21	164.7	164.7	100%	1,500	7	392	278
당동(경기)	'05.09.12	239.4	84	35.10%	4,584	3	206	49
지사(부산)	'05.11.30	298.1	298.1	100.00%	2,760	13	815	115
장안2(경기)	'06.12.21	368.9	79	21.40%	3,636	3	510	38
오송(충북)	'07.07.31	301.8			1,704			
달성(대구)	'08.09.10	104.2	93	89.40%	1,200	5	121	33.4
구미(부품)	'09.03.09	255.5	56.3	22.10%	1,272	2	17	10.6
오성(경기)	'09.09.03	362.3	12.5	3.50%	3,540	1	3	0.1
포항(부품)	'09.09.03	327.2	29.1	8.90%	1,740	1	25	5
익산(부품)	'10.02.23	320	28	8.80%	1,236	1	5	1.3
창원(부품)	'10.09.28	71.4	27.6	38.70%	5,412	1	4	12.2
합 계		7,587.00	5,177.8	68.20%	–	223	15,483	1,533.3

자료: 인베스트코리아(http://www.investkorea.org/)

〈표 8〉은 단지형 투자지역의 현황을 보여준다. 2011년 6월 기준으로 외투지역은 전국적으로 18개가 지정되어있다. 1994년 천안과 평동을 시작으로 지속적으로 외투지역이 지정되고 있다. 평균적인 입주율은 68.2% 수준을 보이고 있으며, 223개의 기업이 입주하였고, 투자 유치액은 합계 15억 3,330만 달러를 달성하였다. 또한 15,483명의 인력을 고용하여 고용창출효과가 높다고 할 수 있다.

6.2. 외국인직접투자의 기타 지원제도

• 프로젝트매니저(Project Manager) 지정 및 운영

정부는 외국투자가 또는 외투기업의 투자업무를 효율적으로 지원하기 위하여 KOTRA 사장이 프로젝트매니저를 지정하여 운영하고 있다. 외국투자가 또는 외투기업 별로 프로젝트매니저를 지정할 수 있으며, 이 경우 지정된 프로젝트매니저를 해당 외국투자가 및 외투기업에 통보하게 된다.

주요 수행업무로는 외국투자가 또는 외투기업의 요청에 의한 자료 또는 정보의 수집 · 제공 및 면담의 알선에서부터, 외국인직접투자 관련 업무지원 및 민원대행, 주택임차와 학교입학 안내와 같은 외투기업 임 · 직원과 그 가족의 생활정착지원에 이르는 외국인직접투자와 관련한 제반 업무가 모두 해당된다.[21] 이러한 프로젝트매니저 지정 및 운영을 포함한 한국의 외국인직접투자 지원제도의 특징은 〈표 9〉와 같다.

21 하이코리아(www.hikorea.go.kr)

〈표 9〉 외국인직접투자 지원제도 특징

조세 지원제도	• 직접 설치 · 운용 하는 제조업, 관광업, 물류업 등에 한정 (지주회사 형태로 지원하는 외투기업에 대한 지원제도는 미흡)
현금 지원제도	• 외국인 현금지원제도가 도입 된지 7년이 되었지만 지원 사례는 6건에 불과할 정도로 미비하며 운영절차를 간소화 할 필요성 제기
입지 지원제도	• 단지형 외투지역: 중소기업의 외국인직접투자 유치를 위해 사전에 일정지역을 지정하여 입주 • 개별형 외투지역: 대규모 투자가가 희망하는 지역을 지정
기타 지원제도	• 프로젝트매니저 운영: 외국인직접투자 업무를 효율적으로 지원하기 위해 프로젝트매니저를 지정하여 외국인직접투자에 관련한 제반 업무를 수행

자료: 하이코리아(www.hikorea.go.kr)

7. 결론

외국인직접투자에 대한 한국의 제도는 1998년 최초로 제정된 외국인투자촉진법을 통해 꾸준히 변화하고 관리되었다. 한국은 외국인직접투자의 자유화를 표방하는 개방적인 제도를 가지고 외국인투자가들의 대외송금 보장, 외국환거래의 정지조항 예외적용, 내국민 대우, 조세감면 규정 등의 차별적용 배제 등을 시행함으로써 보호하고 있다. 그러나 외국인투자촉진법을 적용하기 어려운 공공성격의 업종에 대해서는 외국인직접투자 대상 업종에서 배제되거나 일정 수준 이상 투자하지 못하도록 제한하는 업종 또한 존재한다.

외국인투자가들은 다양한 투자 인센티브를 받을 수 있는데 조세지원의 경우, 법인세, 지방세, 관세 등의 부문에서 지원을 받을 수 있다. 현금지원의 경우, 외국인직접투자에 대한 현금지원제도는 지원 대상 조건과 그에 따른 지원율, 재정자금 분담비율, 법정사용용도를 명확히 규제하고 있다. 또한 입지지원 역시 형태에 따라 크게 단지형 투자지역, 개별형 투자지역, 기타 입지지원제도로 나누어 인센티브를 제공하고 있다.

우리나라의 외국인직접투자 관련 조세지원은 외국기업이 우리나라에서 첨단고도기술을 수반하는 제조시설이나 R&D 센터 또는 업종별로 일정 규모 이상의 시설 또는 사업장을 직접 설치 · 운용하는 경우에 한하여 허용되고 있다. 그 대상 업종은 제조업, 관광업, 물류업 등에 한정되어 있다. 즉, 한국에 지주회사 형태로 진출하는 외국기업이나, 설사 지주회사라는 법적 형태를 갖추지 않아도 지역본부로서 주로 외국 자회사나 지점을 관리 · 감독하거나 그룹 차원의 용역을 제공하는 기업에 대해서는 이렇다 할 조세지원제도가 없는 실정이다.

더구나 경제적 이중과세 해소를 위해 최근에 도입된 연결납세제도, 동업기업과세제도 등도 100% 한국에서 설립되어 운용되는 토종 내국기업만을 대상으로 적용하고 있기 때문에 외국기업으로서는 한국에 지역본부를 세울 조세상 유인이 전혀 없다고 해도 과언은 아니다. 뿐만 아니라, 지역본부 설립 시 고용할 고급인력들의 영어 사용 수준이나 외국인투자가들의 주거환경 등에 있어서도 우리나라가 아시아의 다른 경쟁국들에 비해 우월한 점이 많지 않다는 점을 고려할 필요가 있다.

현금지원제도에서도 운영절차를 간소화해야 하는 것도 필요하다. 현재 현금지원 신청은 지경부와 KOTRA의 외국인투자 전담조직인 인베스코리아(InvestKorea)로 이원화돼 있다. 하지만 신청 이후 실무적인 절차는 대부분 인베스코리아를 통해 이뤄지고 있다. 또 현금지원규모가 30억 원 미만인 작은 프로젝트는 지식경제부 외국인투자위원회를 거치지 않고 관계부처 협의만으로 지원 가능하도록 해야 한다.

참고문헌

기획재정부(http://www.mosf.go.kr/)

- 법령<http://www.mosf.go.kr/law/law01.jsp>
- 정책<http://www.mosf.go.kr/policy/policy01.jsp>

나성대(2003), "외국인 직접투자 지원제도에 관한 연구 : 조세지원제도를 중심으로", 국방대 국방관리대학원 석사학위논문.

오보수(2009), "한국의 외국인직접투자 지원제도에 관한 연구", 원광대학교 석사학위논문.

인베스트코리아(http://www.investkorea.org/)

- 입지지원
  <http://www.investkorea.org/ikwork/iko/kor/cont/content_link.jsp?code=101040304#_4_3_1>
- 외국인직접투자 자유화 및 보호, 규제와 금지
  <http://www.investkorea.org/ikwork/iko/kor/cont/content_link.jsp?code=101040104#_4_1_1>
- 외국인직접투자 조세지원 감면세액 계산방법
  <http://www.investkorea.org/ikwork/iko/kor/cont/content_link.jsp?code=101040302#_4_3_2>
- 외국인직접투자 제한업종
  <http://www.investkorea.org/ikwork/iko/kor/cont/content_link.jsp?code=101040104>
- 외국인투자 촉진법
  <http://www.investkorea.org/ikwork/iko/kor/cont/content_link.jsp?code=101040103>
- 외국인투자 촉진법 관련법령
  <http://www.investkorea.org/ikwork/iko/kor/cont/content_link.jsp?code=101040103#_4_1_2>
- 조세지원
  <http://www.investkorea.org/ikwork/iko/kor/cont/content_link.jsp?code=101040302#_4_3_3>

• 현금지원

〈http://www.investkorea.org/ikwork/iko/kor/cont/content_link.jsp?code=101040303〉

조선비즈(2011.10.16), "외국인투자 현금지원제도, 7년간 지원 6건 불과".

조세일보(2012.02.02), "외국인투자관련 조세지원 정책의 재검토 필요성".

하이코리아(http://www.hikorea.go.kr/)

KOTRA(2011), 외국인투자 현금지원제도 개선방안 연구, KOTRA.

제6장

경제자유구역

| 제6장 |

경제자유구역

1. 서론

제 6장은 외국인직접투자의 중요한 역할을 하는 경제자유구역(Free Economy Zone: FEZ)을 분석한다. 2002년에 경제자유구역법 지정 및 운영에 관한 법률이 제정되어 2003년 3개 지역에 경제자유구역이 지정되었다. 2008년도에 추가로 평택 · 당진, 대구 · 경북, 군산 · 새만금 등 3곳을 추가 지정되었으며, 또한 2013년에 국가 균형발전과 지역 경쟁력 제고 차원에서 동해안권(강원)과 충북지역이 추가로 지정되었다. 하지만 최근 외국인직접투자 유치 실적이 저조해 개발이 부진한 지구를 선별하여 지정을 해제하는 구조조정을 할 계획이다. 먼저 제 2절은 경제자유구역 개요, 투자 개요, 투자 유치, 그리고 문제점을 분석한다. 제 3절은 경제자유구역 개선방안, 제 4절은 사례 연구로 대구 · 경북 경제자유구역을 각각 분석한 후, 제 5절에서 결론을 도출한다.

2.
경제자유구역(Free Economy Zone: FEZ)

2.1. 경제자유구역 개요

경제자유구역은 제조업 중심의 성장한계를 극복하고 동북아 국가 간 경쟁에서 우리나라가 우위를 선점하기 위한 국가적인 신성장동력 확보의 필요성에서 비롯되었다. 외국의 경우, 중국 푸동지역, UAE의 두바이, 싱가포르, 네덜란드, 아일랜드가 경제자유구역을 지정하여 외국기업유치, 규제완화, 세제혜택 등을 통해 성공적으로 운영되고 있으며, FEZ는 외투기업의 경영환경 개선과 규제완화를 통해 기업의 자율성과 투자유치를 최대한 보장하는 경제특구의 개념이다.

2002년에 경제자유구역법 지정 및 운영에 관한 법률이 제정되어 2003년 인천, 부산 · 진해, 광양만권 3개 지역에 경제자유구역이 지정되었다. 2008년도에 추가로 평택 · 당진, 대구 · 경북, 군산 · 새만금 등 3곳을 추가 지정되었으며 또한 최근에 국가 균형발전과 지역 경쟁력 제고 차원에서 동해안권(강원)과 충북지역이 추가로 지정(2013.02.14)되어 경제자유구역은 투자확대를 위한 중요한 전환점을 맞고 있다.

〈표 1〉은 국내 경제자유구역 지정 현황 및 완료시기이다. 외투기업의 경영환경과 외국인의 생활 여건을 개선하기 위하여 조성된 지역이며 산업 · 상업 · 물류 · 주거단지가 어우러진 복합개발 방식으로 15~20년의 개발을 통해 국제비즈니스도시를 조성되는 단지이다.[1] 최근 2014년 정부는 6개 경제자유구역 내 90개 지구 중, 외국인직접투자 유치 실적이 저조해 개발이 부진한 지구를 선별하여 지정을 해제하는 구조조정을 할 계획이다. 충북과 동해안권 새만금 · 군산을 제외한 5

1 경제자유구역기획단(http://www.fez.go.kr/)

개 경제자유구역 내 79개 지구를 대상으로 한 경제자유구역 성과 평가에선 광양만권의 신대휴먼그린단지와 용강그린테크밸리, 대구 · 경북의 국제문화산업지구와 포항융합기술산업단지, 황해의 송악지구와 인주지구 등이 최하위 등급을 받았다. 경제자유구역 지정에서 풀리는 지구는 지정 전의 토지 용도대로 환원되고 지자체에서도 도시계획을 새로 입안할 수 있다.[2] 또한 2015년부터 출자비율을 완화하여 중소기업의 경제자유구역 개발사업 참여가 확대될 전망이다.

〈표 1〉 국내 경제자유구역 지정 현황 및 완료시기

명칭	위치	완료시기	면적	중점 유치 업종
인천 경제자유구역	인천	2020년	209㎢	비즈니스, IT · BT, 국제금융, 관광 · 레져
부산 · 진해 경제자유구역	부산, 경남		104㎢	해운 · 물류, 자동차, 기계, 조선
광양만권 경제자유구역	전남, 경남		90㎢	해운 · 물류, 소재산업
황해 경제자유구역	경기, 충남	2025년	55㎢	자동차부품, IT · BT, 부가가치 물품
대구 · 경북 경제자유구역	대구, 경북	2020년	39㎢	교육, 의료, 패션, IT, 부품 · 소재
새만금 · 군산 경제자유구역	전북	2030년	50㎢	자동차, 조선, 부품 · 소재, 환경친화형 산업
동해안권 경제자유구역	동해, 강릉	2024년	8.25㎢	첨단소재부품, 물류 · 유통, 연구, 관광 · 레저
충북 경제자유구역	청원, 청주	2020년	9.08㎢	바이오산업, 항공 산업, 관광 · 레저, 자동차부품

자료: 경제자유구역기획단(www.fez.go.kr)

2 한국경제(2014.07.14)

2.2. 경제자유구역 투자 개요

우리나라는 1962년부터 차관형식의 외자유치를 추진하였지만, 실제적으로 외국인직접투자 유치에 대한 근본적인 인식의 전환은 1997년 IMF 금융위기를 계기로 시작되었다. 〈표 2〉는 우리나라의 총 외국인직접투자 현황을 보여주는데, 1962년 초기 외자 유치액 2천만 달러에 불과하였지만, 2013년 말 신고금액기준 145.5억 달러, 도착금액기준 96.8억 달러로 괄목할 만한 성장을 하였다. 2004~2013년간 총 678억 달러 외국인직접투자를 유치하였고, 경제자유구역의 외국인직접투자

〈표 2〉 우리나라의 총 외국인직접투자 현황(2004~2013)

(단위: 십억 달러, 경자청 비중 %)

연도	'04	'05	'06	'07	'08	'09	'10	'11	'12	'13
금액	1.2 (0.9)	5.8 (5.0)	1.3 (1.2)	3.1 (3.0)	2.3 (2.4)	7.9 (6.9)	9.5 (7.2)	11.5 (8.4)	10.6 (15.5)	9.6 –

자료: 정부관계부처합동(2013.7)에서 정리.

〈그림 1〉 경제자유구역 외국인직접투자 유치 실적

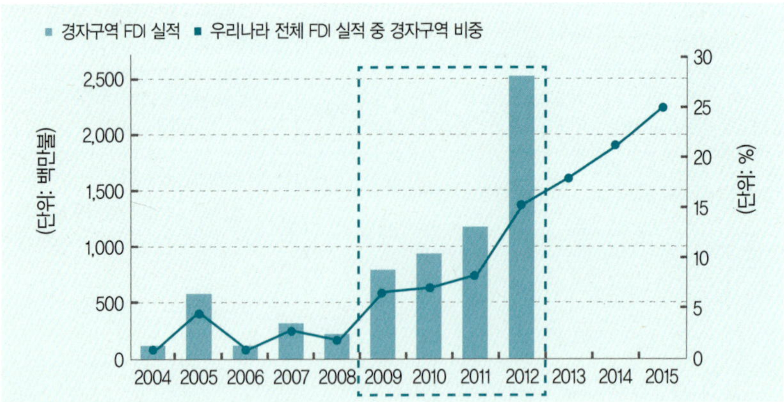

자료: 경제자유구역청 정책기획팀(2013), p. 2.

유치는 같은 기간 우리나라 전체 외국인직접투자 유치금액의 5% 비중을 차지하였다. 2012년은 대형 프로젝트(유니버설엔터테인먼트 7.2억 달러, 엘오씨지 코리아 5억 달러 등) 유치 결과로 사상 최대의 외국인직접투자 유치 실적(신고기준)을 달성하였다.

〈그림 1〉은 경제자유구역 외국인직접투자 유치 실적이다. 최근 경제자유구역의 외국인직접투자 실적이 증가하여 우리나라 전체 외국인직접투자 실적 중 경제자유구역이 차지하는 비중은 2008년 이후 지속적으로 증가하고 있지만 아직 부족한 실정이다. 합리적인 운영을 위해 경제자유구역의 구조조정과 해외투자 활성화를 위해 획기적인 인센티브제의 도입이 필요하다.

2.3. 경제자유구역의 투자 유치

2003년 시행된 1차 개발은 인천, 부산 · 진해, 광양만권 3개 구역이 지정되었고, 2008년 2차 개발은 황해, 대구 · 경북, 새만금 · 군산 3개 구역, 2013년 3차 개발은 충북, 동해 2개 구역이 지정되어 총 8개 경제자유구역을 지정 · 운영 중이다.[3] 〈표 3〉은 경제자유구역내 입주기업 현황이다. 하지만 2013년 기준 전국 8개 경제자유구역에 입주한 기업 2,079개 가운데 외국기업은 164개로 8% 밖에 되지 않고, 나머지 1,915개는 국내기업이 절대다수를 차지하고 있는 실정이다. 2013년 말까지 외국기업이 경제자유구역에 투자하겠다고 신고한 실제 집행된 금액은 81억 3,380만 달러에 비해 35억 5,740만 달러로 43%에 그쳤다.[4]

3 정부관계부처합동(2013), p. 9.
4 한국경제(2014.09.02)

〈표 3〉 경제자유구역내 입주기업 현황(2013년 말 기준) (단위: 개)

구역 / 업종	인천		부산 · 진해		광양만권		황해		대구 · 경북		새만금 · 군산		전체		
	국내	외투	국내	외투	국내	외투	국내	외투	국내	외투	국내	외투	국내	외투	합계
제조업	51	6	567	25	60	13	9	–	10	–	359	16	1,056	60	1,116
비제조업	775	44	–	33	19	26	–	–	55	1	10	–	859	104	963
합 계	826	50	567	58	79	39	9	–	65	1	369	16	1,915	164	2,079

자료: 정부관계부처합동(2013), p. 9.

〈표 4〉는 연도별 경제자유구역청 외국인직접투자 현황을 비교하여 나타낸 표이다. 이를 보면 각각의 경제자유구역 외국인직접투자 도착액과 신고액을 알 수 있는데, 2013년 7월 기준으로 볼 때 신고액은 인천 경제자유구역이 가장 높으며, 다음으로 부산 · 진해 경제자유구역이 높다. 그리고 대구 · 경북 경제자유구역은 2010년 이후 증가하는 추세이다.

〈표 4〉 연도별 각 경제자유구역청 외국인직접투자 현황 비교

(단위: 백만 달러)

지역	구분	2004	2005	2006	2007	2008	2009	2010	2011	2012	계
인천	신고액	1	76	86	128	118	562	502	554	2,070	2,027
	도착액	1	74	11	123	103	475	365	211	552	1,363
부산 진해	신고액	50.6	230.7	42.9	93.4	110.8	49.5	153.1	251.3	220.2	982.3
	도착액	4.1	191.2	109.5	76.1	96.8	64.3	26.5	119.7	136.5	688.2
광양만	신고액	64	276	20	96	1	2	32	232	127	723
	도착액	64	24	22	92	1	2	2	1	2	208
대구 경북	신고액	–	–	–	–	–	0	25	23.41	51.01	48.41
	도착액	–	–	–	–	–	0	11.65	10.16	42	21.81

지역	구분	2004	2005	2006	2007	2008	2009	2010	2011	2012	계
새만금	신고액	–	–	–	–	–	216.2	150.7	100.2	50	467.1
	도착액	–	–	–	–	–	1.4	9.4	20.6	9	31.4
황해	신고액	–	–	–	–	–	0	0	0	0	0
	도착액	–	–	–	–	–	0	0	0	0	0

자료: 산업통상자원부(2013.07.03), "제1차 경제자유구역 기본계획 2013~2022(안)", pp. 56–71.

2.4. 경제자유구역의 문제점

한국의 경제자유구역은 규제완화와 과감한 지원을 통해 지역 거점마다 '동북아 비즈니스 중심지'를 육성한다는 차원에서 2003년 도입된 제도로서 개발사업비만 2012년 기준 58조 원이 투입되었으며, 2022년 82조 원을 추가 투자할 예정이다. 그러나 그 이면에는 성과가 적어 알차게 진행도 못하고 있다는 비판도 있다. 2003년에 가장 먼저 지정된 3개 구역은 2020년까지 개발을 완료하는 것이 목표였으나, 2013년 기준 52.5% 정도의 개발만 진행되어 진행상황이 상당히 늦은 편이다.[5] 뿐만 아니라 정부가 최근 이들 3곳의 성과평가에서 80점을 넘은 곳이 없어 모두 미흡하다는 평가를 받는 등 부진한 실정이다.[6] 그동안 개발위주의 정책추진으로 종합적인 투자유치 전략 및 투자유치 역량이 부족하고, 아직까지 글로벌기업에게는 매력적인 투자생태계 조성에는 미흡한 실정이다.

1) 경제자유구역 개념의 모호 및 국내 투자유치특구의 중복

경제자유구역은 특구(특별구역)의 성격을 지닌다. 특구는 일정 지역

5 매일경제(2013.7.3)
6 경남발전연구소(2010)

이 가지고 있는 고유한 지역적 특성을 살려 다른 지역과 차별화되게 발전시킴으로서 지역의 균형있는 발전을 도모한다는 취지로 도입된 것으로, 규제의 완화, 세제혜택, 인 · 허가시 행정절차의 간소화가 적용되는 공간적으로 획정된 일정 지역을 말한다. 특히 본 연구의 대상인 경제자유구역은 경제특구로 확정된 개념은 없지만, 일반적으로 일정한 공간에서 자유로운 기업활동을 보장하고, 각종 사회 · 경제적 규제 및 세금 등에서 예외적인 조치를 해 주는 특별한 지역을 말한다.

경제특구는 시대와 국가에 따라 다양한 형태로 존재하였는데, 이전의 전통적인 경제특구는 자유무역지역, 자유수출지역, 수출가공지역 등 무역을 활성화시키기 위한 정책에 불과했다. 하지만, 중국의 경우처럼 외자유치를 통한 경제개발 전략에 주요변수가 되면서 최근 그 중요성이 점차 커지게 되었다. 한편, 외자유치를 통한 경제개발 전략에 주요변수로 경제자유구역은 지금까지 정부가 추진한 외자유치 관련 제도인 외국기업 전용단지 지정(1994년), 외국인투자지역 지정(1998년), 자유무역지역(2000년), 관세자유지역(2000년), 제주 국제자유도시(2002년) 등이 있어 경제자유구역과 중복되고 있는 실정이다.[7]

현실적으로 정부의 여러 가지 유사제도와 중복이 되며, 경제자유구역 추진은 기존에 추진하고 있는 제도 중의 일부로 인지하기 때문에 별다른 차별성이 없고, 지역주민들에게는 체계적이고 효율적인 홍보전략 부재 등으로 경제자유구역 추진 자체가 잘 알려지지 않은 것도 문제점으로 지적되고 있다.[8]

〈표 5〉는 국내 경제자유구역과 유사특구 현황을 비교한 표이다. 현재 한국에서 외투기업의 유치를 장려하는 형식은 경제자유구역, 산업단지, 국제자유도시, 자유무역지역, 외국인투자 지역으로 구분된다. 이중 산업

7 서문성 외(2009), p. 46.
8 서문성 외(2009), p. 46.

단지는 외국인직접투자 유치가 가능하나 원칙적으로 국내기업 위주의 유치를 진행하고 있으며, 국제자유도시는 현재 제주도에 국한 되어있다. 각 지역의 지정목적과 대략적인 지원방법은 조금씩 상이하다.

〈표 5〉 국내 경제자유구역과 유사특구의 현황

구분	경제자유구역	산업단지	국제자유도시	자유무역지역	외국인 투자지역
지정 목적	외국인 친화적 경영 생활환경 조성을 통한 적극적 외자 유치로 동북아 비즈니스 거점으로 육성	산업입지의 원활한 공급을 통한 균형 있는 국토개발과 지속적인 산업 발전 추진	제주도를 국제적 기준 적용 등을 통해 국제자유 도시 조성	무관세 등 자유로운 제조, 무역 활동 보장을 통해 외자유치 및 지역 경제 활성화 기여	3천만 달러 이상 대규모 외국인 직접 투자에 대한 세제 등 인센티브 부여로 대규모 투자 우대
지정	지식경제부장관	국토해양부장관	국토해양부장관	지식경제부장관	시 · 도지사
요건	국제공항, 국제항만 요건삭제	지방 산단 : 지사 국가 산단 : 장관	제주도	항만, 공항주변 지역, 산업단지	제한없음
자격	외투기업	국내기업	국내외기업	제조 · 물류 · 무역 · 지원 서비스업 (제조업은 외투 기업만 허용)	외투기업

〈표 6〉은 국내 경제자유구역과 유사제도의 인센티브 현황을 나타낸 것인데, 경제자유구역과 기업도시, 외국인투자단지의 조세인센티브가 상당히 유사한 것을 알 수 있다.

〈표 6〉 국내 경제자유구역과 유사제도의 인센티브 현황

구분		경제자유구역	산업단지	기업도시	지방이전도시	외국인투자단지
토지	원형지 공급		100만㎡ 이상	100만㎡ 이상		
	임대	50년간임대 (사업자유상공급)	50년간 임대 (토지공사)			
조세지원	관세	자본재 3년간 100%		자본재 100%		투자신고 후 3년 이내 자본재 100%
	소득세			5년간 100% 이후 2년간 50%		5년간 100% 이후 2년간 50%
	법인세	3년간 100% 이후 2년간 50%		5년간 100% 이후 2년간 50%	5년간 100% 이후 2년간 50% (수도권과밀억제권역)	15년간 100%
	취득세	15년간 100%	면제	5년간 100% 이후 2년간 50%	면제 (수도권과밀억제권역)	15년간 100%
	등록세	15년간 100%	면제	5년간 100% 이후 2년간 50%	면제 (수도권과밀억제권역)	15년간 100%
	재산세	15년간 100%	비수도권면제 수도권 5년간 50% 경감	5년간 100% 이후 2년간 50%	5년간 100% 이후 3년간 50% (수도권 과밀억제권역)	15년간 100%
	종토세	15년간 100%				15년간 100%
보조금지원	지원 기준				수도권 3년 이상 사업실적 최근 1년간 상시고용 30인 이상	
	입지 보조금				토지 또는 개별입지의 정상분양가, 정상지가 또는 정상임대료의 50% 범위내 지원	

구분		경제자유구역	산업단지	기업도시	지방이전도시	외국인투자단지
보조금지원	투자 보조금				건축비, 시설장비구입비, 기반시설 설치비등 지원 (보조비율지자체 조례로 지정)	
	시설 보조금					50억원초과 설비금액의 2% 범위내, 2억원한도
	고용 보조금		진입도로, 공업용수, 폐수처리시설 전액 국고지원		신규고용 10인 초과시 12월 범위내 1인당 60만원 한도	20명 초과 1인당 10~100만원, 3억원 한도
	교육 훈련 보조금				수도권기업 신규고용 10인 초과시 12월범위내 1인당 60만원 한도지원 비수도권기업 신규고용 20인 초과인원 교육훈련시 6월범위내 1인당 60만원 한도지원	20명초과 1인당 10~100만원, 3억원 한도

자료: 1. 경제자유구역의 지정 및 운영에 관한 특별법 시행령(2011.4.1).
2. 산업입지 및 개발에 관한 법률 시행령(2011.4.6).
3. 기업도시개발 특별법 시행령(2011.4.1).
4. 외국인투자 촉진법 시행령(2011.4.1). 이상훈(2011), p. 21. 참조 후 작성.

2) 각종 행정규제와 복잡한 인 · 허가 절차로 인한 신속성 결여

경제자유구역은 글로벌 거점화 전략 추진의 선도적인 역할을 하는 지역 및 글로벌 거점지역으로 주변 경쟁국과 비교하여 양호한 기업환경 구축을 통한 외자유치 활성화, 지역경제 활성화 등은 물론 우리나라의 글로벌 경쟁력 제고를 선도하는 지역이다. 따라서 이를 책임지고 수행하는 경제자유구역청의 역할이 중요하며, 그러한 의미에서 종사자의 고도의 전문성은 물론 강력한 추진력이 요구되고 있다. 우리나라 경제자유구역과 유사한 중국의 경제기술개발구, 고신기술개발구 등은 업무를 효율적으로 추진하기 위하여 해당지역 인민정부로부터 행정적인 권한 일체를 부여받아 높은 자율과 책임경영체제를 구축하고 있을 뿐만 아니라, 종사자들의 전문성 고도화를 적극 추진하고 있다. 반면, 우리나라 경제자유구역은 출장소 형태로 운영되고 있는 인천을 제외하고 모두 조합 형태로 운영되고 있다. 일부에서 경제자유구역이 활성화되지 못한 이유는 다음과 같다.

첫째, 경제자유구역청의 조직체계를 들수 있다. 경제자유구역청의 조직체계에 대한 문제점은 상당부분 독립성, 전문성, 능동성 등에 집중되어 있으며, 이는 동북아지역이 경제특구를 중심으로 한 글로벌 거점화 전략이 경쟁적으로 추진되면서 선점에 기초한 속도전이 이루어지고 있는데, 현재의 조직체계로는 이러한 속도전에 효율적으로 대응하기 어렵다.[9]

둘째, 산업용지의 확보 및 공장건축과 관련한 각종 인허가 사항이 행정기관별로 분산되어 있어 인센티브 결정이나 산업용지 확보까지의 기간이 장기화됨으로써 외국인직접투자를 저해하는 요인이 되고 있다.

셋째, 산업용지 구입시 취득세 등 각종 부대비용이 많아 기업체의 부담이 높고 따라서 초기 투자 위험부담이 큰 것이 문제점이다.[10]

넷째, 한국의 높은 외국인직접투자 규제제도 또한 외국인직접투자 유치의 문제점이다. 〈그림 2〉와 같이 OECD가 규제와 인허가 행정 등을 평가한 외국인직접투자 규제지수에서 한국은 미국, 독일보다 크게 높은 것

9 이수행(2009), p. 57.
10 오보수(2009), p. 37.

으로 나타났다.[11] 따라서 현재 외국인직접투자 제도는 규제완화를 통한 외자유치라는 정책을 제대로 반영하지 못하여 정비가 상당히 미흡한 실정이다. 이와 관련한 규제개혁은 제 11장에서 자세히 분석한다.

〈그림 2〉 주요국별 3차 산업의 외국인직접투자 규제지수(OECD 평균: 0.09)

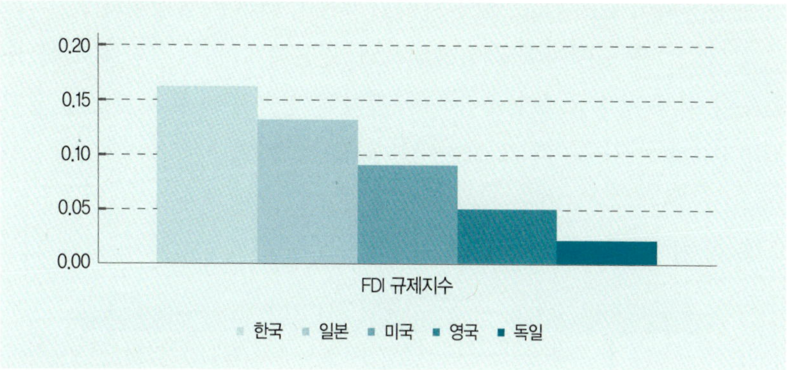

자료: OECD(2013), 한국경제(2014.1.9) 에서 재인용.

이밖에도 외투기업들의 의견을 수렴하지 않고 갑자기 규제정책을 바꾸는 식의 외국인직접투자 제도 변경이 외국인투자가들에게 한국 시장의 불신을 증가시키는 주요 요인으로 작용하고 있다. 일례로, 2013년 통과된 화학물질 등록, 평가법의 경우, 지금까지 등록하지 않아도 되는 100kg 미만의 신규 화학물질 등 모든 화학물질의 유해성을 검사해 등록할 것을 의무화한 법이다. 등록 절차에 무려 10개월 가량 소요되는 이 법은 유럽, 일본보다 더 높은 수준의 규제로서, 한국에 투자하고 있는 수많은 외국계 화학-소재 기업이 영향을 받게 되어 반발이 크다.[12]

---

11 한국경제(2014.1.9)

12 매일경제(2013.8.16)

다섯째, 경제자유구역과 관련된 관할권이 다양한 기관에 분산되어 있고, 국가사무의 위임 또한 원활하지 않아 One-stop 서비스 시스템 구축에 난항을 겪고 있다. 경제자유구역에 대한 국가사무(출입국 관리, 자유무역지역 관리, 건설, 교통 등)의 위임이 원활하지 않고, 경제자유구역 관련 사무들이 시 도지사, 경제자유구역청, 기초자치단체, 자유무역지역 등에 분산되어 있어 One-stop 서비스 제공이 어려운 실정이다.[13]

〈그림 3〉은 경제자유구역 개발사업 추진체계이다. 그림에서 볼 수 있듯이 각종 행정규제가 복잡하여, 절차의 신속성이 낮기 때문에 쉽고 간편한 인 · 허가 절차가 필요하다는 점을 알 수 있다.

〈그림 3〉 경제자유구역 개발사업 추진체계

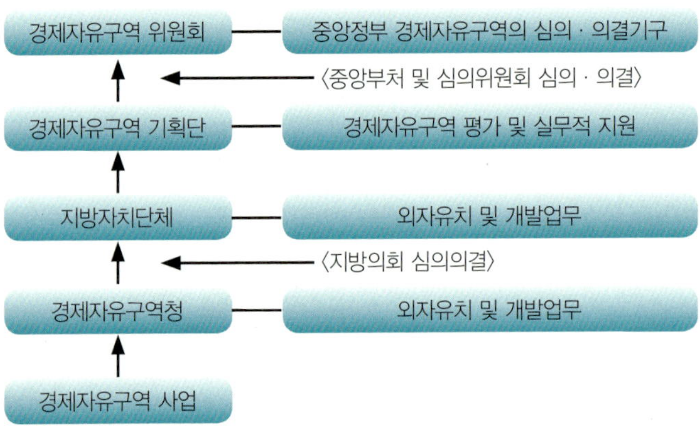

자료: 이상훈(2011), p. 17.

〈표 7〉은 경제자유구역 개발사업의 개발계획, 실시계획 승인 시 인 · 허가 기간이다. 구역지정, 시행자 지정, 개발계획 승인이 최소 90일이 소요되고 있으며 실시계획승인, 지구단위 계획수립 또한 많은 시간이 소요된다.

---

13 이수행(2009), p. 12.

〈표 7〉 경제자유구역 개발사업의 개발계획, 실시계획 승인 시 인 · 허가 기간

<table>
<tr><th colspan="2" rowspan="2">단계</th><th colspan="3">기간 소요</th></tr>
<tr><th>법정
(통상)</th><th>실제
(광양만 화양지구)</th><th>실제
(인천 송도국제업무단지)</th></tr>
<tr><td rowspan="2">구역지정
시행자 지정
개발계획 승인</td><td>최초지정</td><td rowspan="2">90일(90일)</td><td>구역지정 37일</td><td>40일</td></tr>
<tr><td>변경사례</td><td>시행자 변경 27일
개발계획 변경 127일</td><td>90일</td></tr>
<tr><td rowspan="3">실시계획승인
지구단위계획수립</td><td>수립</td><td rowspan="3">180일(150일)</td><td>158일</td><td>80일</td></tr>
<tr><td>사전협의</td><td>203일</td><td>170일</td></tr>
<tr><td>승인</td><td>246일</td><td>100일</td></tr>
<tr><td colspan="2">합계</td><td>270일(240일)</td><td>671일</td><td>480일</td></tr>
</table>

자료: 이창길(2011), p. 54.

〈표 8〉은 경제자유구역 개발사업의 영향평가의 인 · 허가 기간이다. 실제로 경제자유구역 내 개발사업은 경제자유구역법상 정한 법정기한보다 관련부처 협의에 오랜 기간이 소요되었으며, 도로, 항만시설 등 주요 기반시설 설치에 따른 인 · 허가 등의 의제사항 협의 시 부처별 위원회의 심의 · 의결 후 경제자유구역법에 의거하여 자문위원회 심의과정을 다시 이행함에 따라 협의된 사항에 대한 상충된 의견 발생 및 중복절차로 인해 최종 승인까지 5개월 이상의 기간이 소요되었다. 또한 경제자유구역의 특성을 고려하지 않고 환경영향평가, 산지관련규제를 엄격히 적용함에 따라 실시계획승인 이후 공사착공까지 1년 8개월이 소요된다.[14]

14 이창길(2011), pp. 54–55.

〈표 8〉 경제자유구역 개발사업의 영향평가의 인 · 허가 기간

단계	기간소요	
	광양만 화양지구	인천 송도 국제업무단지
환경영향평가	136일(05.9.9~06.1.23)	260일(05.2.22~11.10)
교통영향평가	126일(05.10.19~06.2.22)	110일(05.2.22~6.9)
재해영향평가	105일(05.12.29~06.4.13)	-
인구영향평가	-	250일(05.2.22~10.31)
에너지사용계획	133일(05.6.10~05.10.31)	250일(05.2.22~10.26)

자료: 이창길(2011), p. 55.

3) 외국인투자가의 정주여건 부족

외국인투자가들에게 적합한 고품격 주거환경과 기반시설 조성의 준비가 미비하다. 실제로 개발사업 시행자는 주택건설을 통한 개발이익으로 기반시설을 건설하게 되나, 분양가상한제로 인하여 기반시설 투자에 어려움을 겪고 있다. 또한, 경제자유구역내 주택공급이 다른 지역과 마찬가지로 대부분 일반 공급을 통해 이루어지므로 구역 내 근무하는 일반근로자들이 높은 프리미엄을 지불하고 입주하거나 높은 임차료를 지불해야하기 때문에 국내기업의 근로자들이 경제자유구역으로의 기업 이전을 반대하는 현상이 나타나게 되었다. 뿐만 아니라, 특별공급 대상인 외국인기업도 입주 완료한 외국인기업의 근로자만이 특별공급 대상이 되므로 입주시점에는 주거 불안정문제가 발생한다. 또한, 외국인 입학비율 등 외국교육기관에 대한 각종 규제로 인하여 수준 높은 외국학교의 유치가 지연되었고, 외국교육기관 설립자를 비영리 외국학교 법인으로 제한하고, 잉여금의 해외송금을 막음으로써 투자에 대한 활성화를 어렵게 하고 있다.[15]

15 이창길(2011), pp. 55-57.

현재 경제자유구역에는 외국인직접투자를 유치하기 위한 전략으로 외국학교, 외국병원 등의 시설과 각종 편의시설에 대한 홍보를 하고 있으나, 이와 관련된 법제도에 현실성이 결여되어 있어서, 실제로 외국대학, 외국법인 병원, 카지노 유치가 가능할지 미지수이다. 먼저 현실성 있는 법제도의 마련이 시급한 것으로 보인다. 그리고 관광산업으로 카지노 유치를 위한 홍보를 하고 있으나, 카지노 출입을 외국인만으로 한정하고 있기 때문에 투자기업 측의 입장에서는 사업성이 떨어진다고 보는 견해가 지배적이다.[16] 경제자유구역내 외국인 정주여건 개선을 위한 방향은 아래와 같이 제시되었으나, 현재까지 진척된 사례는 전무한 상황이다.[17]

〈표 9〉 외국인 정주여건 개선 사항

구분	내용	비고
교육분야	외국인 교육기관(초/중/고/대학) 설립 가	비영리 기관허용 내국인 입학가능
의료분야	외국병원 및 외국인 전용 약국 허용	내국인 진료 가능(병원)
주거분야	민영주택 10% 특별분양(외투기업 종사자) 외국인 임대주택(주택용지 1~10%	
관광분야	외국인 전용 카지노 개설 허용	
생활분야	관공서의 외국인 서비스 1만 달러 이하 외환거래 허용	

자료: 지식경제부(2010), 박호신(2012) p. 121.에서 재인용

4) 경직된 외국인 고용제도

경제자유구역에서의 외국인 고용과 관련해서는 여러면에서 일하기

16 박호신(2012), p. 120.
17 박호신(2012), p. 120-121.

좋은 여건이 아니다. 외국인 경영자나 고소득자의 경우, 개인 세금문제 등으로 인하여 경제자유구역에서 근로하는 것을 꺼려하고 있으며, 노동자의 경우도 국내 노조 등과의 갈등으로 고용여건이 긍정적이지 않다는 편견을 가지고 있는 경우가 많다. 또한 출입국관리법과 외국인 고용 등에 관한 법률에 따라 외국인을 고용하더라도, 해당 법률의 범위와 신청에 따른 허용 요건이 까다로워서 외국인 고용이 경직되어 있는 실정이다.[18]

5) 경제자유구역간의 중복투자 및 차별화 부재

경제자유구역의 중점유치업종을 보면, 부산 · 진해 경제자유구역과 광양만권 경제자유구역은 비교적 가까운 거리에 입지한 경제자유구역임에도 불구하고, 단순히 하나의 경제자유구역이 아니라는 이유로 해운 · 물류 업종을 서로 중점 유치하려하는 상황이 발생하는 것을 볼 수 있다. 또한 IT분야에서 인천과 대구, 황해 경제자유구역이 중복되고, BT분야에서도 인천(BT), 대구(의료), 황해(BT), 충북(바이오)이 중복되어 한국 내 경제자유구역청간 유치업종 중복이 심한 상황이다.

또한 정무섭, 오지영(2014)의 외국인투자 입지현황 분석에 따르면, 서울(51.2%)과 경기권(21.1%)이 전체 외투기업의 72%로 편중되어 있으며, 외투기업 중 전체의 9.21%인 1734개 업체만이 산업단지 및 지역지구(경제자유구역, 자유무역지역, 외국인투자지역) 등 외국인투자지역에 입지하고 있는 실정이며, 외국인투자지역내에 입지한 외국인기업의 투자규모는 전체의 26.77%로 나타났다.

종합적으로 살펴보면 송연관(2014)은 경제특구정책의 평가에서 광범위한 미개발과 낮은 분양률, 외투기업 유치 미흡, 경제특구 입주 외투기업의 차별성 미흡을 문제점으로 지적하였고, 경제자유구역의 성

---

18 박호신(2012), p. 120.

과 부진원인으로는 경쟁국에 비해 우월하지 못한 입지여건, 전문 인력과 전문성 부족 등을 들고 있다. 이를 위해 경제자유구역 활성화 방안으로 다른 국가와 차별성 확보, 정책목표 달성이 어려운 경자청은 해제하고, 해제된 지역은 첨단산업단지나 외국인투자지역 등 다른 정책으로 전환, 지자체 중심의 경자청 개발 사업 추진, 국내기업의 경제자유구역에 유치 등을 제시하고 있다. 또한 외국인직접투자의 활성화를 위해서는 지원체계의 효율성 제고 및 전문성 강화, 현금지원과 직접적인 임대료 지원 확대, 효과가 높은 개별형 외국인투자자역으로 외국인직접투자 입지정책의 일원화 등을 제시하고 있다.[19]

3.
경제자유구역 개선방안

1) 효율적인 사업추진을 위한 행정 통합 및 Control Tower 구축

효율적인 경제자유구역 추진을 위해, 각 부처에 산재된 경제자유구역 관련 규제 및 권한 등을 효율적으로 통합하고 조정할 수 있는 수단이 필요하다. 우리나라 경제자유구역 조직문제 중 가장 시급히 해결해야 할 과제는 바로 지나치게 분산된 권한으로 인한 개발지연이다. 경미한 사항임에도 불구하고 1개 부처의 반대가 있으면 사업추진이 곤란하거나 지연되는 사례가 빈번하게 발생하고 있어서 경제자유구역의 권한강화 및 실질적인 조정역할을 하는 부처를 선정하고 권한을 과감히 이양해야할 필요성이 있다. 이러한 문제의 해결방안의 일환으로, 경제자유구역위원회를 상시적 운영체제로 전환하고 시급한 사안에 대하여 자

19 송연관(2014), pp. 1–7.

체적으로 결정하여 추진할 수 있는 권한을 부여하며, 이를 통해 경제자유구역의 관리주체를 통일하고, One-stop 서비스제공 기반을 구축하는 것이 필요하다.[20]

2) 외국인 임대단지 조성 필요

외국인직접투자는 국내투자에 비하여 보다 높은 불확실성 비용을 수반할 수밖에 없는 구조이며, 따라서 외투기업의 경우 초기투자비용을 최소화하려는 경향을 나타낸다. 특히 우리나라의 경우 지리적으로 근접한 가운데 높은 경쟁관계를 형성하고 있는 중국의 경제특구와 비교하여 지가가 아주 높게 형성되고 있어 외자유치에 중요한 제약요인으로 대두되고 있는 상황이다. 국토가 좁은 우리나라는 중국과 같은 저렴한 가격으로 외자기업에 토지를 분양할 수 있는 여건은 아니지만, 경제자유구역의 외자유치 활성화 차원에서 투자기업의 초기투자부담을 최소화하는 임대산업단지 운영을 활성화 할 필요가 있다.[21] 그러나 현재 외국인투자지구 중 임대지구는 경기도에 4곳만이 존재할 뿐, 다른 지방자치단체나 경제자유구역에는 개발되지 않고 있는 실정이다.[22]

3) 경제자유구역청의 독립성 강화를 통한 책임 경영체제 구축

경제자유구역은 지역에 단순히 외투기업의 집적만을 촉진하는 폐쇄된 거점화 전략이 아닌 글로벌 기업의 집적을 도모하고, 이들의 발전된 역량을 내부화하여 지역경제 성장을 촉진하는 개방형 글로벌 거점화 전략도 동시에 가지고 있는 개념이다. 따라서 경제자유구역청이 내외부의 역동적인 서비스 수요를 최대한 충족시켜, 글로벌 거점지역으로 부상하

---

20 이수행(2009), pp. 18-19.

21 이수행(2009), p. 20.

22 외투도우미(http://fims.kicox.or.kr/)

는데 중요한 역할을 하기 위해서는 필요한 권한 및 자율성이 보장됨과 동시에 책임경영을 할 수 있는 기반 구축이 우선될 필요성이 있다.

먼저 경제자유구역청의 전문성 제고 노력이 필요하다. 이를 위해서는 순환 시스템으로 운영될 수밖에 없는 파견공무원을 최소화하고, 능력을 구비한 외부전문직을 확대하는 방안을 고려할 필요가 있다.

두 번째는 중앙정부, 시 도지사 및 의회로부터 일정 정도의 독립성을 확보하여 자율과 책임을 동시에 지도록 하는 제도적인 보완이 필요하다.

세 번째는 글로벌 인재 유입을 확대하기 위하여 경제자유구역내 기업 종사자의 경우 중앙행정기관장의 고용추천서 등이 없어도 경제자유구역청장의 확인을 통해 사증발급을 신청할 수 있도록 개선할 필요성이 있다.

네 번째는 경제자유구역내 외투기업이 자국에서 기업활동을 하는 것과 같이 느낄 수 있도록 하는 국내기업과의 연계 지원, 노동행정지원 등 종합컨설팅 서비스 지원시스템을 구축하고, 이를 위하여 경제자유구역 개발이익금 등을 재활용하는 특별회계 등을 도입하는 방안을 검토할 필요가 있다.

다섯 번째는 대기업 및 글로벌 기업 경험자, 글로벌 기업과 폭 넓은 인맥을 형성하고 있는 전문가 등을 중심으로 전문 인력 풀 구축, 성과인센티브제 도입 등을 통하여 경제자유구역의 전문성 제고는 물론, 외국인직접투자 유치 활성화를 도모할 필요성이 있다.[23]

4) 국내 기업 역차별 완화

상하이 푸동의 경우도 초창기에는 중국 국내기업이 개발을 주도하였는데, 개발초기에 국내 유수기업이 투자하지 않는다면 외국기업의 유치는 더욱 어려워질 수 있다. 이러한 이유로 외자유치를 위해 특구를 지

23 이수행(2009), pp. 20–21.

정한 미국, 싱가포르, 네덜란드, 아일랜드 등도 공통적으로 자국기업과 외국기업간 차별을 전제로 하지 않으며, 동일한 조건하에 경쟁을 유도하고 있다. 중국도 2008년을 기점으로 국내외 기업에 대한 세제를 통일시켜 국내외 차별을 제거하였다.

그러나 이에 반해, 우리나라 경제자유구역의 생산 환경은 경쟁지역인 중국과 비교하여 인건비, 지가 등 측면에서 열악한 조건을 구비하고 있다는 점을 감안할때 우리나라에 단순히 생산만을 위하여 투자한 외투기업은 많지 않을 것으로 판단된다. 또한 우리나라에 투자하는 대부분의 외투기업은 국내기업과 연계된 시장형성 가능성 및 이를 토대로 한 동북아지역 배후시장과의 연계 가능성, 양호한 R&D 기반 등을 타깃으로 한 투자가 대부분이다.[24]

따라서 국내기업에 대한 합리적인 인센티브 제공을 통해 경제자유구역을 국내기업의 해외투자 대체지로 활용하는 효과를 얻는 것이 선행되어야 한다. 이를 통해 첨단업종관련 신규투자, 유관한 외국인투자와의 연계성, 나아가 외국인직접투자 유발형식으로 발전하게 되는 모델을 고려할 필요가 있다. 이러한 모델의 성공을 위해서 국내 첨단 대기업과 협력하는 글로벌 중소기업 특화단지 조성을 통해 국내외 글로벌 강소 및 중견기업 유치 활성화하고, 글로벌 중소기업간 협력 네트워크 강화를 통한 해외 글로벌 리딩기업을 유치하는 전략이 필요하다.[25]

최근 한국정부는 이러한 문제점을 인식하고 개선하고자 하는 움직임을 보이고 있으며, 경제자유구역에 외국인직접투자 유치를 위해서는 우선 국내 기업들을 먼저 유치하여 클러스터효과를 높이고, 대외 신뢰도를 높이는 것이 중요하다는 점을 인정했다. 이에 정부는 국내기업들이 경제자유구역에 투자할 경우에도 7년 동안 법인세 감면 혜택을 주기

24 이수행(2009), pp. 22–23.
25 대구경북연구원(2013), p. 8.

로 하고 관련 부처 간 협의 중이다.[26] 그러나 이러한 조치들이 여타 동북아시아의 경제특구들에 비해 늦은 만큼, 보다 가시적인 인센티브를 통한 국내기업의 역차별 완화를 시급히 해결해야 한다. 이에 따라 정부는 경제자유구역에 투자한 사업 시행자가 개발이익의 25%를 의무적으로 해당 경제자유구역에 재투자해야 하는 규제를 2015년부터 폐지하기로 했다.[27]

5) 글로벌 U-Turn 기업의 전략적 유치방안

외투기업에 한정된 조세감면 인센티브를 일정한 요건을 갖춘 국내기업까지 확대 지원이 필요하며 국내기업의 경제자유구역 내 투자에 대한 역차별 해소 감면 여론 조성 및 경제자유구역에 투자의향이 있는 대기업 발굴 노력이 필요하다. 그리고 국내로 복귀하는 기업 (U-턴 기업)을 타켓 설정 및 정보체계를 구축할 필요가 있다.

단기적으로는 경제자유구역 내 조성된 임대용지의 일정 비율을 국내복귀 기업(U턴 기업)에 우선적으로 공급하는 방안을 추진해야하며, 외투기업을 유인할 수 있도록 국내기업이 경제자유구역에 투자하는 경우 외투기업에 한정된 투자 인센티브를 부여하는 방안을 추진해야한다.

우선 U턴 기업의 전략적 유치를 위하여, U턴기업에 대한 타겟(target) 설정이 필요하다. 중국 등 동남아 진출 기업에 대한 현장 실태조사를 통해 U턴 대상 업종 선정 및 전략을 수립하고, 수출을 목적으로 해외에 진출한 기업 및 해외 경영환경 악화에 따라 이전을 고려하는 기업정보 수집 등이 선행되어야 한다. U턴기업 중 관련 업종간 연계성이 높고, 지역경제내 파급효과가 큰 산업을 중심으로 유치하는 전략이 필요하고, U턴기업에 대한 단순한 투자유치 설명회보다 U턴 의사가 있는 기업을

---

26 매일경제(2013.7.3)

27 한국경제(2014.07.14)

개별 접촉하는 것이 더욱 유리하다. U턴기업 중 U턴 가능성이 높은 전자부품, 통신장비, 섬유 · 의류, 가방, 주얼리 등을 대상으로 유치 활성화 전략이 필요하다.

이를 위해 U턴기업 유치를 위한 전담기구 설립 및 네트워크 구축이 필요한데, 해외 U턴기업을 전략적으로 유치할 수 있는 해외기업 지방투자유치공사 설립 및 유치 활성화하는 것이 필요하다. 한국기업이 많이 진출한 중국, 베트남 등에 해외 무역관, KOTRA, 지자체, 업종별 협회 등과 연계한 현지 IR 추진하여 U턴기업의 유치 및 사후관리 역량을 제고해야 한다. 또한 U턴기업 유치를 위한 전략적 인프라 구축도 필요하다. 일례로 경제자유구역 내에 글로벌 U턴기업 전용 산업단지를 조성하여, 국내기업 및 해외 U턴기업 유치가 가능한 복합산업지구로 개발하는 방안 등으로 U턴기업의 만족도를 높이고 나아가 해외에서 U턴기업과 협력관계에 있던 다수의 해외기업의 투자를 유치할 수 있도록 유도하는 전략 등이 필요하다.[28] 최근 한국도 중국에 진출한 주얼리업체들이 익산산업단지에, 신발 관련업체들이 양산산업단지에 클러스트를 형성하여 U턴한 경우가 있다.

이러한 U턴기업 유치의 일환으로 산업통상자원부는 2014년 2월 26일 국내 유턴을 위해 지방자치단체와 양해각서(MOU)를 맺은 51개 기업 가운데 20개를 선정, 법적 지원을 제공하기로 하였다. 선정된 U턴기업에게는 국내 입지의 분양가와 임대료 30% 감면, 설비투자액 10% 보조, 직원 1인당 720만원의 고용보조금, 법인 · 소득세 최장 7년간 50~100% 감면 등 다양한 혜택을 지원하기로 했다.[29]

2010년 미국은 오바마 대통령의 제조업 부흥 정책인 '리메이킹 아메

28 대구경북연구원(2013), p. 7.
29 아시아경제(2014.2.26)

리카(remaking America)'으로 제조업의 부활을 추진하고 있다. 오바마 대통령 취임 이후 중국과 인도 등에서 유턴한 미국 기업은 100여개에 이른다. 미국 3대 자동차 회사인 포드와 GM이 대표적이며, 또한 월풀, GE, 오티스, 애플, 캐터필러 등 미국의 대표기업들은 중국, 멕시코 등에 있는 해외생산기지를 미국으로 이전하고 있다. 이를 위해 미국은 설비투자 세제 혜택을 1년에서 2년으로 연장하고, 이전 비용을 최대 20%까지 지원하며, 법인세도 35%에서 28%로 낮추었다. 보스턴컨설팅그룹(BCG)의 설문조사에 따르면 매출 10억 달러 이상인 미국 제조업체 최고경영자(CEO)의 37%가 중국에서 미국으로 생산기지를 이전할 예정이거나 계획 중이다. 월스트리트저널은 리쇼어링(reshoring)은 20세기와 21세기의 제조업 패러다임이 바뀌는 현상이라고 설명하고, 인건비가 싼 곳에서 만들어 수출하는게 20세기의 패러다임이었다면 21세기 제조업은 '수요가 있는 곳에 공장을 만든 뒤 부품을 생산해 조립해 판다'는 것이다.[30]

영국의 경우도 2015년 국내총생산(GDP) 대비 제조업 비중을 현재 11%에서 5년 내 15%대로 끌어올리겠다는 목표를 세워 과감한 친기업 정책을 추진하고 있다. 영국 정부는 이미 선진국 최저 수준인 23%의 법인세를 2015년 20%로 더 낮추고 해외에서 발생한 매출에 대해서는 세금을 부가하지 않기로 했으며, 이러한 정책을 통해 해외공장의 본국 이전을 적극 지원하고 있다.[31] 장기 불황에 시달리던 일본도 엔저(低)로 제조업 부활 정책을 추진하고 있다. 기업규제 법안 폐지를 시작으로 법인세를 40.69%에서 38.01%로 인하하였고, 2015년엔 35.64%까지 낮추기로 했다. 소니, 샤프, 파나소닉, 캐논, 도요타, 혼다 등은 해외로 가

30 한국경제(2013.12.24)

31 한국경제(2014.08.26)

는 대신 자국 내 U턴으로 생산시설 확충을 추진하고 있다.[32]

6) 경제자유구역별 특성을 고려한 전문화된 투자유치

현재 한국의 각 경제자유구역은 기본구상 및 개발 컨셉의 중복으로 인하여 경제자유구역간 차별성을 갖기 어렵다. 이러한 중복성으로 인해 각 경제자유구역간 과잉경쟁이 발생하고 또한 투자분쟁으로 확산되는 양상을 보이고 있다. 따라서 각각의 경제자유구역의 과당 경쟁을 방지하고, 효과적인 외국인직접투자 유치를 위해서 각 지구별 경제자유구역청의 전문성 제고가 필요하다.[33] 또한 이를 통한 경제자유구역의 개발 방향이 지역에 맞게 차별화 될 수 있도록 유도해야 한다. 일례로 지역의 지식특화산업과 연계한 국내기업 투자유치 전략 마련한 대표적인 사례가 대구경북 경제자유구역이라 할 수 있다. 대구경북경제자유구역은 대경광역경제권 선도전략산업과 연계된 지식특화산업(IT융합, 그린에너지, 스마트기기부품, 첨단 융합소재)을 중심으로 value-chain에 따라 특화하여 타겟팅하는 전략을 추진하고 있다. 이러한 전략의 일환으로 앵커기업, 벤처기업, R&D기관 등 유형별 맞춤식 지원, 선도적 투자자에 대한 차별적 인센티브를 부여하고, 정부정책, 장기발전전략, 시도 예타 사업 등에 대한 신속한 동향파악으로 국책사업 발굴 등에 힘을 쏟으며 여타 경제자유구역과 차별화된 행보를 보이고 있다.[34]

---

32 한국경제(2013.12.24)

33 홍성현 외(2011), p. 254.

34 대구경북연구원(2013), p. 8.

4.
사례 연구: 대구 · 경북 경제자유구역
(Deagu-Gyeongbuk Free Economy Zone: DGFEZ)

4.1. DGFEZ의 현황

〈표 11〉 DGFEZ 사업개요

위치	대구광역시 및 경북 포항 · 구미 · 영천 · 경산시 일원
면적	10개 지구 30.04㎢
사업기간	2008~2020년(13년)
사업비	7조 9,887억 원(국비 8,615, 지방비 7,324, 민자 63,948)

자료: 대구경북자유구역청(http://www.dgfez.go.kr/)

〈표 11〉은 DGFEZ 주요 사업개요이다. 2008년 구역 지정된 이후(10개 지구, 총 30.04㎢), 2020년까지 개발완료를 목표로 지정 초기 대비 평균 65% 개발 진행단계로 부지조성, 개발사업자 선정, 글로벌 정주여건 구축 등 개발 가속화중이다. 글로벌 경기침체, 국내 건설경기 불황 등 경제성 악화로 일부 지구의 개발이 지연되고 있으나 사업시행자 선정 노력, 기 추진지구 개발가속화 등으로 개발활성화 유도하고 있다. 신서첨단의료지구, 테크노폴리스지구, 영천 첨단부품산업지구, 수성의료지구는 지정초기 계획대비 달성도가 100%로 계획대로 진행 중이다.

DGFEZ는 중국, 일본, 러시아와 인접한 동북아의 관문으로, 한국의 수도인 서울에서 2시간(295㎞)거리, 부산에서 1시간 거리에 있다. DGFEZ 지역은 한국의 동남부 내륙중심인 대구광역시(면적886㎢, 인구 250만명 규모)의 일부와 인근 경상북도 구미시, 포항시, 경산시, 영천시의 일부지역에 위치한다. 〈표 12〉는 DGFEZ의 투자이점으로, 글로벌 공급망에서의 입지적 강점, 글로벌산업 클러스터, 풍부한 R&D기반,

우수인력확보의 용이성, 쾌적한 정주여건과 같은 투자이점이 있다.

〈표 12〉 DGFEZ의 투자 이점

구분	내용
글로벌 공급망에서의 입지적 강점	• 중국, 일본, 러시아와 인접하여 4시간 비행거리내 100만 명 이상 인구를 가진 51개 세계주요 도시가 위치하여 지식기반 서비스 및 제조업 시장이 큼
글로벌산업 클러스터	• 구미 : IT 및 전기전자의 세계적 클러스터가 형성
	• 포항 : 철과 비철의 세계적 생산기지 독일 지멘스 의료기기 연구 및 생산
	• 울산 : 자동차, 조선, 화학의 중심지
	• 마산, 창원 : 기계공업의 중심지역으로 국제적 수준의 배후산업 인프라 조성
풍부한R&D기반	• 영남권의 R&D중심지로 대구경북과학기술원(DGIST), 국립대구과학관, 한국전자통신연구원(ETRI) 대구분원, 한국생산기술연구원(KITECH) 센터 등 정부 출연 연구기관들의 건립을 중앙정부 주도로 추진
우수인력확보의 용이성	• 매년 7만 명의 대학졸업생 • 서울의 70% 수준의 저렴한 인건비 • 낮은 이직률 • 광역자치단체 최초 2년 연속 무분규 도시
쾌적한 정주여건	• 2011년 세계 육상선수권 대회, 2013년 세계에너지총회가 열리는 글로벌 도시로 국제오페라 축제, 국제뮤지컬 축제 등 다채로운 문화행사가 개최되는 문화도시

자료: 대구경북자유구역청(http://www.dgfez.go.kr/)

1) 지리적 여건

첫 번째 지리적 이점으로는 글로벌 공급망에서 입지적 장점을 꼽을 수 있다. 〈그림 4〉는 동북아 중심에 위치한 DGFEZ의 입지적 장점을 보여준다. 중국, 일본, 러시아와 인접하여 4시간 비행거리 내 100만 명 이상 인구를 가진 51개 세계주요 도시가 위치하여 지식기반 서비스 및 제조업 시장이 크며, 특히 모토롤라 등 글로벌 기업의 테스트베드 역할을 수행하고 있다.

〈그림 4〉 동북아 중심에 위치한 DGFEZ의 입지적 장점

자료: 대구경북자유구역청(http://www.dgfez.go.kr/)

두 번째로는 글로벌 산업 클러스터의 장점이 있다. 〈그림 5〉는 글로벌 수준의 DGFEZ 산업클러스터를 보여준다. DGFEZ에 포함된 구미지역은 삼성전자, LG전자, 도레이새한, 삼성탈레스, 삼성코닝, 엑슨모빌, 델파이, 아사히글라스 등 IT 및 전기전자의 세계적 클러스터가 형성 되어 있다. 또한 포항지역은 세계 4위 조강능력을 가진 POSCO를 중심으로 연합철강, 현대제철 등 철과 비철의 세계적 생산기지이며, 독일 지멘스가 의료기기를 연구 및 생산하고 있는 한국 내 첨단 의료기기산업 중심으로 발전하고 있다. 아울러 1시간 이내 거리에 있는 울산광역시에는 현대자동차와 현대중공업, SK화학 등 자동차, 조선, 화학의 중심지이며 마산 · 창원지역은 현대로템, GM대우 등 기계공업의 중심지역으로 국제적 수준의 배후산업 인프라가 조성되어 있다.

〈그림 5〉 글로벌수준의 DGFEZ 산업클러스터

자료: 대구경북자유구역청(http://www.dgfez.go.kr/)

세 번째로는 신성장산업 R&D 기반 구축이다. 대구광역시에는 국가시책으로 추진 중인 R&D특구 지정을 통하여 대전 · 광주를 연결한 Inland Triangle 테크노 벨트를 조성할 계획이다. 영남권의 R&D 중심지로 대구경북과학기술원(DGIST), 국립대구과학관, 한국전자통신연구원(ETRI) 대구분원, 한국생산기술연구원(KITECH) 센터 등 정부출연 연구기관들의 건립이 중앙정부 주도로 추진되고 있다. 또한 경상북도 포항지역에는 방사광가속기연구소, 지능형로봇연구소, 국가나노기술집적센터, 생명공학연구소, 포항산업과학연구소 등 운영 중이며, 인접한 경주지역에는 양성자가속기 연구센터가 있다.[35]

네 번째로는 쾌적한 정주여건을 제공하고 있다. DGFEZ 사업지구가 있는 대구지역은 2011년 세계 육상선수권 대회, 2013년 세계에너지총회, 2015년 세계물포럼 등이 개최되었고, 국제오페라 축제, 국제뮤지컬

35 대구경북자유구역청(www.dgfez.go.kr)

축제 등 다채로운 문화행사가 개최되는 문화도시이다. 특히 DGFEZ내 국제학교가 2010년 10월에 개교하여 현재 외국인학교 3개가 운영 중이어서 정주 여건이 우수한 지역이다.

2) DGFEZ의 개발 현황

정부의 평가 결과, DGFEZ는 인천 및 광양만권에 이어 종합 3위와 조직 · 사업운영분야 1위를 차지하는 등 우수한 추진실적을 보였다. 특히, 투자유치 활동을 관리하는 '통합계정관리시스템(Investment Attraction Management System, IAMS)' 구축과 홈페이지 내 지구별 홍보 시뮬레이션 기능에서 높은 평가를 받았다.[36] 이러한 성과에도 불구하고, DGFEZ 중에서 사업 추진이 부진하여 경제자유구역에서 해제될 위기에 직면한 일부 지구도 있다. 개발지연 지구에는 국제문화산업지구, 영천하이테크파크지구가 있다. 아래의 〈표 13〉은 DGFEZ 지구별 평가이다.

〈표 13〉 DGFEZ 지구별 평가(선도지구●, 개발지연지구△)

지구	평가
대구테크노폴리스지구●	- 2007년 일반산업단지로 지정이 되어 DGIST, 국책연구기관분원 등이 입주하고 있어 전체공정률 80%로 전반적으로 잘 진행되고 있음
국제문화산업지구△	- 사업자 미선정에 따른 지구개발자체가 지체 - 조속한 사업시행자 지정 및 기업유치전략수립 필요
수성의료지구●	- 수성의료지구(2008~2016)는 지정초기 계획대비 달성도가 100%대로 진행중에 있음
국제패션디자인지구●	- 부지조성 및 기반시설 조성이 완료 - 공동주택단지가 건축중에 있어 전반적으로 차질없음(산업단지내 기업유치 성과는 아직 부진)
신서첨단의료지구●	- 첨단의료복합단지, 연구개발특구 등 대형국책사업과 연계하여 전체공정률 대비 85%가 진행

36 대구경북자유구역청(www.dgfez.go.kr)

지구	평가
구미디지털 산업지구	– 실시계획 및 각종 영향평가 수립중
경산지식 산업지구	– 기존 학원연구 중심에서 지식산업 중심으로 개발방향이 크게 변경 – 사업계획변경으로 인한 개발계획의 지체
영천첨단부품 소재산업지구●	– 전체공정률 86%로 전반적으로 잘 추진 – 산업용지 분양율도 65.6%로 기업 유치에도 차질없음
영천하이 테크파크지구△	– LH공사와 MOU체결했으나 재무여건 악화로 사업시행자 지정지연 – 국제적 금융위기와 국내부동산 경기악화 사업시행자 선정애로
포항융합 기술산업지구	– 기존사업자인 LH공사의 사업 재추진을 위한 지속적 노력필요 – 최근 경제 산업 동향에 기반한 종합적 개발여건 분석을 통해 적정한 개발방향 제시할 필요

자료: 대구경북자유구역청(http://www.dgfez.go.kr/)

4.2. DGFEZ의 외국인직접투자 현황

경제자유구역 지정의 핵심목적인 외국인직접투자는 연구개발, 제조업(첨단부품) 중심으로 8개 기업, 2013년 MOU 기준으로 1억3천만 달러를 기록하였다. <표 14>는 DGFEZ 외국인직접투자 현황이다. 대구테크노폴리스지구에는 일본의 나카무라토메정밀공업(주) 기업이 2011년에 MOU체결을 하였으며, 국제문화 산업지구에서는 프랑스의 다쏘시스템 연구 개발센터가 2010년에 MOU체결하였으며, 영천첨단부품단지에는 일본의 다이셀 제조업의 기업이 각각 MOU를 체결하였다. 그 외에도 미국 델라웨어대 에너지환경정책대학원 교육기관과 벨기에 소프트키네틱 3D 컨텐츠 개발센터 등 연구기관을 유치했다. 대구경북경제자유구역 중 선도지구(대구테크폴리스 등)을 중심으로 해외 유수 교육기관, 연구소 및 대기업 등을 유치하는 성과를 거두었으나, 관련 규정 미비 등으로 외국 의료기관 유치는 아직까지 전무한 실정이다.[37]

37 대구경북자유구역청(www.dgfez.go.kr)

〈표 14〉 DGFEZ 외국인직접투자 현황(2012년 기준) (단위: 백만달러)

구분	투자자명	투자국	업종	MOU 체결		외국인직접투자	
				일자	금액	신고액	도착액
합계	8개				196.40	81.41	29.28
대구테크노 폴리스지구	델라웨어대학교	미국	교육	2009. 12. 22	–	–	–
	나카무라토메 정밀공업(주)	일본	제조업	2011. 12. 29	19.70	6.00	6.26
	현대중공업 & 커민스社	한국/미국	제조업	2012. 9. 7	66.00	33.00	0.91
국제문화 산업지구	다쏘시스템 연구개발센터	프랑스	연구개발	2010. 3. 12	–	25.00	14.22
	소프트키네틱	벨기에	연구개발	2011. 6. 22	–	–	–
영천첨단부품 소재산업지구	(주)다이셀	일본	제조업	2011. 11. 24	28.70	17.41	7.89
	(주)포레시아	프랑스	제조업	2012. 5. 18	21.00	–	–
	평화홀딩스 & NOK(주)	한국/일본	제조업	2012. 9. 12	61.00	–	–

자료: 대구경북자유구역청(http://www.dgfez.go.kr/)

DGFEZ 내 국내투자는 114개, 19,956억 원을 유치(2012. 10월말 기준)한 것으로 조사되었으며 DGFEZ 국내투자 현황은 〈표 15〉와 같다.

〈표 15〉 DGFEZ 국내투자 현황(2012. 10월말 기준) (단위: 개/억원, %)

구분	합계	기업	연구기관	교육기관	분양률
합계	114/19,956	105/11,537	6/3,439	3/4,980	
대구테크노 폴리스지구	70/15,699	현대IHL(주) 등 62/7,467	대구경북 과학기술원 등 5/3,252	경북대학교 IT융합 기술대학원 등 3/4,980	62.5
영천첨단부품 소재산업지구	43/4,070	(주)세원물산 등 43/4,070	–	–	65.6
영천하이테크 파크지구	1/187	–	경북차량용임베디드기술연구원	–	–

자료: 대구경북자유구역청(http://www.dgfez.go.kr/)

4.3. DGFEZ의 성공 사례

1) 영천 '보잉사 MRO센터' 가동

영천시 녹전동에 건립될 미국 보잉사의 항공전자 유지 · 보수 · 정비(MRO)센터가 2013년 4월 착공돼 10월부터 상업가동을 시작하였다. 보잉 항공전자 MRO센터는 아시아태평양 지역에서는 영천에 처음으로 건립된다. 보잉은 항공전자 MRO센터에서 1단계로 F-15K 항공기의 유지 · 보수 · 정비에 대한 서비스를 제공할 예정이며, 5, 6단계에 걸쳐 총 1억 달러까지 투자할 계획이다. 보잉사는 군에서 운용하는 항공기의 부품을 미국 세인트루이스로 보내 정비했으나 향후 영천의 보잉 항공전자 MRO센터에서 정비할 수 있어 전투기 가동률 제고 및 예산 절감 효과를 거둘 수 있다. 경북도와 영천시는 보잉 항공전자 MRO센터와 항공전자시험평가센터 구축을 기반으로 대구경북경제자유구역인 영천하이테크파크지구에 항공전자산업 부품단지(에어로 테크노밸리)를 조성할 계획이다.[38]

2) 최근 대구 · 경북 외국기업 투자유치 증가

대구경북경제자유구역청은 설립이후 2009년까지 부진하였으나, 최근 외자유치가 증가하고 있다. 2013년 MOU 기준으로 1억3천만 달러의 외자유치를 달성해 2012년(1억4,800만 달러)에 이어 상승하였다. 특히 외국인직접투자 도착액 기준으로는 6,800만 달러를 기록해 전년대비 62%(2012년, 4,200만 달러) 증가를 보였으며, 7건의 외국인직접투자 유치를 성사시켜 개청이후 5년간 15건 중 절반에 달하는 기록적인 성과를 거뒀다.

---

38 매일신문(2014.01.15)

특히 IT융복합, 첨단수송 · 기계부품, 첨단메디컬 등 3대 분야를 집중적으로 유치하며, 해외IR 활동을 통한 협력관계를 구축하고, 주한미국상공회의소, 주한영국상공회의소 등 주한 외국 상공회의소들과도 공동협력 사업을 추진할 계획이다. 이외에도 협력 MOU가 체결돼 있는 독일 뉘른베르크상공회의소, 아랍에미리트연합 존즈콥, 터키의 유럽경제자유구역청 등과는 실질적인 상호투자유치협력에 대해 세부절차를 구체화해 나가기로 했다. 대외적으로 글로벌 경기침체, 엔저현상의 지속화, 대북 리스크의 상존 등으로 투자유치 환경이 좋지는 않지만, 한국진출 시 기대되는 FTA 이점과 우리지역의 강점 등을 집중적으로 홍보해 외투기업 유치에 괄목할만한 성과를 목표로 한다.[39]

4.4. DGFEZ의 구체적 활성화 방안

1) 현장 중심의 투자유치 활동의 전개

DGFEZ 투자유치 활성화를 위해서는 현장 중심의 투자유치 활동의 전개가 필요하며, 타깃기업 발굴유치를 위한 맞춤형 유치활동의 전개가 필요하다. 지구별 비교우위 산업을 선별하고, 투자유치 대상 국가를 다양화해야 한다. 또한 기존 외투기업을 대상으로 증액투자를 유도해야 하는데, 이를 위해 지역 내 기존 외투기업 방문 상담의 실시, 도내외 외투기업 임직원대상, 투자환경 설명회 개최 등의 현장 중심의 투자유치 활동의 전개가 필요하다.

2) 지식창조형 투자기반 구축 및 투자환경 개선

DGFEZ 투자유치 활성화를 위해 지식창조형 투자기반 구축 및 투자환경 개선활동을 해야 한다. 기업의 니즈에 부응한 인력공급 프로그램을

39 대구일보(2014.01.10)

마련하고, 이를 위해 국내대학, 연구기관, 기업 우수인력 데이터베이스(DB)를 구축하는 작업 등이 필요하다. 또한 맞춤형 비즈니스 친화적 인프라를 구축하는 노력이 필요하다. 영남권 R&D 중심 이점 활용, 기업과의 연계방안을 위한 노력이 필요하다. 마지막으로 외투기업 임대 전용단지 등 인프라 구축활동이 필요하다. 가령 일본기업 유치를 위한 일본존(Japan Zone) 형성 등과 같은 전용단지 인프라 구축이 필요하다.

3) 국내기업 유치 활성화를 위한 전략 다변화

DGFEZ 투자유치 활성화를 위해 국내기업의 유치 활성화와 이를 위한 전략 다변화의 노력이 필요하다. 이를 위해 국내기업 유치를 위한 인센티브 확대가 필요하며 세제감면, 재정지원 확대방안 마련을 위해 정부, 지자체와의 보다 긴밀한 연계가 필요하다. 이를 통해 경제자유구역을 국내기업의 해외투자 대체지로 활용하는 방안도 필요하다. 또한 글로벌 강소 및 중견기업 유치 활성화를 위한 글로벌 중소기업 특화단지의 조성이 필요하다. 또한 해외진출 국내복귀(U-턴)기업 지원 강화를 위한 노력 또한 필요하다. 이를 위해 U턴 기업에 대한 보조금 등 인센티브 지원 확대 및 지역진출 현지기업 및 모기업과 인적네트워크 구축이 필요하다.

4) 투자유치 지원 및 협력체계 강화

DGFEZ 투자유치 활성화를 위해서는 투자유치 지원 및 협력체계 강화의 노력 또한 필요하다. 이를 위해 전담자 지정, 유관기관간 협력체계 강화로 인 · 허가 과정의 획기적 지원이 필요하다. 또한, KOTRA, AMCHAM, JETRO 등 투자유치기관과 연계한 교육 강화 노력을 통한 투자유치 담당자 역량강화가 필요하다. 마지막으로 투자유치 유관기관과 타깃기업 선발, 공동유치활동 전개 등의 협력사업을 전개할 필요가 있다.

4.5. DGFEZ의 향후 대응과제

DGFEZ는 기존 경제자유구역의 해양, 항만 중심의 전형적인 모형에서 탈피하여 지식기반 서비스업과 지식기반 제조업을 바탕으로 한 국제지식기반산업 중심도시를 목표로 하고 있는 국내 유일의 내륙형 경제자유구역이다. 기존 경제자유구역이 신개발 중심이라면, DGFEZ는 기존도시 내부와 인근지역에 소규모 특화구역을 지정하고 구역별 기능분담과 연계성을 통해 시너지를 높이는 네트워크 개발방식을 채택했다.

따라서 DGFEZ가 성공하기 위해서는 대구 · 경북 지역의 최대 강점인 풍부한 인력, 우수한 여건, 영남권 R&D 중심이라는 지역의 특성을 십분 활용하고 기존 지역을 중심으로 발달한 IT, 자동차, 의료부품, 섬유패션, 신 재생에너지분야에 중점을 두고 글로벌 기업유치에 집중해야 한다. 또한, 동해안 에너지클러스터, 첨단의료복합단지, R&D 특구 등 기존 국책사업과의 효과적 연계를 통해 투자유치 시너지 효과를 배가해야 한다. 무엇보다 DGFEZ는 2020년까지 소요되는 장기 프로젝트인 만큼 당장의 투자성과에 급급하기 보다는 장기적인 비전 아래 전략적인 접근이 필요하다. 또한 중요한 점은 외자유치를 통한 내륙지역의 균형적인 발전 촉진과 원활한 국제물류의 접근성 제고를 위해서 신공항건설이 필요한 실정이다.

5. 결론

제 6장은 외국인직접투자의 유치에 중요한 역할을 하는 경제자유구역을 분석하였다. 한국의 경우 2002년에 경제자유구

역법 지정 및 운영에 관한 법률이 제정되어, 2003년 3개 지역, 2008년도에 추가로 평택 · 당진, 대구 · 경북, 군산 · 새만금 등 3곳을 추가 지정, 2013년에 국가 균형발전과 지역 경쟁력 제고 차원에서 동해안권(강원)과 충북지역이 추가로 각각 지정되었다. 하지만 최근 외국인직접투자 유치 실적이 저조해 개발이 부진한 지구를 선별하여 지정을 해제하는 구조조정을 할 계획이다.

경제자유구역의 문제점으로 그동안 개발위주의 정책추진으로 종합적인 투자유치 전략 및 투자유치 역량이 부족하고, 아직까지 글로벌기업에게는 매력적인 투자생태계 조성에는 미흡한 실정이다. 특히 경제자유구역 개념의 모호 및 국내 투자유치특구의 중복, 각종 행정규제와 복잡한 인 · 허가 절차로 인한 신속성 결여, 외국투자자의 정주여건 부족, 경직된 외국인 고용제도, 경제자유구역간의 중복투자 및 차별화 부재 등이 있다. 이를 위해 경제자유구역 개선방안으로 효율적인 사업추진을 위한 행정 통합 및 Control Tower 구축, 외국인 임대단지 조성 필요, 경제자유구역청의 독립성 강화를 통한 책임 경영체제 구축, 국내기업 역차별 완화, 글로벌 U-Turn 기업의 전략적 유치방안 등이 필요하다.

참고문헌

경남발전연구소(2010), "경제자유구역의 현황과 문제점-경남의 진해 및 하동지구를 중심으로", Isuue Paper 2010-31, 경남발전연구원.

경제자유구역청 정책기획팀(2013), "경제자유구역 외자유치 실적"

경제자유구역기획단(http://www.fez.go.kr/)

대구경북경제자유구역청(http://www.dgfez.go.kr)

- DGFEZ 구미디지털산업지구
  〈http://www.dgfez.go.kr/submain.php?mnu_uid=289&〉
- DGFEZ 투자지구소개
  〈http://www.dgfez.go.kr/submain.php?mnu_uid=289&〉
- WHY DGFEZ
  〈http://www.dgfez.go.kr/page.php?mnu_uid=296&〉

대구경북연구원(2013), "대구경북경제자유구역, 지구별 차별화된 투자유치전략 수립해야", 대경 CEO Briefing, 제 35호, 대구경북연구원.

대구일보(2014.01.10), "대구 · 경북 외국기업 투자유치 올해도 계속"

매일신문(2014.01.15), "영천 '보잉사 MRO센터' 10월 상업가동"

매일경제(2013.7.3), "경제자유구역 국내기업 역차별 없앤다."

매일경제(2013.8.16), "화평법, 제조업 뿌리째 흔든다."

박호신(2012), "한국의 경제자유구역내 물류투자 활성화 방안에 관한 연구", 관세학회지, 제 13권 제 3호, 한국관세학회, pp. 113-132.

서문성(2008), "우리나라 경제자유구역 현황과 운영전략에 관한 연구", 한국해운물류연구, 제 56호, 한국해운물류학회, pp. 61-83.

송연관(2014), "경제특구정책 평가와 경제활성화를 위한 정책제언", KDI Focus, 제 47호, KDI.

아시아경제(2014.2.26), "정부, 유턴기업 20곳 첫 선정…세제혜택 지원"

오보수(2009), "한국의 외국인직접투자 지원제도에 관한 연구", 원광대학교 석사논문, 원광대학교.

외투도우미(http://fims.kicox.or.kr/)
〈http://fims.kicox.or.kr/DM/YGS/YGS200/YGS200_Lis.do〉

<http://fims.kicox.or.kr/DM/YGS/YGS100/YGS100_Lis.do>
이상훈(2011), "경제자유구역의 환상과 현실", 이슈&진단, 제12호, 경기개발연구원, pp. 7-25.
이수행(2009), "경제자유구역 사업추진의 문제점 및 개선방안", CEO Report No. 16, 경기개발연구원.
이창길(2011), "경제자유구역의 현황 및 문제점과 활성화를 위한 방안: 인천경제자유구역의 활성화 방안을 중심으로", 정부와 정책, 제3권 제2호, 가톨릭대학교 정부혁신생산성연구소, pp. 45-78.
정무섭, 오지영(2014), "GVC 발전단계 모델 관점에서 본 한국의 지역별 외국인직접투자 입지현황과 정책방향", 국제경영학회 추계학술세미나 자료집, pp. 15-53.
정부관계부처합동(2013.7), "제1차 경제자유구역 기본계획(안) 2013-2022".
한국경제(2013.12.24), "제조업 지도 바꾸는 美…오바마 취임후 100개 기업 'U턴'".
한국경제(2014.1.9), "국내기업 해외투자 1374억弗…외국인투자는 고작 225억弗".
한국경제(2014.07.14), "경제자유구역 재투자 규제 없앤다."
한국경제(2014.08.26), "영국 親기업 정책에 기업 '유턴' 10년간 새 일자리 20만개 생긴다."
한국경제(2014.09.02), "외국기업 외면하는 경제자유구역…입주社 92%가 국내기업"
홍성현 · 이재영(2011.6.27), "한국의 경제자유구역의 효율적 운영을 위한 개선과제에 관한 연구", 통상정보연구. 제 13권 제 2호, 한국통상정보학회, pp. 235-258.

제7장

한국 지방자치단체 외국인직접투자 지원제도 비교

1. 서론

2. 지방자치단체의 제도 비교

2.1. 지방자치단체의 지방세 감면 제도

2.2. 지방자치단체의 입지지원 제도

2.3. 지방자치단체의 현금지원 제도

3. 지방자치단체의 외국인직접투자 문제점

3.1. 경제특구간의 차별화 부재

3.2. 기존 외국인투자기업과의 형평성 문제

4. 지방자치단체의 외국인직접투자 개선방안

4.1. 지방자치단체 지역개발의 지방분권화 필요

4.2. 지방자치단체의 과당경쟁 방지책 마련

4.3. 맞춤형 인센티브제도 시행

5. 결론

| 제7장 |

한국 지방자치단체 외국인직접투자 지원제도 비교

1. 서론

제 7장은 한국지방자체단체의 외국인직접투자 제도의 비교에 대해서 분석한다. 외국인직접투자의 지역경제의 파급효과는 지역자본형성, 고용창출, 선진기술이전, 산업연관, 경쟁우위 촉진 등 다양하다. 제 2절에서 지방자치단체들의 제도 비교를 통하여 지방세, 입지지원 및 현금지원 제도에 대해서 분석한다. 제 3절은 지방자치단체의 외국인직접투자 문제점으로 경제특구간의 차별화 부재, 기존 외투기업과의 형평성 문제에 대해서 분석한다. 제 4절은 지방자치단체의 외국인직접투자 문제점 개선방안으로 지방자치단체 지역개발의 지방분권화 필요, 지방자치단체의 과당경쟁 방지책 마련, 외국인직접투자 인센티브 철회제도 강화에 대해서 분석한 후, 제 5절에서 결론을 도출한다.

2.
지방자치단체의 제도 비교

1) 외국인직접투자의 지역경제 파급효과

기업 활동이 세계화되고 생산요소의 이동을 제약하는 장벽이 완화되면서 지역경제활동의 양상도 크게 변화하고 있다. 이에 따라 다국적 생산과 판매활동을 하는 경제주체로서의 다국적기업은 직접투자, 기업내 거래를 통한 중간재 교역, 기업간 제휴(연구개발, 해외조달과 해외 생산, 유통과 마케팅 등) 등을 활용하여 부가가치활동을 공간적으로 재배치한다.[1] 이와 같은 다국적기업의 세계화 활동을 통해 기업간 네트워크가 범세계적으로 형성되면 세계 산업구조의 양상이 변화하고 지역경제의 국제화가 촉진된다. 이는 해외조달과 해외생산을 통한 생산네트워크 범위가 지역경제 수준에서 범세계적 수준으로 확대되기 때문이다.

그러나 외국인직접투자의 편익이 모든 지역에 잘 나타나지 않는다는 점에서 지역경제주체들의 지속적인 관심이 요구된다. 그것은 기업 활동이 세계화되어 자본과 노동이 원활하게 이동할 수 있게 되더라도 지역간의 '차이'는 줄어들지 않기 때문이다. 이러한 논리의 근거는 다국적기업의 부가가치활동을 공간적으로 재배치함에 따라 일단 어떤 특정지역에 부가가치활동이 유치되면, 시간이 경과함에 따라 유사한 부가가치활동들이 '클러스터(cluster)화' 되는 경향이 있기 때문이다.[2] 따라서 다른 지역과 차별된 입지적 우위를 확보할 필요가 있는 경우에 지역에서는 산업의 경쟁우위를 제공해 줄 수 있도록 하는 체계적인 준비가 필요하다.[3] 제 2장에서 살펴보았듯이, 외국인직접투자는 수용국(또는 지

---

1 이흥구(1994) pp. 108–109.

2 이흥구(1994), pp. 110–112.

3 노근호(1999), pp. 146–147.

역)에 다양한 경제적 영향을 미치는데, 주요 파급효과로는 〈표 1〉에서 알 수 있듯이 지역자본형성, 고용창출, 선진기술이전, 산업연관, 경쟁우위 촉진 등이 있다.

〈표 1〉 외국인직접투자의 경제적 효과

구분	세부유형
무역	• 무역수지 악화효과: 단기효과 – 투자국으로부터의 중간재 · 부품 수입증대 효과 • 무역수지 개선효과: 중 · 장기 효과 – 수입대체 및 해외 판로 개척효과 – 기술이전, 생산증대 등 외부효과를 통한 수출 경쟁력 증대 효과
경쟁 · 구조조정	• 국내 산업이 독과점 시장구조인 경우 • 국내시장의 경쟁을 촉진하여 구조조정 촉진 – 외부경영 감시 기능 강화를 통한 경영혁신 유발 – 시장경합성 증대효과 • 경쟁악화 효과 – 시장지배력이 큰 경우 독과점 시장 형성
생산투자	• 직접적인 국내생산 증대효과 • 전후방 연관 산업에 대한 생산증대 효과 • 국내산업 공동화 방지효과 • 국내 고정자본 형성에 기여
외환	• 외채부담 경감 및 외환위기 예방효과 – 추가적인 외채부담 없는 장기 안정적 외자도입 – 장기투자의 성격상 급격한 유출입 불가능
기술	• 직접적인 기술도입 효과 • 국내 관련 산업 및 협력업체에 대한 기술파급효과 – 전후방 연관 산업 및 협력업체에 대한 기술파급효과 – R&D, 직업훈련 등을 통한 인적자본 형성 및 기술 인력양성 효과
경영	• 선진 경영프로세스 이전효과 • 선진 기업의 경영방법, 마케팅 서비스 등을 모방하는 전시효과
고용	• 직접적인 고용창출 효과 • 전후방 연관산업에 대한 고용유발 효과 • 고임금 고부가가치 일자리 창출

자료: 김준동(1996), pp. 27-32.에서 정리.

① 자본형성 효과

외국인직접투자의 자본형성효과는 투자자본이 유입되어 수용국의 자본형성을 증가시킴으로써 경제성장을 촉진시키는 성과를 나타낸다. 신흥개발도상국은 국가경제발전을 위해 많은 투자를 실현할 필요성은 있으나 국내자본만으로는 이를 충당하기 어려운 경우가 많다. 이에 외국인직접투자는 성장에 필요한 자본조달처의 역할을 수행한다. 또한 투자의 자본형성효과는 투자유형에 따라 차이가 있다. 신규(greenfield)투자는 직접적으로 자본을 증가시켜 승수효과가 크게 나타날 수 있으나, M&A형 투자는 그 자체만으로는 자본형성의 변화를 초래하지 않는다. 다만 매각기업이 다른 분야에 재투자한다면 간접적으로 자본형성을 증가시킬 수는 있다.

② 고용창출 효과

외국인직접투자는 수용국의 고용에 대해 직간접적인 경로를 통해서 영향을 미친다. 먼저 직접적인 효과로서 외국인직접투자는 현지에 새로운 공장설립을 통해 고용을 창출하거나 또는 기업을 인수함으로써 고용을 유지하는 경우가 이에 해당 된다.[4]

이러한 직접적인 경로 이외에 외국인직접투자는 전후방 산업의 연쇄효과(spillover effect)를 통해 고용창출 효과를 가진다. 고용창출은 외투기업에 의해 생산된 재화의 유통, 분배 등과 관련된 현지기업의 고용이 확대된다든지 또는 외투기업에 의해 생산된 재화를 중간투입물로서 사용하는 현지 국내산업의 고용이 창출되는 성과를 의미한다. 한편으로 고용창출은 외투기업의 생산활동에서 중간재 및 부품에 대한 파생수요가 발생하고, 이에 상류부문(upstream)에 속한 국내 중간재 및 부품 공급업체의 고용이 확대되는 효과를 의미한다. 이와 같은 외국인직

4 김혁황, 강준구(2012), pp. 15–17.

접투자에 의한 직간접의 고용창출효과는 외투기업의 생산방식이 노동집약적일수록 보다 크게 나타나며, 또한 현지화 경영전략을 취하는 경우에 크게 나타난다. 반대로 외국인직접투자는 수용국 현지의 기업과 과점적 시장점유율 경쟁관계에 있는 경우에는 현지 기업의 고용을 감소시킬 수도 있다.

③ 기술이전 효과

외국인직접투자는 수용국에 대해 다양한 선진기술 이전효과가 있다. 첫째는 기술거래 형태로서 투자국 기업이 외국인직접투자를 통해 설립한 자회사에 직접적인 기업내부거래에 의하여 기술을 공여하는 형태이다. 최근 국내에서도 이러한 기술이전의 효과가 크게 강조되고 있다. 공식적인 경로 이외에도 외투기업은 자본재 및 시설재의 도입을 통해 이들 재화에 포함된 기술을 도입하는 간접적인 기술도입 효과도 갖는다. 이러한 외투기업의 기술은 전후방 연관효과에 의한 기술파급, 외부·전시효과, 기술 인력양성 등의 여러 경로를 통해 국내기업으로 기술이 전파되며 궁극적으로는 수용국 산업의 생산성 향상에 기여한다.[5]

다국적기업의 세계화 활동을 통해서 기업 간 네트워크가 범세계적으로 형성되면 세계 산업구조의 양상이 변화되고 지역경제의 국제화가 촉진된다. 그러나 외국인직접투자의 편익이 모든 지역에 균등하게 나타나지 않는다고 하는 점에서 지역 경제주체들의 관심이 요구되며, 다른 지역과는 차별화된 입지적 우위를 확보할 필요가 있다.

2.1. 지방자치단체의 지방세 감면 제도

한국정부는 국내산업 경쟁력 강화에 긴요한 외국인직접투자의 경

5 장윤종(2008), pp. 14-15.

우에는 법인세, 소득세, 취득세 등의 조세 및 관세감면을 지원하는 것을 허용하고 있다. 조세감면 대상으로는 고도기술수반사업 및 산업지원 서비스업이거나, 개별형, 단지형, 자유무역지역에 입주한 외투기업이다.[6] 또한 조세지원은 정부의 재원확보 없이 도입할 수 있는 제도라는 점에서 투자를 촉진하기 위하여 많이 활용되는 제도인데 우리나라의 경우, 조세특례제한법에 의거하여 일몰기한(sunset clause)을 설정하여 한시적으로 운영하고 있으며, 제도 도입이후 지방투자를 촉진하기 위하여 계속 연장하여 운영되고 있다.[7]

〈표 2〉는 지방자치단체별 외국인직접투자 지방세 감면 제도를 보여준다. 이를 비교해 보면 각 지방자치단체의 조세지원제도는 대동소이한 수준이다. 일례로 대구, 경북, 경남의 조세지원을 비교하면 다음과 같다. 대구의 경우, 고도기술수반산업, 산업서비스업, 외투지역 입주기업에 한해 취득세, 등록세, 재산세(건물 토지)를 10년간 100%, 3년간 50%를 감면하여 준다. 경북의 경우, 고도기술수반사업 및 산업지원 서비스업, 외투지역에 한하여 취득세, 등록세, 재산세, 종합토지세를 15년간 100% 면제받을 수 있다. 경남의 경우, 고도기술산업, 산업지원 서비스업, 외투지역 입주기업, 자유무역지역 입주기업에게 취득세, 등록세를 15년간 100% 면제하고, 재산세는 창원, 사천의 경우 15년간 100% 면제되며, 그 외 시, 군은 7년간 100%, 그 후 3년간 50%를 각각 감면한다.

〈표 2〉 지방자치단체별 외국인직접투자 지방세 감면 제도

지역	감면내용
서울	• 취득세, 등록세 : 10년간 100% 면제, 그 후 5년간 50% 감면 • 재산세 : 7년간 100% 면제, 그 후 3년간 50% 감면

6 외국인투자촉진법 제 9조, 조세특례제한법 제 21조 7항, 경제자유구역특별법 제 16조.

7 문문철(2012), pp. 32–33.

지역	감면내용
경기	• 취득세, 등록세, 재산세, 종합토지세 : 15년간 100% 면제
인천	• 조건 : 고도기술수반산업, 산업지원 서비스업, 외투지역 입주기업 • 감면범위 : 취득세, 등록세, 재산세 10년간 100% 면제, 그 후 3년간 50% 감면
	• 조건 : 경제자유구역 내 입주 • 감면범위 : 취득세, 등록세 15년간 100% 면제, 재산세 10년간 100% 면제, 그 후 3년간 50% 감면
부산	• 조건 : 고도기술수반산업, 산업서비스업, 외투지역 입주기업 • 감면범위 : 취득세, 등록세 7년간 100% 면제, 그 후 3년간 50% 감면
	• 조건 : 경제자유구역 내 입주 • 감면범위 : 취득세, 등록세 15년간 100% 면제
경남	• 취득세, 등록세 : 15년간 100% 면제 • 재산세 – 창원 · 마산 · 사천 : 15년간 100% 면제 – 그 외 시 · 군 : 7년간 100% 면제, 그 후 3년간 50% 감면
대구	• 취득세, 등록세, 재산세 : 10년간 100% 면제, 그 후 3년간 50% 감면
경북	• 취득세, 등록세, 재산세, 종합토지세 : 15년간 100% 면제
울산	• 취득세, 등록세, 재산세, 종합토지세 : 7년간 100% 면제, 그 후 3년 간 50% 감면
대전	• 취득세, 등록세 : 100% 면제 • 재산세, 종합토지세 : 15년간 100% 면제
충남	• 취득세, 등록세, 재산세, 종합토지세 : 15년간 100% 면제
충북	• 취득세, 등록세, 재산세 : 7년간 100% 면제, 그 후 3년간 50% 감면
광주	• 취득세, 등록세, 재산세, 종합토지세 : 15년간 산출세액에 투자지분율을 곱한 금액 전액 면제
전남	• 취득세, 등록세 : 15년간 100% 감면(외국인투자비율해당 금액) • 재산세, 종합토지세 : 15년간 감면(외국인투자비율 적용)
전북	• 취득세, 등록세, 재산세 : 15년간 100% 면제
강원	• 취득세, 등록세 : 15년간 100% 면제
제주	• 조건 1. 외투금액 2천만 달러 이상 – 종합 휴양업, 종합 유원 시설업, 관광호텔업, 수상 관광호텔업, 국제회의시설 2. 외투금액 3천만 달러 이상의 제조업 및 신규공장 시설 3. 외투금액 1천만 달러 이상 – 복합 화물터미널 사업, 공동집배송센터 조성 · 운영사업, 항만시설 운영사업 및 항만 배후단지 내 물류산업, 공항 시설 운영사업 및 공항 구역 내 물류산업, 사회기반시설 조성 사업 4. 외투금액 5백만 달러 이상 및 상시 고용인원 10인 이상의 신규 연구시설 • 감면범위 : 취득세, 등록세 100% 면제, 재산세 15년간 100% 면제

자료: 인베스트코리아(http://www.investkorea.org/)에서 정리.

2.2. 지방자치단체의 입지지원 제도

한국정부는 첨단고도기술 등 선진기술을 보유한 외국인직접투자 유치를 촉진하기 위해 외투지역(단지형, 개별형 등)을 지정하여 운영하고 있다. 단지형 외투지역은 중소 외투기업 유치를 위해 사전에 일정지역을 지정하여 투자를 촉진하는 형태를 말한다. 지정요건으로는 면적대비 투자신고된 MOU의 60% 이상의 외국인직접투자 수요를 확보하고, 외투비율이 30% 이상 기업만 입주 가능하다. 개별형 외투지역은 대규모 외국인투자가의 희망지역을 신청에 따라 지정하며, 지정요건은 제조업 3천만 달러, 관광업 2천만 달러, 물류업 1천만 달러 이상이 해당된다. 외투지역으로 지정될 경우, 부지매입을 지원해주거나, 국·공유재산 매각·임대, 임대료 감면 등의 인센티브가 지원된다.[8] 〈표 3〉은 지방자치단체별 외국인직접투자 입지지원 제도를 비교한 것이며, 대부분의 지방자치단체에서 시행하는 입지지원제도 이러한 범위를 크게 벗어나지 못하는 실정이다.

〈표 3〉 지방자치단체별 외국인직접투자 입지지원 제도

지역	지원내용	
서울	공유재산 임대료	• 조건 : 사유지를 임대하고자 하는 경우 • 임대료 : 공시지가의 1~5%
	전용단지 임대료	• 조건 : 사유재산관리조례에 의거 투자계획 검토 후 • 임대료 : 100%까지 감면 가능 • 임대기간 : 50년 까지 가능(50년 내에서 재연장 가능)
경기	• 조건 : 외투비율 30% 이상이면서 – 첨단 및 고도기술 수반사업의 연구개발 시설 – 고도기술수반사업 – 첨단산업 • 임대료 : 조성원가의 1%	

8 외국인투자촉진법 제 13조 및 동시행령 제 19조.

지역	지원내용
인천	• 조건 : 공유재산대부, 사용 시 • 지원 범위 – 전액 감면 • 고도기술 수반사업으로서 외투금액이 1백만 달러 이상인 사업 • 외투금액이 2천만 달러 이상인 사업 • 1일 평균 고용인원이 300명 이상인 사업 • 전체 생산량의 50% 이상을 수출하는 사업으로서 국내 부품 및 원부자재 조달비율이 100%인 사업 • 전체 생산량의 100%를 수출하는 사업 • 위 항목에 해당하는 기존 사업으로서 다른 지역에서 시 지역 안으로 이전하는 경우 • 위 항목에 해당하는 기존 사업으로서 「산업 집적 활성화 및 공장설립에 관한 법률」에 의하여 공장을 증설하는 경우 • 「외국인투자촉진법」 제2조 제1항 제6의 2호와 같은 법 시행령 제2조 제5항 제1호의 규정에 의한 외국인 학교운영자에게 임대하는 경우 • 「경제자유구역의 지정 및 운영에 관한 법률」제22조의 규정에 의한 외국 교육기관의 설립, 운영자에게 임대하는 경우 – 75% 감면 • 외투금액이 미화 1천만 달러 이상 2천만 달러 미만인 사업 • 1일 평균 고용인원이 200명 이상 300명 미만인 사업 • 전체 생산량의 50% 이상을 수출하는 사업으로서 국내 부품 및 원 · 부자재 조달비율이 75% 이상 100% 미만인 사업 • 전체 생산량의 75% 이상 100% 미만을 수출하는 사업 • 위 항목에 해당하는 기존 사업으로서 다른 지역에서 시 지역 안으로 이전하는 경우 • 위 항목에 해당하는 기존 사업으로서 「산업 집적 활성화 및 공장설립에 관한 법률」에 의하여 공장을 증설하는 경우 • 「외국인투자촉진법」 제2조 제1항 제6의 2호 및 같은 법 시행령 제2조 제5항 제2호와 제3호의 규정에 의한 경우 • 의료시설 및 약국 운영자에게 임대하는 경우 • 「경제자유구역의 지정 및 운영에 관한 법률」 제23조의 규정에 의한 의료기관 또는 외국인 전용 약국 개설 • 운영자에게 임대하는 경우 – 50% 감면 • 외투금액이 미화 5백만 달러 이상 1천만 달러 미만인 사업 • 1일 평균 고용인원이 100명 이상 200명 미만인 사업 • 전체 생산량의 50% 이상을 수출하는 사업으로서 국내 부품 및 원 · 부자재 조달비율이 50% 이상 75% 미만인 사업 • 전체 생산량의 50% 이상 75% 미만을 수출하는 사업 • 위 항목에 해당하는 기존 사업으로서 다른 지역에서 시 지역 안으로 이전하는 경우 • 위 항목에 해당하는 기존 사업으로서 「산업 집적 활성화 및 공장설립에 관한 법률」에 의하여 공장을 증설하는 경우 • 「산업입지 및 개발에 관한 법률」 제38조의 4 제2항의 규정에 의하여 지방자치단체가 국가 산업단지의 전부 또는 일부를 분양받은 공유재산 • 「산업입지 및 개발에 관한 법률」 제7조와 제8조의 규정에 의한 일반 지방 산업단지, 도시 첨단 산업단지 및 농공단지내의 공유재산 • 「산업 집적 활성화 및 공장설립에 관한 법률」제2조의 규정에 의한 아파트형 공장으로 설립 승인된 지역의 공유재산 • 「외국인투자촉진법」 제2조 제1항 제6의2호와 같은 법 시행령 제 2조 제5항 제4호와 제5호의 규정에 의한 주택 또는 산업 자원부 장관이 고시하는 시설 운영자에게 임대하는 경우

지역	지원내용	
부산	전용단지	• 조건 : 전용단지 내의 외투기업 • 지원범위 – 전액 감면 : 2천만 달러 이상 또는 고도기술수반사업으로서 1백만 달러 이상 – 75% 감면 : 1천만 달러 이상 2천만 달러 미만인 사업 – 50% 감면 : 5백만 달러 이상 1천만 달러 미만인 사업
	기타	• 조건 : 고도기술수반산업, 산업 지원 서비스업, 시 전략산업, 연구소, 다국적기업 지역본부 • 지원범위 : 건물임대료 50% 범위 내에서 2년 까지
경남	전용단지	• 조건 : 전용단지내 외투비율 30% 이상, 투자금액 5천만 원 이상 • 감면범위 – 전액 감면 : 고도기술, 산업지원 서비스업, 1백만 달러 이상 투자 – 75% 감면 : 제조업, 5백만 달러 이상 투자
	기타	• 도 공유재산관리 조례에 따라 임대료 100%~50% 감면
대구	• 조건 : 공유재산대부, 사용 시 • 지원범위 – 전액감면 : ① 고도기술수반사업으로서 1백만 달러 이상 ② 외투금액이 2천만 달러 이상 ③ 1일 평균 고용인원이 300명 이상 ④ 전체 생산량의 50% 이상 수출하는 사업으로서 국내 부품 및 원 · 부자재 조달이 100%인 사업 – 75% 감면 : ① 외투금액이 1천만 달러 이상 2천만 달러 미만 ② 1일 평균 고용인원이 200명 이상 300명 미만 ③ 전체 생산량의 50% 이상 수출하는 사업으로서 국내 부품 및 원 · 부자재 조달이 75% 이상 100% 미만인 사업 ④ 외투기업으로 전체 생산량의 75% 이상 100% 미만 수출하는 사업 – 50% 감면 : ① 외투금액이 5백만 달러 이상 1천만 달러 미만 ② 1일 평균 고용인원이 100명 이상 200명 미만 ③ 전체 생산량의 50% 이상 수출하는 사업으로서 국내 부품 및 원 · 부자재 조달이 50% 이상 75% 미만인 사업 ④ 외투기업으로 전체 생산량의 50% 이상 75% 미만 수출하는 사업	
경북	전용단지	• 조건 : 전용단지 내 외투비율 30% 이상 모든 제조업 • 임대기간 : 10년, 50년까지 연장 가능 • 감면범위 – 100% 감면 : 고도기술수반사업으로서 100만 달러 이상 – 75% 감면 : 500만 달러 이상인 제조업
	기타	• 산업단지 및 공유지 임대료 감면 • 지원범위 : 50%~100% 감면
대전	• 조건 : 외국인투자 촉진법 제18조의 외국인투자지역과 산업입지 및 개발에 관한 법률 제16조 제1항의 산업단지 개발사업 시행자 소유 토지를 매입하여 임대(조례규정)	

<table>
<tr><th>지역</th><th colspan="2">지원내용</th></tr>
<tr><td rowspan="2">충남</td><td>전용단지</td><td>• 조건 : 전용단지 내 외투비율 30% 이상이면서 첨단 업종 · 고도기술업종, 기타 제조업
• 임대기간 50년, 10년마다 갱신
• 감면범위
– 100% 감면 : 고도기술수반산업으로서 1백만 달러 이상
– 75% 감면 : 5백만 달러 이상의 제조업</td></tr>
<tr><td>기타</td><td>• 지원 범위 : 산업단지 개발 시행자 소유 토지 또는 건물 임대료 지원</td></tr>
<tr><td rowspan="2">충북</td><td>전용단지</td><td>• 조건 : 전용단지 내 외국인투자촉진법에 의한 외투기업
• 임대기간 : 50년
• 감면범위
– 100% 감면 : 고도기술수반산업으로서 1백만 달러 이상
– 75% 감면 : 5백만 달러 이상의 제조업
– 충청북도 공유재산은 충청북도 공유재산관리 조례에 따라 50%~100% 감면</td></tr>
<tr><td>공유재산 대부</td><td>• 조건 : 공유재산 임대 시
• 임대료 : 당해 재산평정가격의 1%이내 감면 가능
• 감면범위
– 100% 감면 : 고도기술수반사업으로 외투금액 미화 1백만 달러 이상인 경우, 외투금액이 미화 2천만 달러 이상인 경우
– 75% 감면 : 외투금액이 미화 1천만 달러 이상 2천만 달러 미만인 경우,
– 50% 감면 : 외투금액이 미화 5백만 달러 이상 1천만 달러 미만인 경우</td></tr>
<tr><td>광주</td><td>전용단지</td><td>• 조건 : 외투비율 30% 이상이면서 첨단고도기술 및 일반 제조업
• 지원범위
– 전액 감면(50년) : 고도기술수반사업으로 100만 달러 이상
– 75% 감면(50년) : 일반제조업체의 경우 500만 달러 이상</td></tr>
<tr><td rowspan="2">전남</td><td>전용단지</td><td>• 조건 : 전용단지 내 외투비율이 10% 이상 모든 제조업</td></tr>
<tr><td>기타</td><td>• 조건 : 공유재산을 50년간 수의계약으로 임대 가능 및 임대료 감면
• 감면범위
– 100% 감면 : 외국인투자지역에서 외투기업이 영위하는 사업, 산업지원 서비스업 및 고도의 기술을 수반사업, 경제자유구역에 입주 또는 개발 사업에 해당하는 외투기업, 자유무역지역에 입주하는 제조업 및 물류업으로 외투금액이 미화 1백만 달러 이상인 사업
– 75%까지 감면 : 외투금액이 5백만 달러 이상 제조업을 영위하는 사업, 사회간접자본의 확충, 산업구조의 조정, 지자체 재정자립에 상당한 기여를 하는 사업(외국인투자위원회에서 결정)
– 50%까지 감면 : 국가 산업단지, 일반 지방 산업단지, 농공단지에 입주하는 기업</td></tr>
</table>

지역	지원내용
전북	• 조건 : 외국인투자촉진법에 의한 외투기업 • 감면범위 – 100% 감면 : 고도기술수반산업으로서 1백만 달러 이상, 외투금액 2천만 달러 이상, 1일 평균 고용인원 300명 이상, 전체 생산량 100% 수출, 전체 생산량 50% 수출과 국내 부품 및 원자재 조달비율 100% – 75% 감면 : 외투금액 1천만 달러 이상 2천만 달러 미만, 1일 평균 고용 인원 200명 이상 300명 미만, 전체생산량 75% 이상 100% 미만 수출, 전체 생산량 50% 수출과 국내 부품 및 원자재 조달비율 75% 이상 100% 미만 – 50% 감면 : 외투금액 5백만 달러 이상 1천만 달러 미만, 1일 평균 고용인원 100명 이상 200명 미만, 전체 생산량 50% 이상 75% 미만 수출, 전체 생산량 50% 수출과 국내 부품 및 원자재 조달비율 50% 이상 75% 미만 • 군산 자유무역지역 내 입주 시 임대기간 : 10년(연장 가능)
제주	• 조건 : 공유재산 임대 시(임대기간 50년 이내) – 100% 감면 : 고도기술수반사업으로 외투금액 1백만 달러 이상 사업 외투금액 2천만 달러 이상인 사업 일평균 고용인원이 300명 이상인 사업 전체 생산량의 50% 이상 수출사업(국내 부품(원자재) 조달비율 100%) 외투기업으로서 전체 생산량의 100%를 수출하는 사업 – 75% 감면 : 외투금액 1천만 달러 이상 2천만 달러 미만 사업 일평균 고용인원이 200명 이상 300명 미만인 사업 전체 생산량의 50% 이상 수출사업(국내 부품(원자재) 조달비율 75% 이상 100%미만) 외투기업으로서 전체 생산량의 75% 이상 100% 미만을 수출하는 사업 – 50% 감면 : 외투금액 5백만 달러 이상 1천만 달러 미만인 사업 일 평균 고용인원이 100명 이상 200명 미만인 사업 전체 생산량의 50% 이상 수출사업(국내 부품(원자재) 조달비율 50% 이상 75% 미만) 외투기업으로서 전체 생산량의 50% 이상 75% 미만을 수출하는 사업 국가 산업단지, 일반 지방 산업단지, 도시 첨단산업단지, 농공단지내의 공유재산

자료: 인베스트코리아(http://www.investkorea.org/)

일례로 각 지방자치단체별 입지지원 제도를 발췌하여 비교하면 다음과 같다. 대구시의 경우, 공유재산대부 사용 시에 입지지원이 혜택을 받을 수 있으며 지원범위는 전액 감면의 경우, ① 고도기술수반사업으로서 1백만 달러 이상, ② 외투금액이 2천만 달러 이상, ③ 1일 평균 고용인원이 300명 이상, ④ 전체 생산량의 50% 이상 수출하는 사업으로서 국내 부품 및 원 · 부자재 조달이 100%인 사업일 경우에 지원한다.

75% 감면의 경우, ① 외투금액이 1천만 달러 이상 2천만 달러 미만, ② 1일 평균 고용인원이 200명 이상 300명 미만, ③ 전체 생산량의 50% 이상 수출하는 사업으로서 국내 부품 및 원 · 부자재 조달이 75% 이상, ④ 외투기업으로 전체 생산량의 75% 이상 100% 미만 수출하는 사업의 경우에 지급된다. 50% 감면의 경우, ① 외투금액이 5백만 달러 이상 1천만 달러 미만, ② 1일 평균 고용인원이 100명 이상 200명 미만, ③ 전체 생산량의 50% 이상 수출하는 사업으로서 국내 부품 및 원 · 부자재 조달이 50% 이상, ④ 외투기업으로 전체 생산량의 50% 이상 75% 미만 수출하는 사업에 해당한다.

경북의 경우에는 전용단지(구미 외투지역)와 기타 지역으로 나누어진다. 전용단지(구미 외국인 투자지역)의 경우, 외투비율 30% 이상 모든 제조업에 임대기간 10년, 최장 50년 까지 연장가능하며, 고도기술수반사업으로서 외투금액이 1백만 달러 이상일 경우 100% 면제되며, 5백만 달러 이상인 제조업은 75% 감면된다.

경남의 경우에도 전용단지와 기타 지역으로 구분하여 지원한다. 전용단지의 경우, 전용단지 내 외투비율 30% 이상, 외투금액 5천만 원 이상의 경우에 한하여 지원한다. 지원율은 업종에 따라 달라지는데, 전액감면은 고도기술, 산업지원 서비스업으로 1백만 달러 이상 투자하는 기업에 한하고, 제조업에 5백만 달러 이상 투자기업은 75% 감면받게 된다.

2.3. 지방자치단체의 현금지원 제도

정부는 2003년 외국인투자유치촉진법 개정 과정에서 투자유치 인센티브로서 현금지원 제도를 추가하였다. 일정조건에 해당하는 외국인직접투자의 경우 고용 규모, 기술이전 수준, 국내투자와의 중복 등을 고려하여 필요한 현금을 지원해주는 제도이다. 〈표 4〉는 지방자치단체별 외투기업 현금지원 현황인데 조세지원, 입지지원과 대동소이한 점이 특징이다.

〈표 4〉 지방자치단체별 외투기업 현금지원

시도	지원내용
서울	• 조건 – 외투금액 1천만 달러 이상 공장 시설(사업장) 신증설 – 산업지원 서비스업, 고도기술수반사업, 부품소재 산업, 연구전담 인력의 상시 고용규모 10인 이상 연구시설 신증설 • 용도 – 공장 시설(연구시설)의 토지매입비 및 임대료, 건축비, 자제 구입비 및 기반시설 설치비 • 지원 범위 – 협상 및 외국인투자위원회 심의하여 결정 후 외투금액의 50%
경기	• 조건 – 조세 제한 특례법 제121조의 2 제1항 제1호에 의한 조세감면대상의 고도기술 수반사업을 위한 연구개발 시설 – 산업발전법 제5조 제1항의 규정에 의한 첨단 기술 및 첨단제품 개발 시설 – 기타 도지사가 외국인직접투자 유치를 위하여 필요하다고 인정하는 시설 • 용도 : 건축비, 임대료, 기자재 구입비, 인프라설치비, 교육 및 훈련보조금 • 지원 범위 – 투자 금액, 고용창출 기술이전 등 경제적 효과를 고려하여 외국인투자유치 협의회 심의를 통해 결정 – 소요되는 비용 총액의 100분의 50 범위 안에서 지원
경남	• 조건 – 1천만 달러 이상으로 산업지원 서비스업, 고도기술수반사업을 위한 공장 신 · 증설 – 1천만 달러 이상으로 부품, 소재생산을 위한 공장 신 · 증설 – 5백만 달러 이상으로 산업지원 서비스업, 고도기술수반사업을 위한 연구시설 신 · 증설(연구인력 20명 이상 고용) • 용도 – 토지매입비, 임대료, 고용 및 교육훈련보조금, 건축비, 자재비 및 연구기자재 구입비, 전기통신 – 시설 등 기반시설 설치비
대구	• 조건 : 현금지원율은 협상을 거쳐 최소 외투금액의 5% 이상을 지원하되 상한선은 비공개 산식에 의하여 결정 • 용도 : R&D 센터의 경우, 외투금액 이외에 해외에서 조달되는 연구개발비 중 규정된 용도에 사용되는 자금을 포함하여 산정 (국내 조달 자금 제외)
경북	• 조건 : 1천만 달러 이상, 산업지원 서비스업, 고도 기술수반사업 또는 5백만 달러 이상인 연구시설 • 용도 : 토지매입비, 임대료, 건축비 및 인프라 시설비, 연구기자재 구입비 • 지원범위 : 투자유치협의회 심의를 통해 투자금액의 20% 내

시도	지원내용
울산	• 조건 : 외국인투자촉진법 제14조의2 규정충족 – 입지지원, 시설보조금, 고용보조금, 교육훈련보조금과 중복지원 안됨 • 지원범위 : 투자유치위원회 심의를 통해 결정
충남	• 조건 : 외국인투자촉진법 제14조의 2의 제1항 규정충족 • 용도 : 토지매입비, 임대료, 고용 및 교육훈련보조금, 건축비, 자재비 및 연구기자재 구입비, 전기통신 시설 등 기반시설 설치비
충북	• 조건 : 외국인투자촉진법 제14조의 2 규정충족 • 용도 : 토지매입비, 임대료, 건축비, 자본재 및 연구기자재도입, 전기·통신시설 등 기반시설, 고용 · 교육훈련보조금
전남	• 조건 – 1천만 달러 이상으로 산업지원 서비스업, 고도기술수반사업을 위한 공장 신 · 증설 – 1천만 달러 이상으로 부품, 소재생산을 위한 공장 신 · 증설 – 5백만 달러 이상으로 산업지원 서비스업, 고도기술수반사업을 위한 연구시설 신 · 증설(연구인력 20명 이상 고용) • 용도 – 공장, 연구시설에서 사용하는 자본재, 연구기자재 구입비 – 공장, 연구시설 신축에 필요한 전기, 통신 등 기반시설 설치비 – 고용, 교육훈련보조금 • 지원 범위 : 투자 유치 협상(산자부, 투자가)을 통해 별도 결정
전북	• 조건 – 1천만 달러 이상으로 산업지원 서비스업, 고도기술수반사업을 위한 공장 신 · 증설 – 1천만 달러 이상으로 부품, 소재생산을 위한 공장 신 · 증설 – 5백만 달러 이상으로 산업지원 서비스업, 고도기술수반사업을 위한 연구시설 신 · 증설(연구인력 20명 이상 고용) • 용도 : 공장, 연구시설용 토지비, 건축비 – 공장, 연구시설에서 사용하는 자본재, 연구기자재 구입비 – 공장, 연구시설 신축에 필요한 전기, 통신 등 기반시설 설치비 – 고용, 교육훈련보조금 • 지원범위 : 최고 50억 원(투자위원회에서 결정)
제주	• 조건 – 시설투자비(건축비 · 시설장비 구입비 · 기반시설비 등)가 3백억 원을 초과하거나 상시 고용규모가 50인을 초과하는 투자기업 • 범위 – 50억 원까지 특별지원금 지원(투자비의 5% 이내), 제주자치도에서 매입하여 임대 제공한 토지매입비를 현금지원 한도에 포함.

자료: 인베스트코리아(http://www.investkorea.org/)

일례로 대구, 경북, 경남의 현금지원 제도를 살펴보면 다음과 같다. 대구의 경우, 현금지원율은 협상을 거쳐 최소 외투금액의 5% 이상을 지원하되 상한선은 비공개 산식에 의하여 결정하며, R&D 센터의 경우에는 외투금액 이외에 해외에서 조달되는 연구개발비 중 규정된 용도에 사용되는 자금을 포함하여 산정한다. 단, 국내 조달 자금은 산정에 포함되지 않는다.

경북의 경우, 1천만 달러 이상의 산업지원 서비스업, 고도기술수반 사업 또는 5백만 달러 이상인 연구시설을 투자할 경우에 지원되며 토지 매입비, 임대료, 건축비 및 인프라 시설비, 연구기자재 구입비의 명목으로 지원 가능하다. 지원 범위로는 투자유치협의회 심의를 통해 투자금액의 20% 내로 지원 받을 수 있다.

경남의 경우, 1천만 달러 이상으로 산업지원 서비스업, 고도기술 수반사업을 위한 공장 신 · 증설, 1천만 달러 이상으로 부품, 소재생산을 위한 공장 신 · 증설, 5백만 달러 이상으로 산업지원 서비스업, 고도기술수반사업을 위한 연구시설 신 · 증설(연구인력 20명 이상 고용)의 경우 현금지원이 가능하다. 지원된 현금의 활용 용도로서는 시설 등 기반시설 설치비로 활용 할 수 있다.

각 지방자치단체별 외국인직접투자 유치정책은 대동소이한 수준이며, 이에 따라 인센티브 중복, 무차별성으로 인해 각 지방자치단체들의 투자매력도가 저하되는 상황이다. 따라서 각 지방자치단체간의 경쟁력을 제고하고, 투자매력도를 높이기 위해 차별화된 투자인센티브를 강구해야할 필요가 있다.

3. 지방자치단체의 외국인직접투자 문제점

3.1. 경제특구간의 차별화 부재

경제자유구역은 외국인직접투자 유치를 통한 국토균형개발을 목적으로 2003년에 인천, 부산진해, 광양만, 황해, 대구경북, 새만금군산이 지정된 이후 2013년 2월에 동해안, 충북이 추가되면서 현재 8개 구역으로 추진되고 있다. 경제자유구역의 외국인직접투자 유치실적은 우리나라 전체 실적의 6.1%를 차지하고 있는 실정이다. 그러나 글로벌 경제위기, 해외 유사특구 대비 경쟁력 부족, 국내 유사지구와 경쟁심화 및 기능중복, 경제자유구역 간 차별화 및 연계협력 부족 등으로 경제자유구역 활성화에 어려움을 겪고 있다.[9]

제 6장에서도 알 수 있듯이, 각 경제자유구역의 중점유치업종을 보면, 부산 · 진해 경제자유구역과 광양만권 경제자유구역은 비교적 가까운 거리에 입지한 경제자유구역임에도 불구하고, 단순히 하나의 경제자유구역이 아니라는 이유로 해운 · 물류 업종을 서로 중점 유치하려하는 상황이 발생하는 것을 볼 수 있다. 또한 국내뿐만 아니라 중국과 동남아시아 등 주변국들이 유사한 경제특구를 잇달아 설립하며 글로벌 기업을 적극 유치하고 있는 상황에서 지나친 장밋빛 청사진이었다는 지적도 있다. 2003년 1차 지정된 부산 · 진해, 인천, 광양만권과 후발주자인 동해안권, 대구 · 경북, 새만금 · 군산, 황해, 충북 등 전국 8개 경제자유구역의 단위개발 사업지구 98곳 중 개발이 완료된 곳은 19곳에 불과하다. 개발이 진행 중인 곳은 33곳뿐이며 절반에 가까운 나머지 46

---

9 대구경북연구원(2013) p. 1.

개 지구는 실시계획마저 없어 구조조정에 처할 위기에 놓였다.[10]

3.2. 기존 외국인투자기업과의 형평성 문제

현재 각급 지방자치단체가 경쟁적으로 외국인직접투자 유치에 나서다 보니 지방자치단체 상호간 이해관계가 대립되고 있다. 이러한 상황에서는 특정 외국인투자가 유치를 위한 인센티브와 혜택이 점차 파격적이 될 수밖에 없는 구조이다. 파격적인 투자유치 인센티브가 각급 지방자치단체별로 복잡하게 얽히게 될 경우, 그 구체적 이행여부는 차치하더라도 이러한 파격적 대우로부터 배제된 여타 외국인투자가와의 형평성 등 복잡한 문제들이 제기된다. 지방자치단체의 외국인직접투자 관련 제반 정책 및 조치는 우리 정부의 외국인직접투자 관련 정책 및 조치와 동일시되어 경우에 따라서는 우리가 이미 체결한 양자간 투자협정(Bilateral Investment Treaty: BIT) 및 자유무역협정(FTA)상 규정된 투자규범에 대한 예기치 못한 위반을 초래할 수도 있기 때문이다.[11]

4. 지방자치단체의 외국인직접투자 개선방안

4.1. 지방자치단체 지역개발의 지방분권화 필요

지방자치단체들이 각자의 특화된 지역개발을 수행하기 위해서는 먼저 지역개발 권한의 분권화가 필요하다. 이를 위해서는 중앙정부는 경

10 강원일보(2014.1.13)
11 이재민(2010), p. 102.

제자유구역의 지정 · 해제, 모니터링 및 평가 등에 특화하고 지자체에게 경제자유구역 관련 조례제정권을 부여하여 자율적이고 독자적인 운영을 할 수 있게 하며, 경제자유구역의 지정 · 개발절차 · 인센티브 등 모든 사항을 국가 법령에서 지자체 조례로 이관하여 경제자유구역의 특성을 활용한 차별화된 전략을 추진할 수 있게 되어야 한다.[12] 2014년 정부가 발표한 지역경제 활성화 대책을 살펴보면, 지자체가 지역 발전 구상에서 정부가 지원하는 것으로 정책의 틀이 변화되었는데, 이러한 부분의 개선이 점진적으로 더욱 확대되는 것이 필요하다.[13]

4.2. 지방자치단체의 과당경쟁 방지책 마련

1) 국제법적 함의에 대한 지방자치단체의 이해 제고

지방자치단체의 경우, 외국인직접투자 유치정책이 다양한 법적 함의를 내포하고 있음을 인식하지 못하고 있는 경우가 빈번하다. 이를 극복하기 위해서는 중앙정부가 각급 지방자치단체를 대상으로 개별적인 외국인직접투자 유치 조치가 초래할 수 있는 투자관련 협정 위반 소지 및 ISD 분쟁 회부 가능성에 대하여 적극적인 설명을 제시하는 것이 필요하다. 일례로 중앙정부가 각급 지방자치단체의 투자관련 담당자가 참여하는 설명회나 워크숍 등을 좀 더 활성화 하는 방안을 모색할 필요가 있다.[14]

2) 법적 안전장치 도입 필요

향후 체결할 BIT 및 FTA 등 투자관련 협정에 이 문제와 관련한 조항

---

12 이상훈(2011), p. 22.

13 KBS(2014.3.12)

14 이재민(2010), pp. 129-130.

이나 문구를 포함시키는 방안도 검토하여 볼 필요가 있다. 가령 외국인투자가가 지방자치단체의 조치에 대하여 ISD 절차에 제소하는 경우에는 먼저 해당 외국인투자가, 조치 시행국 중앙정부, 조치 시행국 지방정부가 함께 참여하는 '사전협의(consultation)'를 반드시 거치도록 제도화하는 것도 검토하여 볼 수 있다. 이러한 안전장치는 문화적/언어적 장벽으로부터 발생하는 문제를 극복할 수 있다. 이러한 상황에서 중앙정부가 참여하는 사전협의의 실시는 분쟁의 해결 및 불필요한 이슈의 정리에 적지 않은 도움을 줄 수 있을 것이다.[15]

4.3. 맞춤형 인센티브제도 시행

현재 외국인직접투자가 기대만큼 고용 증가, 기술 이전, 지역개발 효과를 거두지 못하고 있어 국내기업과의 연계성, 산업 발전과 고용 촉진, 지역개발 등을 고려한 선별적 외자 유치가 필요하다. 이러한 투자환경 변화에도 불구하고 외국인투자촉진법 등 투자유치제도는 90년대 말, 외환위기 때와 같이 지원요건과 지원범위 등을 일일이 법령으로 제한하며 중앙부처에서 일률적으로 관리하고 있으므로 보다 유연한 인센티브 제도를 통해 지자체 중심으로 협상력을 제고하여 효율적인 외자유치를 달성할 필요가 있다.

이러한 문제점의 개선방향으로는 먼저 정부와 지자체의 육성산업을 중점 유치 분야로 지정하여 유입(inflow)되는 투자보다는 지역별 특화산업을 기반으로 고용을 촉진하고, 지역개발 효과 등이 큰 기업을 유치(attract)하기 위한 전략적 인센티브 지원이 필요하다. 이를 위해 지자체가 인센티브를 선택적으로 통합 조정이 가능한 인센티브 총량제를 도입하여 고용과 기술력 중심의 평가에 따라 지원내역을 차등 제공할

15 이재민(2010), p. 131.

필요가 있다. 일례로, 고급 일자리 창출, 국내구매, 후속 생산기반투자와 같은 유발효과가 있는 글로벌 헤드쿼터에 대해서는 소득에 상관없이 동일 세율(현행 17%)을 적용하는 특례조치를 일몰제한 없이 지속적으로 적용하는 선별적 인센티브를 발표했다. 이 외에도 제거래 관련 과세기준의 효율적인 조정시스템 구축, 무형자산 이전가격 산정 관련 절차 간소화, 헤드쿼터-자회사간 용역거래에 대한 과세서류 간소화 등의 선별적인 투자 인센티브를 제시하였는데, 이러한 고부가가치산업에 투자인센티브를 더욱 확대하는 것이 필요하다.[16]

5.
결론

제 7장은 한국지방자체단체의 외국인직접투자 제도를 비교 분석하였다. 각 지방자치단체의 제도상 몇 가지 특징을 비교하면 다음과 같다. 지방자치단체별 외국인직접투자 지방세 감면 제도는 대동소이한 수준이며, 대부분의 지방자치단체에서 시행하는 외국인직접투자 입지지원제도도 비슷한 범위를 크게 넘지 못하는 실정이다. 또한 지방자치단체별 외투기업 현금지원도 조세지원, 입지지원과 같이 지자체마다 비슷한 실정이다. 따라서 정책적으로 이를 조정하고 차별화할 필요가 있으며, 지역에 맞는 업종별 투자유치 전략이 필요하다.

지방자치단체의 외국인직접투자 문제점으로 경제특구간의 차별화 부재, 기존 외투기업과의 형평성 등의 문제점들이 있다. 일례로 한국 내 경제자유구역청간 유치업종 중복이 심한 상황이다. 따라서 지방자치단

16 정부 관련부처 합동(2014), p. 11-13.

체의 외국인직접투자 문제점 개선방안으로 지방자치단체 지역개발의 지방분권화 필요, 지방자치단체의 과당경쟁 방지책 마련, 외국인직접투자 인센티브 철회제도 강화 등이 필요하다.

참고문헌

강원일보(2014.1.13), "동해안권 경제자유구역 〈상〉문제점 MOU 128개 외국기업 한 곳도 입주 안 했다."

경제자유구역기획단(http://www.fez.go.kr/)
〈http://www.fez.go.kr/kr/what-is-free-economic-zone.jsp〉

김준동(1996), "외국인직접투자의 경제적 효과 및 우리제도의 개선방안", 대외경제정책연구원, 정책자료, 제96권 제9호, pp. 27-32.

김혁황 · 강준구(2012), "국내 외국인직접투자의 투자형태별 생산성 파급효과 분석", 대외경제정책연구원 지역정보센터, 제1호, pp. 15-17.

노근호(1999), "지방자치단체의 외국인투자 유치 전략", 제4권 1호, 한국지방재정논집, 한국지방재정학회, pp. 139-158.

대구경북연구원(2013.3.28), "대구경북경제자유구역, 지구별 차별화된 투자유치전략 수립해야", CEO Briefing, 제 353호.

문문철(2012), "기업의 지방투자 결정요인과 지원제도에 관한 연구", 박사학위논문, 한국산업기술대학교 지식기반기술에너지대학원.

이상훈(2011), "경제자유구역의 환상과 현실", 이슈&진단 2011, 제12호, 경기개발연구원, pp. 7-25.

이재민(2010), "지방자치단체의 국제투자 유치와 투자분쟁", 대한국제법학회, 국제법학회논총, 제 55권 제 2호 통권 제 117호, pp. 99-137.

이홍구(1994), "외국인직접투자와 투자정책", 한국개발연구원.

인베스트코리아(http://www.investkorea.org/)

- 지역별 외국인 투자지원제도, 입지지원
  〈http://www.investkorea.org/ikwork/iko/kor/cont/contents.jsp?code=101030204〉
- 지역별 외국인 투자지원제도, 지방세 감면
  〈http://www.investkorea.org/ikwork/iko/kor/cont/contents.jsp?code=101030204〉
- 지역별 외국인 투자지원제도, 현금지원
  〈http://www.investkorea.org/ikwork/iko/kor/cont/contents.

jsp?code=101030204〉
〈http://www.investkorea.org/ikwork/iko/kor/cont/contents.jsp?code=101040303#_4_3_2〉
〈http://www.investkorea.org/ikwork/iko/kor/cont/contents.jsp?code=101040302〉

장윤종(2008), "외환위기 10년, 외국인직접투자 유입의 특징과 시사점", 산업연구원, e-Kiet산업경제정보, 제404호, pp. 14-15.

정부 관련부처 합동(2014.1), "외국인투자 활성화 방안", 정부 관련부처 합동.

KBS(2014.3.12), "규제 풀고 지원 늘려 14조원 투자 이끈다."

제8장

구미시 외국인직접투자 유치 성공 요인 분석

| 제8장 |*

구미시 외국인직접투자 유치 성공 요인 분석

1. 서론

외국인직접투자 유치가 경제에 미치는 긍정적인 효과로는 경제성장 촉진, 무역규모 확대 및 국제수지 개선, 고용창출, 기술이전효과가 있다. 본 연구는 성공적인 외국인직접투자 유치지역으로 관심이 증대되고 있는 구미시 사례를 분석한다.

외국인직접투자가 생산성, 고용, 경제성장 등 수용국(host country)에 미치는 영향에 관한 이론적 · 실증적 연구가 그동안 진행되어 왔다. Borensztein, De Gregorio, Lee(1998), Balasubramanyan *et al*(1996), Afraro, Chanda, Kalemli-Ozcan, Sayek(2002), Cai *et al*(2007) 등의

* 본장은 변재웅(2013)의 논문을 기초로 수정 보완하였다.
변재웅(2013), "구미시 외국인투자 유치 성공 요인 분석", 무역통상학회지, 13(3), 한국무역통상학회, pp. 25–38.

연구는 외국인직접투자가 수용국 경제에 긍정적 영향을 미친다고 주장한다. 또한 Gorg and Strobl(2001), Grossman and Helpman(1995), Blomsrtom and Sjoholm(1999), Haskel *et al.*(2002) 등의 연구는 외국인직접투자가 기술 등 파급효과가 있다고 주장한다. 한편 Bellak and Leibrecht(2005) 연구는 법인세 인하가 외국인직접투자의 유인에 미치는 영향을 35개국 패널데이터(1995~2002년)를 분석하여 과거 조세인하 정책이 외국인 직접투자 유인에 효과가 있었다고 주장한다.

최근 한국의 경우도 투자유입국 입장에서 국가 차원에서 뿐만 지방자치단체에서도 외국인직접투자를 유치하기 위해 적극적이다. 하지만 지방자치단체의 외국인직접투자 유치정책의 성공요인 분석에 관한 연구는 아직 부족한 실정이여서 이 분야의 연구가 필요하다. 이러한 부족한 이유 중 하나는 유치실적과 파급효과, 인센티브는 지자체와 해당 기업 간의 협상으로 공개를 꺼려하기 때문에 투자유치 관련 통계자료 수집이 어렵기 때문이다.

구미시의 경우, 외국인직접투자가 경제성장, 고용창출에 기여할 뿐 아니라 산업경쟁력을 직접 · 간접으로 강화시키는데 기여한다고 판단하고 외국인직접투자 유치에 적극적이다. 구미시는 입지지원, 현금지원, 조세감면과 인센티브제도 등의 다양한 정책을 통하여 외국인직접투자를 유치하고 있다. 본 장은 2차 자료와 구미시청, 구미상공회의소, 외국인업체 등의 1차면담 자료를 중심으로 분석한다. 본 장은 구미시의 외국인직접투자 유치정책의 성공요인을 분석하기 위하여, 제 2절에서 구미시의 투자유치정책 및 제도, 제 3절 구미시의 투자유치성과 및 성공요인을 분석하고, 제 4절에서 대표적인 기업인 아사히글라스의 구미투자 사례연구를 각각 분석한다. 마지막 제 5절에서 결론을 도출한다.

2. 구미시 외국인직접투자 유치 정책 및 제도

2.1. 구미시 외국인직접투자 유치 정책

구미시의 최근 경제 산업 현황을 살펴보면 2013년말 기준으로 생산은 75조 5,479억 원, 수출 344억 달러(전국의 6.3%), 무역수지 226억 69백만 달러 흑자로서 전국무역수지흑자(282억 86백만 달러)의 80%를 담당한다. 구미시의 산업단지는 41㎢(기존 24.5㎢, 추가16.5㎢)인데, 기존 국가 1단지(10.4㎢), 2단지(2.3㎢), 3단지(5.1㎢), 4단지(6.7㎢)가 있고, 추가로 5단지(하이테크벨리, 9.3㎢), 경제자유구역(4.7㎢), 확장단지(2.5㎢)를 추진하고 있다.[1] 기업체수는 총 2,017개사(근로자 101,535명), 국가공단 2,017개사이다.[2] 주력업종은 디스플레이, 태양광, 2차 전지, 휴대폰, 신재생에너지 등이다.[3] 구미국가산업단지는 LG디스플레이, 도레이첨단소재 등 최근 8년간 290여개사로 부터 121조 5천억 원의 투자유치에 성공하였다.

구미시는 대한민국 최대의 내륙 산업단지를 보유하고 있으며, 인구 42만으로 전체인구의 61.7%가 30대 이하로서 젊고 숙련된 노동력이 풍부한 산업도시, 편리한 물류이동 및 인적 교류의 거점, 안정적인 노사문화 정착과 적극적인 외국인직접투자 유치에 노력하고 있다.

구미시의 외국인직접투자 유치에 따른 기대효과는 대외신인도 제고, 우수기술 유입에 따른 지역산업 발전 및 양질의 일자리 창출이 가능하여 관련 부품소재산업, 신재생에너지 등 유치로 부품선진화와 무역역

1 구미시(2013)

2 영남일보(2014.11.24)

3 영남일보(2014.8.5)

조 개선을 도모하며, 세수 증대가 가능하다. 구미시 투자유치 정책은 첨단 고부가 산업의 지역 유치로 경제발전, 수출, 고용효과 제고를 목적으로 다양한 정책을 실시하고 있다. 산업단지의 조성과 투자제도의 제공 등을 통하여 투자를 유치하고 있다. 이를 위해 서울 사무소 개소, 전 직원 투자유치팀, 시차원의 지원 등이 있다.

구체적으로 구미시 외국인직접투자 정책으로는 첫째, 외국인직접투자 유치기능의 강화를 위해 외국인직접투자 유치조직의 기능을 확충하고 외국인직접투자의 인센티브를 확대하였다. 둘째, 적극적인 외국인직접투자 유치 활동 및 대국민 홍보를 위해 국내외 투자설명회(IR)를 개최하였다. 셋째, 해외언론매체를 활용한 투자환경을 홍보하여 외국인투자자의 격려 및 외국인 친화적 분위기를 조성하고 있다. 넷째, 외국인직접투자 환경의 근본적인 개선을 위해 외투기업의 경영 · 생활환경 개선계획 수립 및 개선계획을 지속적으로 추진하며 투자환경 개선의 결과나 경영 · 생활환경에 대한 평가는 점진적으로 제고하고 있다. 다섯째, 외국인직접투자 유치기반 조성을 위해 적극적인 외국인직접투자 유인 제공, 산업단지 조성 등이 있다.

2.2. 구미시 외국인직접투자 유치 제도 및 인센티브

구미시의 외국인직접투자 유치 제도 및 인센티브는 부지제공(최고 50년간), 조세감면, 현금지원 등의 혜택이 있는데, 법령에 의거 전국적으로 동일하게 적용되지만 지방세 부문은 자치단체 조례에 따라 다소 차이가 있다. 따라서 법인세 감면은 조세특례제한법에 의해서 적용되고 있으며, 지방세는 시조례 적용(구미시의 경우 15년간 취등록세 및 재산세 면제)에 의해 지자체마다 탄력적으로 운영하고 있어 차이가 있다. 구미시도 다양한 조세 혜택과 토지 무상임대 등을 제공하고 있는데, 외투기업의 투자유치 제도를 살펴보면 다음과 같다.

첫째, 입지지원의 경우, 단지형 외투지역, 개별형 외투지역이 있으며 지원대상은 외투비율이 30%이상이거나 외국인이 제 1대 주주인 외투기업이다. 재원은 국비 70%와 지방비 30%로 충당한다.

먼저 단지형 외국인투자지역을 살펴보면 지정은 지식경제부장관(외국인투자위원회 의결)이 결정하며, 임대료는 10년 단위로 계약(50년 범위내 갱신가능)하며, 기술, 업종에 따라 100%, 75% 감면을 결정한다.[4] 재원 매입은 국비 70%, 지방비 30%이며, 조세감면(조특법 제121조의 2)에 근거한다. 구미시의 경우 입주요건(입주업종)은 고도기술수반 사업, 산업발전법에 의한 첨단업종과 제조업 등 7개 업종이 해당된다.[5] 입주자격은 외투비율 30% 이상 및 외투금액 5천만 원 이상이며, 입주계약 시점까지 외투기업으로 등록된 업체에 해당된다.[6]

반면, 개별형 외국인투자지역(개별입지 입주)을 살펴보면, 도지사(외투위원회 의결)가 결정하며 3천만 달러 이상의 고도기술산업, 산업지원서비스업(물류업), 제조업, 2천만 달러 이상 관광업, 산업지원서비스업(물류업 제외), 국제회의시설, 1천만 달러 이상 유통 · 물류업 · 사회기반시설조성, 2백만 달러 이상, 연구시설에 해당한다. 임대료는 무

---

4 100% 감면 경우는 100만불 이상인 산업지원, 서비스업 또는 고도기술 수반사업, 500만불 이상인 부품소재전문기업 등 특별조치법에 따른 부품소재를 생산하는 제조업이며, 75%감면 경우는 500만불 이상인 일반 제조업이다.

5 ① 구조용 금속제품, 탱크 · 증기발생기 제조업 ② 전자부품 · 컴퓨터 · 영상 · 음향 · 통신장비 제조업 ③ 의료 · 정밀 · 광학기기 · 시계제조업 ④ 전기장비제조업 ⑤ 기타 기계 및 장비 제조업 ⑥ 유리 및 유리제품 제조업 ⑦ 화학섬유제조업. 도금공정, 염색공정 포함업종 제외된다.

6
- 산업지원서비스업 및 고도기술 수반사업
  - 법인세 · 소득세: 5년 100%, 2년 50%
  - 취득세 · 등록세 · 재산세: 15년 100%
  - 관세 · 개별소비세 · 부가가치세: 5년 면제
- 제조업 1천만불 이상, 유통 · 물류업 5백만불 이상
  - 법인세 · 소득세: 3년 100%, 2년 50%
  - 취득세 · 등록세 · 재산세: 15년 100%
  - 관세: 5년간 면제

상임대 50년(10년마다 갱신)으로 하며 재원 매입은 국비 70%, 지방비 30%이다.

둘째, 조세감면(국세 + 지방비)이다. 〈표 1〉은 구미시의 외국인직접투자에 따른 조세감면제도를 보여준다. 조세감면내용은 국세인 법인세(소득세)와 관세, 지방세인 취득세 · 재산세 등이 있다. 조세감면의 기산시점은 국세의 경우 최초 소득 발생연도이며, 지방세는 사업개시일 기준이다. 조세감면과 법인세 감면은 조세특례제한법에 의해서 적용되며, 지방세는 시조례 적용에 의해 지자체마다 탄력으로 운영하여 차이가 있다.[7]

법인세와 취득세 · 재산세의 경우, 산업지원서비스업, 고도기술수반사업, 개별형 외투지역의 경우 5년간 면제, 이후 2년간 50% 면제되며, 반면 단지형 외투지역(부품소재공단 포함), 경제자유구역, 자유무역지역 등은 3년간 면제, 이후 2년간 50%가 면제된다. 지방세인 취등록세, 재산세의 경우 최대 15년간 면제된다. 관세의 경우, 산업지원서비스업, 고도기술수반사업, 개별형 외투지역의 경우 5년간 관세, 개별소비세, 부가가치세가 면제되는데 이는 투자신고일로부터 기산된다. 단지형 외투지역, 경제자유구역, 자유무역지역 등 5년간 관세가 면제되는데 이는 투자신고일로부터 기산된다. 이는 조세특례제한법 제121조의 3 제1항과 제 2항, 동법시행령 제116조의 5에 각각 근거한다.

---

7 법인세: 국내 원천 각사업연도 소득이 있는 영리내국법인에 부과(과세표준 * 24%, 1억 미만 13%)
취득세: 외국물품을 국내 반입하는 경우 그 물건의 수입자(투자신고일로부터 5년간, 11년 이전 3년)
주민세: 법인세할 주민세는 지방세법에 따라 시군내 납세의무자에게 부과(법인세액의 10%)

〈표 1〉 구미시 외국인직접투자에 따른 조세감면제도

종 류	감면내용	감면조건	비 고
법인세 (소득세)	• 5년간 100% 면제 • 이후 2년간 50% 면제	• 산업지원서비스업 • 고도기술수반사업 • 개별형 외투지역	• 조세특례제한법 제121조의2 제2항
	• 3년간 100% 면제 • 이후 2년간 50% 면제	• 단지형 외투지역 (부품소재공단 포함) • 경제자유구역 • 자유무역지역 등	
취득세 · 재산세	• 5년간 100% 면제 • 이후 2년간 50% 면제	• 산업지원서비스업 • 고도기술수반사업 • 개별형 외투지역	• 조세특례제한법 제121조의2 제4항 ※ 경상북도 도세감면조례 제14조 – 취득세는 최장 15년까지 감면 ※ 시 · 군 재산세감면조례 – 재산세는 최장 15년까지 감면
	• 3년간 100% 면제 • 이후 2년간 50% 면제	• 단지형 외투지역 • 경제자유구역 • 자유무역지역 등	
관세 등	• 5년간 관세 · 개별소비세 · 부가가치세 면제 ※ 투자신고일로부터 기산	• 산업지원서비스업 • 고도기술수반사업 • 개별형 외투지역	• 조세특례제한법 제121조의3 제1항 • 동법시행령 제116조의5
	• 5년간 관세 면제 ※ 투자신고일로부터 기산	• 단지형 외투지역 • 경제자유구역 • 자유무역지역 등	• 조세특례제한법 제121조의3 제2항 • 동법시행령제116조의5

자료: 구미상공회의소(2012). 변재웅(2013), p. 29.에서 재인용

셋째, 현금지원(국비+지방비)이다. 구미시의 현금지원은 국비와 지방비로 지원된다. 지원대상은 외투기업(외국인투자비율 30% 이상)으로서 국민경제발전에 기여할 기업이다. 부담비율은 국비와 지방비가 있는데 주로 토지매입비 및 임대료, 고용보조금 및 교육훈련보조금, 건축비, 기반시설, 자본재 구입 등이 있다. 그 절차는 지식경제부에 신청 후, 협상, 외국인투자위원회 의결 순으로 한다.

넷째, 외투기업의 인센티브 제도이다. 구미시의 외투기업 인센티브 제도의 지원대상은 외투비율이 30% 이상이거나, 외국인이 제1대 주주

인 외국인직접투자를 유치하는 경우이다. 지원한도는 외투금액의 50% 이내이며, 외투금액+이익잉여금 재투자 금액의 25% 이내이다. 외국인 투자 지역에 대한 인센티브 제도에는 임대료가 있다.[8] 뿐만 아니라 구미시는 사업을 시작하고자 하는 외국기업에게 정보와 서비스를 제공하며, 부지선정, 사업자등록, 직원채용, 정주 여건 개선 등 사업설립에 필요한 모든 지원과 조언을 제공한다. 기타 외투기업 지원에는 국공유재산, 교육훈련 보조금, 고용보조금, 외국인투자지역조성비, 행정지원, 사후서비스, 기술지원 등이 있다.

3.
구미시 외국인직접투자 유치 성과 및 성공요인

3.1. 구미시 투자유치 성과

〈표 2〉는 구미지역의 외국인직접투자 현황을 보여준다. 2006년 7월 이후 외국기업 14개사, 22.39억$(2조 3,841억 원)의 투자를 유치하였으며, 1,600여명이 종사하고 있다. 구미시는 현재 총 46개사의 외국계 회사가 투자하여 10,452명이 종사하고 있다. 국가별로는 일본(26건), 미국(11건), 프랑스(3건), 네덜란드(3건), 독일(1건), 슬로베니아(1건), 싱가포르(1건)이며, 산업별로는 주로 IT신소재, 금형, LCD, 2차전지 소재 등의 분야에 투자하고 있다.[9]

---

8 임대료는 최대 50년간 무상 적용된다. 부품소재전용공단은 FDI 500만불 이상이면 100% 감면되며, 외국인 투자지역은 FDI 500만불 이상 경우는 75% 감면된다.

9 구미시(2012).

〈표 2〉 구미지역 외투기업 현황(2006년 이후)

기 업 명	투자국(MOU)	업 종	투자금액 (백만불)
CoorsTek Asia	미국(2007)	반도체 세라믹	10
아사히글라스	일본(2007)	LCD 유리기판	200
Exxon Mobil (토넨제너럴석유)	미국(2007) (일본)	2차전지 분리막	325
아사히글라스	일본(2008)	LCD용 유리기판	150
파워카본테크놀로지 (GS칼텍스 · JXNOE)	일본(2008)	2차전지 (탄소소재)	100
산코코리아 (새로닉스 · 산코메탈)	일본(2010)	태양전지 부품	10
델코	미국(2010)	2차전지	50(FDI 1천만$)
아사히글라스	일본(2010)	LCD	150(FDI 3천만$)
이시자키프레스공업	일본(2011)	화학전지캔	26(전액FDI)
도레이첨단소재	일본(2011)	탄소섬유	1,181(=13,000억원)
ST정밀	일본(2011)	차량용 엔진부품	6.4(=70억원)
신화정밀(주)	일본, 미국(2012)	절삭 가공업	9.3(=102억원) (FDI 600만$)
신화 타카하시 프레스(주)	일본(2012)	압연 가공업	6.2(=68억원) (FDI 300만$)
머스코 풍산	미국(2012)	시스템 조명시설	15(=165억원) (FDI 500만$)
합계			2,238

참고: 환율 1$ = 1,000원 적용(2010. 7월 이후부터는 1$ = 1,100원 적용: 델코 = 550억원, 아사히 1,650억원, 이시자키 286억원)

자료: 구미시(2012). 변재웅(2013), pp. 31-32.에서 재인용

구미시 외국인직접투자의 몇 가지 특징은 첫째, 주로 일본기업의 투자가 증가하고 있다. 일본 기업은 건수 기준으로 57%, 평균투자금액도 한국 제조업 평균 외국인직접투자 금액인 930만 달러 보다 훨씬 높은 1억 6천만 달러이다. 경북 전체 177건의 외국인직접투자의 24%를 차지하고 있다. 분야 면에서도 고부가 첨단소재 분야인 IT신소재, 금형, LCD, 2차전지 소재 등의 분야에 집중하고 있다. 고용 면에서도 1만 명 이상이 근무하고 있으며, 특히 2006년 이후 1,600명의 신규고용이 이루어졌다. 직간접인 고용 뿐만 아니라 관련 부품의 납품 등 간접고용 창출효과까지 고려하면 고용효과는 더 크다.

〈표 2〉는 일본기업의 구미투자 증가 이유를 보여준다. 가장 활발한 분야는 LCD, 반도체를 포함한 전자산업과 자동차, 유통 등으로 전통적으로 일본이 강한 분야이다. 일본기업의 구미지역 투자급증은 장기 불황에서 탈출해 해외투자를 본격적으로 실시할 여력이 생겼으며, 일본기업의 기술력과 브랜드 가치를 활용해 성장하는 한국시장을 공략하기 위해서이다.[10] 또한 구미시는 IT, 전자 등 관련 분야의 회사들이 잘 발달되어 있기 때문이다.

그리고 친기업 정책이다. 법인세의 경우, 실효세율이 40%인 일본에 비해 한국은 24%로 16% 가량 낮다. 또한 제조업 공장의 노동자 임금도 일본보다 40% 정도 저렴하다. 높은 원전 가동률로 전력 걱정이 없고, 일본처럼 CO_2 규제도 엄하지 않은 점도 일본기업들의 구미에 진출하는 요인으로 작용하고 있다.[11]

---

10 kbn-japan(2012.3.2)
11 매일경제뉴스(2012.8.7)

3.2. 투자유치 성공요인

다음은 구미시의 외국인직접투자 유치 성공요인을 좀 더 자세히 분석한다. 첫째, 조세감면으로 앞에서 살펴본 바와 같이 구미시도 입지지원(국비 70%+지방비 30%), 현금지원(국비+지방비), 조세감면(국세+지방세)과 같이 다양한 조세 혜택을 제공하고 있다.

둘째, 구미시의 발달된 공단조성이다. 구미시는 이미 지난 40년간 천만 평 규모로 1~5 산업단지를 조성하여 한국 최대의 내륙단지를 조성하였다. 최근 4단지내 외국인전용단지(1,478,346.5㎡, 부품소재전용공단 포함)를 조성 및 확장하여 투자여건이 양호하다. 외국인전용단지의 조성목적은 첨단고도기술 및 선진기술을 보유한 외국기업의 투자유치, 국내산업의 기술향상과 경쟁력강화 도모, 전략고도기술 산업 육성을 위한 기반구축 및 국토의 지역간 균형개발을 목적으로 조성하였다.[12]

특히 부품소재 전용공단의 경우, 단지특성에 맞는 우수 기업을 유치하는 전략이다. 구미 부품소재전용공단은 뛰어난 R&D 환경, 아시아 최대 IT 부품소재 클러스트(cluster)를 형성하고 있어 입주여건이 뛰어나며 유치업종은 IT, 모바일, 신재생에너지 부품분야이다. 그리고 경제자유구역(구미디지털산업지구) 조성, 5단지내 "구미하이테크밸리"를 조성하고 있어 외국기업의 투자 입지면에서 유리하다.[13]

셋째, 저렴한 투자비용이다. 일본기업의 경우, 일본내 공장 조성시 설계(특히 내진설계)비용이 높지만, 그에 비해 구미지역에 공장을 조성할 경우 상대적으로 관련비용이 저렴하다. 각종 설비(utility), 전력요금, 용

---

12 구미상공회의소(2012). 외국인 전용단지의 경우 개별형은 외국인 투자금액이 3천만달러 이상(도레이새한, 아사히글라스 경우)인 경우, 단지형은 투자금액이 백만달러 이상이며 고도기술수반 사업일 경우 최고 50년간 무상 임대 가능하다. 나머지는 75% 유상임대이다.

13 경제적 파급효과는 40조 6,089억원, 생산유발효과 30조 5758억원, 부가가치 10조331억원, 고용창출 22만명, 인구 34천명, 주택 12,656세대 증가가 각각 예상된다. 구미시(2012).

수공급(낙동강), 인건비 등의 제반 비용이 상대적으로 저렴하며 산업 인프라가 상대적으로 안정적이다. 특히 정밀 가공을 요하는 전자업종의 경우, 공장부지 비용과 함께 안정적인 전기공급과 전기요금, 용수의 원활한 공급과 견고한 지반도 중요한 고려 요인 중 하나이다. 특히 일본 기업의 경우, 일본내 공장 건축시 엄격한 내진 기준 충족을 위한 공사비 과다 등의 문제점이 한국에는 다소 자유롭다. 또한 일본은 최근 원전사고와 스나미의 후유증으로 안전한 생산입지 시설이 필요한 실정이다. 〈표 3〉은 각국의 산업용 전기요금 비교를 보여주는데 한국은 경쟁국에 비해 전기요금이 저렴하며 구미시는 안정적인 전력 공급이 가능하다.

〈표 3〉 산업용 전기요금 비교(2011년, 한국=100% 기준)

국가	한국	일본	미국	영국	프랑스	OECD 평균
단가($/kwh)	0.058	0.154	0.068	0.121	0.106	0.110
수준(%)	100	267	117	210	183	190

자료: Energy Prices & Taxes, 4th quarter 2011 (OECD/IEA). 변재웅(2013), p. 33에서 재인용.

구미 4공단 기준으로 산업인프라를 살펴보면, 단지내 변전소 설치 등 안정된 전력 공급을 제공하고 있으며 전력요금도 일본의 1/3, 중국의 80% 정도로 저렴하다. 고도의 가공기술이 요구되는 첨단 전자업종의 경우, 안정적인 전력과 함께 용수 공급이 투자결정에 중요한 요소이다. 구미지역은 저렴하고 풍부한 공업용수 공급도 가능하다.[14]

넷째, 납품요인으로 공단에 입주한 외국기업들은 주거래처에 완성품 납품이 용이하다. 일례로 아사히글라스, 도레이새한의 경우 완성품을 구미에 있는 글로벌 기업인 삼성전자, LG디스플레이, LG전자 등에 납품하

14 취수가능량: 6만 4천톤/일, 공급량: 3만 9,500톤/일(현재 日평균 9천톤 사용), 처리량: 5만톤(현재 日평균 3만 5천톤 처리). 구미시(2012).

기가 용이하여, 구미의 입지적 요인이 유리하게 작용했다고 할 수 있다.

다섯째, 전자업종의 밀집 클러스터(cluster) 효과이다. 구미는 전자업종이 밀집되어 있고 이를 지원하는 기술 연관회사, 행정기관, 금융이 잘 발달되어 있어 시너지 효과 창출이 가능하다.

여섯째, 노사분규 문제와 노동력 수급이 원활하다. 국내 진출한 외투기업들의 상당수는 '노동'과 '금융', '세제'규제 장벽이 높다고 생각하고 있었다.[15] 구미의 경우 최근 외국인직접투자의 가장 큰 장애요인인 노사분규가 수년간 거의 없다.[16] 또한 금오공대와 인근 대구 · 경북에 계명대, 경북대 등 28개 종합대학, 30개 전문대학에서 연간 10만 명의 풍부한 전문 인력이 배출되고 있고, 구미 인구 42만 중 61.7%가 30대 이하여서 노동 수급문제는 자유롭다.

일곱째, 구미지역은 편리한 광역 교통망을 잘 갖추고 있어 공항, 철도 등 교통접근성이 뛰어나다. KTX의 경우, 김천(구미)역은 41회 운행되며, 서울 80분, 부산 60분 거리이며, 고속도로는 경부, 중앙, 중부내륙 고속도로와 5~10분 거리이다.[17] 또한 공항은 대구(40km), 부산김해(148km), 인천공항(280km)이며, 항만은 부산항(150km), 포항항(120km)여서 비교적 접근성이 뛰어나다.

여덟째, 다양한 기업지원 시설로서 구미시 종합 비즈니스 지원센터, 모바일융합기술센터, 전자의료기기 부품소재 산업화 기반구축, 3D 부품소재 클러스터 구축, 구미전자정보기술원, 근로자 종합 문화센터 등을 설립 운영하여 기업에게 다양한 지원시설을 제공하고 있다.

---

15 대한상공회의소(2011)가 외국인 투자기업 300개사를 대상으로 실시한 '외국인투자기업이 본 규제개혁 성과 인식조사'에 따르면, 국내에서 기업 활동을 하면서 어려움을 겪는 규제 분야로 노사분규 등 '노동' (40.2%)과 '금융 · 세제'(38.1%)를 가장 많이 꼽았다. 이어서 '환경'(13.7%),'입지'(3.4%), '안전'(1.7), '주택건설'(0.8) '기타'(2.1%)가 차지했다.

16 구미상공회의소(2012).

17 서울 257km, 인천공항 280km, 부산항 150km, 포항항 120km.

아홉째, 경상북도와 구미시는 외국인직접투자 유치 전담팀을 기업의 마케팅 차원에서 지원하고 있다. 일례로 공무원 1인 1사 기업도우미 지정 후 기업애로 해결, 기업유치 인 · 허가 원스톱 처리, 기업 없는 구미는 존재할 수 없다는 당위성 동의, 우수기업의 사기(社旗) 시청청사 게양 등을 시행하고 있다. 구미시는 사전 철저한 준비와 후속조치의 중요성 인식 등을 통해 일본에 투자유치단을 파견하는 등 투자에 노력하고 있다.[18] 일례로 최근 엔화 약세로 일본기업의 투자유치가 쉽지 않지만, 경상북도가 일본 투자 유치에 공격적으로 유치 노력을 경주하여, 최근 일본기업의 투자실적(1조 9,400억 원)은 총 외국인직접투자 실적(2조 5,500억 원)의 77%를 차지하고 있다.

4.
구미시 외국인직접투자 유치 사례: 아사히글라스(Ashahi Glass)

4.1. 한국 아사히글라스 진출

1907년에 설립된 아사히글라스(주)는 반도체, 화학제품, 유리제품 등 기초 소재산업에 주력하고 있는 일본의 대표적 기업이며 세계 유리제조 빅 4사로 평판유리(세계시장점유율 15%), 자동차유리(30%), CRT유리(30%), PDP유리(90%) 등에서 세계시장 1위, LCD 유리분야 세계 2위를 선점하고 있으며, 총자본 90,873백만 엔, 총직원수 6,330명으로 100개 이상의 해외생산기지를 보유한 글로벌기업이다.[19]

---

18 영남일보(2011.3.24), 구미시정뉴스(http://gumi.go.kr) 2012.5.1.

19 일본아사히글라스(http://www.agc.co.jp/english/company/profile.html) 2009년 매출액

아사히글라스의 PDP 필터 시장 점유율이 50%에 이르는 데다가, 2011년에는 기존 유리보다 강도가 6배나 높은 강화유리를 개발하고 이를 응용해 스마트폰과 태블릿 PC용 보호유리 시장에도 진출했다. 1999년 TV 브라운관용 유리 생산기업인 한국전기초자의 주식 50%를 인수하면서 한국 시장에도 진출했다.[20] 또 경북 구미에 있는 초박막액정표시장치(TFT-LCD)용 유리기판 업체 아사히글라스 화인테크노코리아의 지분도 100%를 가지고 있다.

〈표 4〉는 아사히글라스코리아 한국 진출을 보여준다. 아사히글라스 화인테크노코리아는 TFT액정용 글라스기판을 제조 · 판매하는 것을 목적으로, 2004년 6월 구미시에 새로이 설립된 회사로서, 일본의 종합 글라스 메이커로 세계 최대규모인 AGC아사히글라스 주식회사 그룹에 의해 설립되었다. AFK(Asahi Glass Fine Techno Korea)는 2004년 8월부터 시작한 공장건설을 성공적으로 끝내고, 2005년 7월부터 양산을 시작하였다. AFK는 AGC아사히글라스가 TFT글라스 사업을 처음으로 한국에 사업화한 회사이며, 아사히글라스가 개발한 첨단기술을 도입하고, 세계에서 디스플레이산업이 가장 뛰어난 한국의 고객에게도 글라스기판을 제공하고 있다.[21] 아사히글라스는 한국에 총 4개의 자회사를

11,482억엔과 총자산 17,819억엔로 원화로 환산하면 매출액은 16조원 총자산은 23조원에 이른다. 아사히글라스(주) 2010년 일본현지에 35개지사가 있다. 아시아지역 관리본부를 중국에 두고 중국–11개사, 인도–1개사, 인도네시아–3개사, 한국–6개사, 말레이시아–1개사, 필리핀–2개사, 싱가포르–5개사, 대만–2개사, 태국–8개사로 총39개사가 있다. 북미지역관리본부를 미국에 두고 미국–11개사, 캐나다–2개사, 멕시코–1개사로 총14개사가 있다. 유럽지역관리본부는 벨기에에 있으며 벨기에–3개사, 체코–1개사, 프랑스–1개사, 이탈리아–2개사, 네델란드–1개사, 스페인–1개사, 러시아–1개사, 영국–2개사 총12개사가 있다. 아시아는 태국, 인도네시아, 싱가포르, 말레이시아, 필리핀, 인도, 대만, 중국, 한국이 있고 북아메리카는 미국, 캐나다, 멕시코에 있다. 그리고 유럽은 벨기에, 네덜란드, 영국, 체코공화국, 프랑스, 이탈리아에 있다.

20 한국전기초자㈜는 TV 및 모니터용 브라운관 유리 제조업체로서, 1974년 5월 한국유리공업(주)이 설립한 뒤 대우그룹을 거쳐 1999년 12월 일본 아사히유리에 경영권이 인수되었다. 1995년 증권거래소에 주식을 상장하였으나 2011년 2월 자진 상장 폐지되었다.

21 아사히글라스코리아(http://www.afk.co.kr)

두고 있는데 구미에 아사히글라스 화인테크노코리아㈜ 소개(2012), 한욱 테크노글라스 소개(2012), 아사히 PD 글라스코리아 소개(2012), 오창에 AGC디스플레이글라스오창㈜이 있다.

〈표 4〉 아사히글라스코리아

회사소개	아사히글라스화인테크노코리아㈜	설립일	2004년 6월 17일
대표이사	하라노 타케시	공장면적	341,473㎡
자본금	2,270억원(아사히글라스㈜ 67%, 한국전기초자㈜ 33% 출자)		
매출액	1조 4,500억원(2010년도 기준)		
사업내용	TFT-LCD용 글라스기판 제조, 판매		
주소	경북 구미시 산동면 봉산리 첨단기업로 178		

자료: 아사히글라스코리아(http://www.afk.co.kr)

아사히글라스(주)는 한국 LCD, PDP, 자동차용 유리제조 분야에 투자하고 있으며, 특히 LCD패널용 유리기판 제조분야에 대한 투자를 확대하여, 한국내 TFT-LCD산업 발전에 기여하고 있다. TFT-LCD는 다양한 소재를 조합한 복잡한 구조로 소재의 특성이 화질을 좌우하며, 개발 과정에서 그 노하우가 차지하는 비중이 확대되고 있다. 즉, 유리기판, 액정, 광학필름 등 주요 소재의 원료 배합, 라인 제작 방법 등에 있어 시행착오를 통한 기술 향상이 필요하여, 신규 업체의 진입이 어렵다. 또, 유리기판은 대형화될수록 기계적 변형도를 줄이며 강도를 높이는 등 요구 사양이 높아지는데, 아사히글라스는 축적된 기술력을 바탕으로 국내에서의 시장점유율을 높여가고 있다.[22] PDP의 경우, 아사히피디글라스(주)에서 국내에서는 여타경쟁 제조기업이 없어 독점위치에 있고 3D TV의 호황으로 매출이 계속 증가하고 있다.

22 일본아사히글라스(http://www.agc.co.jp/english/company/profile.html)

4.2. 진출동기

아사히글라스 등 세계적인 유리 제조회사들이 한국을 찾는 이유는 뭘까? 아사히글라스의 성장가능성, 비용절감과 적시성, 위기회피, 투자혜택 등 몇 가지 구체적인 진입동기를 살펴보면 다음과 같다.

첫째는 성장가능성이다. 아사히글라스가 국내시장에 진출한 것은 국내완성 TV 메이커와 완성차 메이커 등의 성장가능성을 미리 예측했기 때문이다.[23] 삼성전자, 삼성SDI, LG전자, LG디스플레이 등의 국내 대기업의 TV가 세계시장에서 점유율이 계속 상승하고 있고, 또한 현대기아차도 내수보다 수출비중이 상승하고 있기 때문에 한국은 성장 가능성이 큰 지역이다. 이는 한국이 디스플레이 분야에서 독보적 강국임을 보여주는 사실이다.[24]

둘째, 비용절감과 적시성이다. 한국의 완성 TV메이커와 완성차 메이커의 수요가 계속 증가함으로 일본에서 수출하는 것 보다 한국에 공장을 신축하여 생산하여 물류비용절감과 소비자의 필요시점에 납품이 이루어 질수 있도록 함으로써 수급불안정의 해소와 소비자와의 대응이 한층 빨라질 수 있기 때문에 물류비용을 절감할 수 있다.

또한 중요한 점은 제품의 적시납품이다. 생산한 제품을 바로 고객회사에게 공급할 수 있는 요인이 중요하게 작용했다. 생산하는 디스플레이용 기판은 첨단의 기술이 집약된 제품으로 일반적으로 약 2.2m× 2.5m 정도 크기의 유리기판을 생산한다. 하지만 극히 얇은 유리판이다 보니 운송과정과 불순물이 유입에 신경 써야 하기 때문에 기업 입장에서는 그만큼 비용과 노력이 필요하다. 따라서 유리업체 입장에서는 가능하면 운송 시간과 거리를 최소화할 수 있게 주요고객인 삼성, LG가

---

23 삼성전자 – LCD, 삼성SDI – PDP, LG전자 – LCD와 PDP, LG디스플레이 – LCD, 현대기아차 – 자동차용 안전유리

24 해럴드경제(2012.5.21)

있는 한국(구미)로 입주한 것이다.[25]

셋째, 위기의식이다. 아사히글라스가 국내 시장 진출을 서두른 것은 한국기업이 세계시장 주도권을 선도함으로서 원자재 구매력이 가장 큰 시장으로 부상했기 때문이다. 동 분야의 세계시장점유율이 계속 상승하면서 가장 큰 시장으로 부각되고 있는 한국을 더 이상 늦게 진출할 수 없다는 위기감도 작용하였다.[26] 시장조사 기관 디스플레이서치의 'LCD 유리기판 시장 분석 보고서'에 따르면, LCD글라스기판 생산업체별 점유율(2011)은 삼성코닝정밀소재(28%), 아사히글라스(26%), NEG(22%), 아반스트레이트(5%), 기타(19%)이다.[27]

LCD 유리기판 수요가 매년 증가(면적 기준)할 것이라는 전망을 감안하면 앞으로의 경쟁은 더욱 치열해질 것으로 보인다. 특히 아사히글라스의 경우, 2011년 두께가 0.1mm인 세계에서 가장 얇은 유리를 개발하여 차세대 디스플레이, 조명, 터치스크린, 의료장비와 같은 최첨단 제품에 활용될 것으로 전망된다. 또한 최근 디스플레이가 갈수록 얇아지고 절전형으로 전환되고 있음을 고려할 때 초박형 유리기판에 대한 수요는 꾸준히 늘어날 것으로 예상된다.[28]

넷째, 다양한 투자혜택이다. 아사히글라스가 국내시장, 특히 구미에 투자가 집중 된 것은 삼성과 LG 등 대기업이 구미를 디지털단지로 하

25 해럴드경제(2012.5.21)

26 구미시(www.gumi.go.kr) 보도와 해명(2005.12.2)

27 LG전자도 이런 문제를 인식해 LG전자–LG디스플레이–LG화학으로 이어지는 부품조달 수직계열화를 추진하고 있다. LG화학을 통해 유리기판을 자체조달하려는 의도이다. 이를 위해 2009년에는 LG화학과 독일 쇼트사간 기술도입 계약을 체결하고 2011년 하반기에는 LCD 유리기판 공장도 착공했다. 그러나 아직 LG화학의 유리기판 생산은 미흡한 수준이다. 삼성모바일디스플레이(SMD)와 코닝의 합작사 '삼성코닝어드밴스드글라스'가 2012년 5월부터 OLED용 유리기판을 생산한다. 이에 따라 삼성전자는 55인치 OLED TV에 들어가는 유리기판을 기존 아사히글라스 조달에서 하반기 출시 제품부터 삼성코닝어드밴스드글라스 조달로 차차 교체해 나갈 계획이다. 아시아투데이(2012.5.21)

28 시사저널(2011.6.15)

여 성장하고 있다는 점이다. 또한 구미시에서 외투기업에 대한 공장부지 50년간 무상임대, 임대료 전액 면제, 법인세 · 소득세 · 등록세는 5년간 면제, 이후 2년간은 50%의 감면, 취득세 · 종합토지세 · 재산세 등 지방세는 15년간 100% 면제혜택을 제공하는 파격적인 인센티브 제도도 국내진입을 결정하는 데 한 몫을 하였다. 아사히글라스가 국내시장 진출의 시사점과 성과는 아사히글라스의 지속적인 대규모 투자는 한국 패널업체에 대한 유리기판의 안정적 공급을 통한 수급 불안정 해소와 대일 무역수지 개선, 고용확대와 지역 경제발전에 기여하고 있다.

4.3. 투자유치 촉진 방안 및 시사점

최근 한국의 국제적 위상이 아시아 태평양지역의 허브로 부상하기에는 아직도 미흡한 점이 많다고 지적하고 있다. 대표적으로 세제, 외환거래, 노동유연성, 외국인 고용 및 이민허용, 영어능력, 국가이미지, 거시경제, 글로벌 경영환경 등의 분야에서 도쿄나 싱가포르, 홍콩 등 선진도시는 물론 중국 상해경제특구보다 뒤떨어지는 것으로 평가하고 있다. 따라서 친외국인직접투자 정책의 중요성이 강조되고 있다(권순우, 2003; 이석희, 2004; 박경환, 2008; 이학노, 2009; 김치호, 박의범, 2008; 정무섭, 2008; 이병기, 2008; 김동렬, 유병규, 2010).

외국인직접투자 유치를 촉진하기 위한 국가적 관점에서의 정책적 시사점으로는 투자유치 관련 세제의 개편, 특히 법인세제의 대폭 인하, 첨단 R&D 센터의 유치를 위해 각종 인센티브 제공, 외국인직접투자 행정체계의 강화, 그리고 외국인직접투자 관련제도의 선진화가 필요하다.[29]

---

29 변재웅(2009). Bénassy-Quéré 등(2007) 연구에서도 알 수 있듯이 투자 유치국과 투자국 제도의 근접성이 양방향 FDI를 증가시킨다는 결과를 보여주고 있다. 제도의 질, 투자국의 제도수준 개선, 노사관계, 법인세제, FTA, 법질서유지 등과 같은 제도를 선진국 수준으로 개선하면 FDI 유입을 촉진하는 계기가 될 수 있다.

구미시 입장에서는 구미가 매력적인 투자처로 유지되기 위해서는 지속적인 무노동 분규, 우수한 인력의 공급, 다양한 조세감면 혜택, 토지 및 외국인공단조성, 저렴한 투자비용, 납품요인의 매력도, 관련 전자업종의 집적화(cluster), 노사화합, 편리한 인프라 조성 확대, 다양한 기업 지원시설, 지자체의 열정 등이 더욱 필요하다. 특히 구미는 일본기업들의 한국으로 진출에서 선호하는 투자지역이다. 한국이 유럽, 미국 등과 FTA 체결로 FTA화 비율이 높은 점도 일본기업의 구미 진출의 이점으로 작용하고 있어 구미의 투자 매력도를 높이는데 주력해야 한다. 특히 전자관련 산업의 투자가 많은 관계로 잘 발달된 전자업종의 cluster를 활용하는 투자유입 전략이 필요하다.

5.
결론

본 장은 최근 외국인직접투자를 성공적으로 유치한 구미시의 외국인직접투자 유치정책과 제도, 그리고 성공요인을 분석하였다. 외국인직접투자가 경제성장, 고용창출에 기여할 뿐만 아니라 산업경쟁력을 직접 · 간접으로 강화시키는데 기여한다는 점을 고려할 때 첨단산업의 유치를 전략적으로 유도하는 등 구미시의 외국인직접투자 유치 전략은 매우 적극적이며 성공적으로 평가 할 수 있다.

구미시는 그동안 외국인직접투자를 유치하기 위하여 입지지원, 현금지원, 조세감면과 인센티브제도 등의 다양한 정책을 통하여 외국인직접투자를 유치하고 있다. 또한 구미시는 사업을 시작하고자 하는 외국기업에게 정보와 서비스를 제공하며, 부지선정, 사업자등록, 직원채용, 정주 여건 개선 등 사업설립에 필요한 모든 지원과 조언을 제공한다.

외국인직접투자 유치를 촉진하기 위하여 새로운 투자유치도 필요하지만, 철저한 사후관리를 통해 기존 외국기업의 투자 회수 방지 및 증액 투자 유도에 주력해야 할 것이다. 또한 구미가 매력적인 투자처로 유지되기 위해서는 지속적인 무노동 분규, 우수한 인력의 공급, 다양한 조세감면 혜택, 토지 및 공단조성 확대, 관련 전자업종의 집적화(cluster), 외국인 공단조성과 인프라 구축, 다양한 기업지원시설, 지자체의 열정 등이 더욱 필요하다.

참고문헌

구미상공회의소(2012), http://gumicci.korcham.net

구미시(2005.12.2), "보도와 해명"(www.gumi.go.kr)

구미시(2012, 2013)
〈http://www.gumi.go.kr/pages/main/main.jsp〉

구미시정뉴스(2012.5.1), http://gumi.go.kr, "대일본 투자유치단 새로운 기회를 잡다!"

권순우(2003), "외국인직접투자 부진의 원인과 처방. CEO 인포메이션 제385호, 삼성경제연구소.

김동렬 · 유병규(2010), "외국인투자 부진과 활성화 과제: 제조업신규투자 중심 FDI 유치 필요", 경제주평, 418호, 현대경제연구원.

김치호 · 박의범(2008), "다국적기업의 효과적 유치방안에 관한 연구", 국제경영리뷰, 제12권 2호, pp. 77-97.

대한상공회의소(2011), "외국인투자기업이 본 규제개혁 성과 인식조사", 대한상의보고서.

매일경제(2012.8.7)
〈http://news.mk.co.kr/newsRead.php?year=2012&no=495697〉

박경환(2008), "외국인직접투자의 특성에 따른 투자유인책 선호도와 환경적요인 고려도 차이에 관한 연구", 국제경영리뷰, 제12권 3호, pp. 117-143.

변재웅(2009), "영국의 해외투자 유치정책의 성공요인 분석", 유럽연구, 제27권 3호, pp. 297-320.

변재웅(2013), "구미시 외국인투자 유치 성공 요인 분석", 무역통상학회지, 제13권 3호, pp. 25-38.

시사저널(2011.6.15), "LCD 유리기판 '독과점' 깨지나".

아사히글라스코리아(www.afk.co.kr)

아시아투데이(2012.5.21), "대통령상 수상한 LG전자, 자체기술은 '반쪽'".

영남일보(2011.3.24), "구미시 해외기업 유치활동에 감명".

영남일보(2014.8.5), "구미 근로자수 11만명 돌파".

영남일보(2014.11.24), "섬유, 전자기업 떠난 구미...첨단산업 뿌리 내린다."

이병기(2008), "외국인 직접투자 환경과 제도개선 과제", 정책연구 2008-07, 한국경제연구원.

이석희(2004), "지역산업전략과 연계한 외자유치 활성화 방안", 대구경북연구원.

이학노(2009), "한국과 아시아경쟁국의 외국인직접투자정책 비교 연구", 무역학회 하계세미나발표논문집, pp. 579-607.

일본아사히글라스 〈http://www.agc.co.jp/english/company/profile.html〉

정무섭(2008), "외국인직접투자의 부진과 시사점", CEO 인포메이션, 제674호, 삼성경제연구소.

지식경제부(2012), "'12년 1분기 외국인 직접투자 동향", 보도자료 지식경제부.

해럴드경제(2012.5.21), "LCD유리업체들 한국서 판 벌인 까닭?".

Alfaro, L. A. Chanda, S. Kalemli-Ozcan, and S. Sayek.(2002), "FDI and Economic Growth: The Role of Local Financial Market," Journal of International Economics, 64, pp. 89-112.

Balasubramanyam et al., V. N. Balasubramanyam, M. Salisu and D. Sapsford.(1996), "Foreign Direct Investment and Growth in EP and IS Countries," Economic Journal, 106, pp. 92 – 105.

Bellak, C. and M. Leibrecht.(2005), "Effective Tax Rates as a De. terminant of Foreign Direct Investment in Central and East European Countries: A Panel Analysis," SFB International Tax Coordination, Discussion Paper, No.7.

Bénassy-Quéré, A., M. Coupet. and T. Mayer.(2007), "Institutional Determinants of Foreign Direct Investment," World Economy, pp. 764-782.

Blomstrom, M. and F. Sjoholm.(1999), "Technology Transfer and Spillovers: Does Local Participation with Multinationals Matter," European Economic Review, 43, pp. 915-923.

Borensztein, E., J. De Gregorio. and J. W. Lee.(1998), "How does Foreign Direct Investment Affect Economic Growth?" Journal of

International Economics, Vol 45.

Gorg, H. and E. Strobl.(2001), "Multinational Companies and Productivity Spillovers: A Meta-Analysis," The Economic Journal, Vol. 111, pp. 723-739.

Grossman, S. and E. Helpman.(1995), "Innovation and Growth in the Global Economy," Cambridge, M.A.: MIT Press.

Haskel, J., S. Pereira, and M. Slaughter.(2002), "Does Inward Foreign Direct Investment Boost the Productivity of Domestic Firms?" NBER Working Paper, 8724.

International Energy Agency.(2011), Energy Prices & Taxes, 4th quarter 2011, OECD/IEA.

kbn-japan(2012.3.2)
〈http://www.kbn-japan.com/KN050303-01.htm〉

UNCTAD. World Investment Report 2012. New York: UNCTAD.

제9장

싱가포르 외국인직접투자 유치 성공 사례

| 제9장 |

싱가포르 외국인직접투자 유치 성공 사례

1. 서론

싱가포르는 금융, 운송 등 서비스업과 석유, 반도체 등의 재수출을 통한 중계무역이 발달한 국가이며, 외투기업들은 싱가포르 GDP의 60% 이상을 차지할 만큼 고용, 수출 등에 크게 기여하고 있는데 이유는 정부의 적극적인 투자유치정책, 친 비즈니스환경, 정치 · 사회 안정성 등에 기인한다. 싱가포르(2012년 기준)는 인프라가 잘 구축된 도시 세계 1위(Mercer), 국가 경제 자유도시 세계 2위(The Heritage Foundation), 국가 경쟁력 세계 4위(IMD), 정보 네트워크가 가장 잘 갖추어진 국가 세계 2위(세계경제포럼) 등 주요 경쟁력 지표에

---

* 본장은 변재웅(2014)의 논문을 기초로 수정 보완하였다.
변재웅(2014), "싱가포르 외국인투자 유치 성공 사례 연구", 무역통상학회지, 14(1), 한국무역통상학회, pp. 39-63.

서 상위권이다.

싱가포르는 FDI 유출보다 외국인직접투자 유입이 훨씬 많은 투자 유입 성공 국가이다. 외국인직접투자는 2008년 122억 달러로 세계의 0.67%의 비중이었으나, 그동안 꾸준히 증가하여 566.5억 달러로 전 세계 외국인직접투자의 4.19%를 차지하는 등, 전세계 7위의 투자유입국이다. 싱가포르는 1960년 이후 정부주도, 수출주도, 외국인직접투자 주도 산업정책을 바탕으로 성장하다가 2000년대 이후 EDB(Singapore Economic Development Board)는 "Industry 21" 정책인 싱가포르 국가발전을 위한 청사진을 발표하고 지식기반경제에 바탕을 둔 경제체제로 전환하였으며, 이에 일환으로 외국인직접투자를 적극 유치하여 성공하고 있다. 싱가포르 경제의 특징은 소규모 개방경제, 정부관리 경제체제가 특징이다.[1] Yue(2009)는 특히 생명공학, 전자, 석유화학, 그리고 서비스산업의 외국인직접투자 유치에 많은 노력을 경주하고 있는데 이러한 분야가 상당히 성공적이라고 평가한다.

싱가포르는 외자유치와 건전한 투자환경 제공이라는 측면에서는 성공한 국가로 인정받고 있다. 싱가포르의 외국인직접투자 정책 및 인센티브 등 제도는 다국적기업의 지역본부 유치, 의료서비스, 금융 서비스, 제조업 분야 등의 발전에 기여하였다. 일례로 금융 및 보험업, 서비스, 제조업 등 대표적인 외투기업인 Procter & Gamble, Merck, Sharp & Dohme, Siemens, Panalpina, Lucasfilm Limited, Trina Solar, Rolls-Royce, Clariant, Unilever, Dell[2] 등이 싱가포르에 투자하고 있다.[3]

---

1 Yue(2009), 오태영(2007), 송영규(2009).

2 싱가포르 경제개발청〈http://www.edb.gov.sg/content/edb/en/case-studies.html〉

3 *"Home for Business" is about deeply rooting companies in Singapore and being their home away from home. Asia's growth story – be it China, India or ASEAN – will increasingly shape global trade and investment flows. As manufacturing and service capacity shifts to Asia, coupled with the influx of engineering talent, companies increasingly turn their focus to Asia. Singapore can then be the ideal location for companies to locate*

본장은 싱가포르의 성공적인 외국인직접투자 유치 사례를 분석한다. 싱가포르 사례는 부족한 국내부존자원으로 성공적인 외국인직접투자의 유치로 경제발전에 기여하였다는 점에서 의의가 있다. 싱가포르의 성공적인 외국인직접투자 유치 관련 연구는 Yue(2006, 2009), Ying and Tan(2013), 오태영(2007), 송영규(2009), 대구광역시(2008) 등 소수의 연구가 있다. 제 2절에서는 싱가포르 외국인직접투자의 유치 현황, 제 3절은 싱가포르 외국인직접투자의 정책과 제도, 제 4절은 싱가포르 외국인직접투자 유치 사례와 성공요인을 살펴본 뒤, 제 5절에서 결론을 도출한다.

2.
싱가포르 외국인직접투자 현황

2.1. 연도별 외국인직접투자 유입 현황

〈표 1〉은 싱가포르의 연도별 외국인직접투자 유입 현황(2008~2012년)을 보여준다. 유입은 2008년 122억 달러로 전 세계의 0.67%의 비중이었으나, 그동안 꾸준히 증가하여 2012년 566.5억 달러로 전세계 외국인직접투자의 4.19%를 차지하며 세계 7위의 투자유입국으로 성장했다. 반면 싱가포르의 FDI는 2005~2007년 평균 223.7억 달러에서 2008

some of their key decision makers to feel the pulse, spot opportunities and leverage the network of relationships in the region. Companies find in Singapore a stable and trusted base where they can exploit their knowledge and IP assets, undertake key activities which give them a competitive advantage, as well as drive their growth from Asia. At the same time, Singapore's global connectivity as well as the marketplace of thought and perspective it offers makes it an ideal neutral base from which Asian companies can expand their presence worldwide. 〈http://www.edb.gov.sg/content/edb/en/why-singapore/about-singapore/strategy/home-for-business.html〉

년 이후도 이정도 수준을 유지하여 2012년 230.8억 달러이다. 따라서 싱가포르는 FDI 유출보다 외국인직접투자 유입이 훨씬 많은 투자유입 성공국가이다.

〈표 1〉 싱가포르의 연도별 외국인직접투자 유입 현황(2008~2012년)

(단위: 백만US$)

년도	2005~2007 (년 평균)	2008	2009	2010	2011	2012
유입 (전 세계 비중, %)	33,921	12,200 (0.67)	24,939 (2.05)	53,623 (3.81)	55,923 (3.39)	56,651 (4.19)
유출	22,375	24,051	25,341	26,249	23,080	23,080

자료: UNCTAD(2013), 2013 World Investment Report. 변재웅(2014), p. 45.에서 재인용.

2.2. 국가별 현황

〈표 2〉는 국가별 싱가포르 유입 외국인직접투자(2007~2011)를 보여준다. 국가별로는 미국이 전체의 11.6%로 제 1 투자국이며, 네덜란드(9.9%), 영국(8.3%), 일본(7.8%) 순이다. 지역별 최대 투자지역은 유럽(37.5%), 아시아(24.1%)와 중남부아메리카/케리비안(21.8%)순이다.[4] 2007년과 2011년 사이의 변화를 살펴보면, 아시아는 24% 내외로 큰 변화가 없는 반면, 유럽은 2007년 42.5%에서 2011년 37.5%로 약 5% 감소했지만, 지난 5년 동안 싱가포르의 최대 투자지역으로 다른 지역에 비해 여전히 높은 비중을 유지하고 있다. 전체 국가 중 5년 사이 투자액이 가장 많이 증가한 국가는 홍콩으로 2007년 1.5%에서 2011년 3.5%로 약 2% 증가했다. 그리고 가장 많이 감소한 국가는 영국으로 2007년 13.4%에서 2011년 8.3%로 약 5% 감소했다.

4 〈http://www.globalwindow.org/quasar_jsp/inc/gw_downloadpdf.html?fileName=/gw_files/NationPDF/101081/101081_403_5011211.pdf〉

〈표 2〉 국가별 싱가포르 유입 외국인직접투자(2007~2011) (단위: 백만 달러)

국가 \ 연도	2007	2008	2009	2010	2011
합계	466,567.4 (100%)	510,316.0 (100%)	574,757.8 (100%)	629,765.7 (100%)	672,019.2 (100%)
아시아	105,294.1 (22.6%)	119,944.9 (23.5%)	145,770.7 (25.4%)	153,301.3 (24.3%)	161,938.1 (24.1%)
중국	2,314.1 (0.5%)	4,423.7 (0.9%)	9,725.7 (1.7%)	14,289.9 (2.3%)	14,725.9 (2.2%)
홍콩	6,887.3 (1.5%)	11,927.1 (2.3%)	18,145.8 (3.2%)	18,587.1 (3.0%)	23,475.3 (3.5%)
인도	13,025.7 (2.8%)	16,861.4 (3.3%)	21,954.8 (3.8%)	24,509.3 (3.9%)	23,806.2 (3.5%)
일본	47,540.2 (10.2%)	50,163.0 (9.8%)	50,391.5 (8.8%)	53,747.4 (8.5%)	52,535.9 (7.8%)
한국	3,040.2 (0.7%)	3,250.3 (0.6%)	2,906.3 (0.5%)	3,686.5 (0.6%)	4,159.4 (0.6%)
말레이시아	11,378.0 (2.4%)	12,585.1 (2.5%)	15,864.6 (2.8%)	14,341.0 (2.3%)	18,621.2 (2.8%)
유럽	198,339.7 (42.5%)	203,861.7 (39.9%)	222,209.7 (38.7%)	232,136.0 (36.9%)	251,999.2 (37.5%)
네덜란드	51,418.6 (11.0%)	61,001.4 (12.0%)	61,395.4 (10.7%)	60,407.3 (9.6%)	66,315.8 (9.9%)
노르웨이	17,079.5 (3.7%)	21,267.0 (4.2%)	23,134.0 (4.0%)	21,971.3 (3.5%)	21,765.3 (3.2%)
스위스	27,453.4 (5.9%)	23,504.9 (4.6%)	26,851.5 (4.7%)	27,570.0 (4.4%)	28,754.3 (4.3%)
영국	62,527.3 (13.4%)	50,072.0 (9.8%)	49,499.4 (8.6%)	50,071.9 (8.0%)	55,884.5 (8.3%)
미국	51,550.8 (11.0%)	52,970.4 (10.4%)	58,802.3 (10.2%)	68,020.5 (10.8%)	77,941.5 (11.6%)
중남부아메리카/ 케리비안	91,009.7 (19.5%)	108,747.3 (21.3%)	121,759.4 (21.2%)	143,286.0 (22.8%)	146,279.6 (21.8%)
아프리카	9,022.9 (1.9%)	12,325.5 (2.4%)	12,782.3 (2.2%)	15,557.3 (2.5%)	14,876.9 (2.2%)

자료: 싱가포르 통계청 〈http://www.singstat.gov.sg〉 변재웅(2014), pp. 45-46.에서 재인용.

2.3 산업별 현황

〈표 3〉 산업별 싱가포르 유입 외국인직접투자 비중(2001~2011) (단위: %)

	2001 (비중, %)	2011 (비중, %)
금융 및 보험 서비스업	35.3	43.1
제조업	37.5	20.4
도소매업	14.1	17.6
전문, 과학, 기술, 행정 지원관련 서비스업	3.4	5.9
운송 및 저장업	4	4.1
부동산업	2.7	4.1
정보통신업	0.9	0.9
기타	2.1	2.7

자료: 싱가포르 통계청 〈http://www.singstat.gov.sg〉 변재웅(2014), p. 46.에서 재인용.

〈표 3〉은 산업별 싱가포르 유입 외국인직접투자 비중(2001~2011)을 보여준다. 산업별로 금융 및 보험 서비스업이 43.1%, 제조업이 20.4%로 이들 산업의 비중이 2001년 전체의 72.8%에서 2011년 다소 줄어든 63.5%를 차지하고 있다. 2001년에 비해 금융 및 보험 서비스업은 35.3%에서 증가하였고, 제조업은 37.5%에서 감소하였다. 따라서 싱가포르는 금융 및 보험업, 전문 서비스업, 운송 및 저장업, 부동산업, 정보통신업 등 비제조업의 비중이 상당히 높다는 점을 알 수 있다. 싱가포르는 1970년대부터 이미 외환자본 유출입이 자유롭게 허용되어 글로벌 기업의 재무본부 및 아시아 금융 중심지로 선호되어 왔다. 그러한 전통으로 글로벌 금융위기 등 시장의 영향으로 소폭의 등락은 있었지만, 전반적으로 외국인직접투자 유치 분야에서 금융 및 보험 서비스업이 큰 비중을 차지하고 있다.

제조업 분야의 경우, 석유 정제업, 제약제조업이 발달하여 글로벌 기업의 제조기지로 활용되고 있으며, 아시아 및 유럽 북미지역 등을 이어주는 지리적 이점을 활용하여 제조업 분야에서 판매, 생산의 관문 역할을 하고 있다. 이러한 투자환경, 산업특성의 영향으로 제조업은 금융 및 보험 서비스업에 이어 두 번째로 외국인직접투자 유입이 많은 산업분야이다.[5] Ying and Tan(2013)은 싱가포르의 적극적인 투자유치와 싱가포르의 국내 경제활동의 보완으로 싱가포르 기업의 FDI가 활발하고, 지역적으로는 유럽과 아시아가 외국인직접투자와 FDI의 주요 대상지역이라는 견해이다.

3. 싱가포르의 외국인직접투자 유입 정책 및 제도

3.1. 싱가포르의 외국인직접투자 유입 정책

싱가포르의 투자정책은 그동안 외국자본 유치를 통한 경제발전정책을 추진하였는데, 거의 모든 분야에서 외국인직접투자가 자유화 되어 있고, 외국자본을 자국자본과 동일하게 취급함으로써 글로벌 기업의 안정적인 투자처로 활용되어왔다. 특히 1990년대 이후 미래 산업에 대한 효율적인 투자유치 전략을 수립하여 산업클러스터를 조성하여 인프라를 구축하고, 관련분야에 대한 투자 인센티브 및 친비즈니스적 행정서비스를 제공하는 등 외국인직접투자를 유치하기 위해 노력해왔다.[6] 따라서 싱가포르는 외투기업에 대한 열의를 가지고 지원하는 등 외국

5 〈http://www.globalwindow.org/quasar_jsp/inc/gw_downloadpdf.html?fileName=/gw_files/NationPDF/101081/101081_403_5022632.pdf〉

6 〈http://www.globalwindow.org/quasar_jsp/inc/gw_downloadpdf.html?fileName=/gw_files/NationPDF/101081/101081_401_5022630.pdf〉

인지직접투자 유치를 위한 최적의 환경 조성을 국가발전의 최우선 정책으로 수립하여 추진하였다.

싱가포르는 지식기반경제 발전을 중심으로 투자를 장려하고자 전자공학, 석유화학, 생명과학, 엔지니어링, 교육서비스, 의료서비스, 물류, 정보통신 · 미디어, 지역총괄 등 9개의 전략산업을 선정하고 21세기 사업 비전인 '인더스트리 21(Industry 21)' 정책을 추진 중이다. 싱가포르 기업들은 대개 외국인투자가의 관심을 쉽게 유인하고 있어, 최근 싱가포르 국내 기업들에 대한 외국기업들의 M&A가 급격히 증가하고 있다. 그 이유는 싱가포르가 매력적인 투자처로 부상하고 있을 뿐만 아니라, 친비즈니스 환경이 잘 조성되어 있고 정부가 친기업적인 정책을 펼치고 있으며, 상대적으로 안정적인 투자환경을 가지고 있기 때문이다. 또한, 아시아 지역을 공략에서 싱가포르는 우위를 다질 수 있는 기회를 제공하는 요인으로 작용한다는 점도 외국기업들의 관심을 끌고 있다.[7]

싱가포르는 2012년 기준, 세계에서 가장 부패 없는 국가 5위에 선정, 공공서비스의 전 분야에 걸쳐 투명하게 공개하고 있으며, 공무원 부패에 관한 징벌의 엄격한 적용 등 세관, 세무, 노동관청의 행정투명도를 제고시켰다.[8] 〈표 4〉는 싱가포르 정부의 투자정책 및 외국인우대 정책을 보여준다.

---

7 KOTRA 글로벌윈도우(http://www.globalwindow.org)
〈http://www.globalwindow.org/GW/asia/trade/info/oversea-invest-detail.html?&SCH_TYPE=SCH_SJ&MENU_CD=M10302&MODE=L&SCH_TRADE_CD=0000000&ARTICLE_ID=2048237&UPPER_MENU_CD=M10301&BBS_ID=17&SCH_VALUE=&MENU_STEP=2&Page=3&SCH_NATION_CD=101081&SCH_START_DT=&RowCountPerPage=10&RowCountPerPage=10&SCH_END_DT=〉

8 〈http://www.globalwindow.org/quasar_jsp/inc/gw_downloadpdf.html?fileName=/gw_files/NationPDF/101081/101081_407_5022636.pdf〉

〈표 4〉 싱가포르 정부의 투자정책 및 외국인우대 정책

투자정책	• 외국인직접투자의 자유화 • 외국자본과 자국자본을 동일하게 취급 • 미래 산업에 대한 산업클러스터를 조성
정부의 외자기업에 대한 열의 및 지원	• 외국자본 유치를 통한 경제발전정책을 적극 추진 (외국인직접투자 유치를 위한 최적의 환경 조성, 친 기업적 환경 등)
세관, 세무, 동관청의 행정투명도	• 공공서비스의 공개, 공무원 부패의 엄격한 징벌

자료: Global Window 〈http://www.globalwindow.org〉 변재웅(2014), p. 49.에서 재인용.

싱가포르는 경제발전의 수단으로서 외국인직접투자를 유치하기 위하여 1961년 투자유치 담당기관인 EDB(Singapore Economic Development Board)를 설립하였다. EDB는 투자유치업무 뿐만 아니라 전반적인 경제발전 계획까지 수립하는 기관으로, 싱가포르를 글로벌 비즈니스 허브로 만드는 것을 목표로 삼고 전략적인 투자유치 활동을 벌이고 있다. 또한 EDB는 무역개발청, 주룽공단공사, 노동부 등 관련 부처와 협조 하여 투자관련 전 분야에서 One-stop service를 제공할 뿐만 아니라, 투자홍보, 정보제공 등 투자가가 필요한 제반 서비스를 모두 지원하고 있다.[9]

3.2. 싱가포르의 외국인직접투자 유입 제도

싱가포르의 외국인직접투자 인센티브 지원은 법률에 의하지 않고 싱

9 싱가포르 경제개발청(www.edb.gov.sg), 오태영(2007).
싱가포르의 투자유치 과정은 크게 3단계로 구분되는데, 1단계는 전후방 산업의 유기적 연관 구축을 위해 대상 산업을 명확히 하여 대상산업 타겟(Industry Targeting)으로 하고, 2단계는 대상기업 타겟(Company Targeting)으로 하여 본격적인 유치활동을 하며, 3단계는 해당기업과 밀접한 관계 및 지원체계 유지하는 모니터링(Monitoring) 단계이다. 홍기화(2006), pp. 32-34.

가포르 경제개발청(EDB)과 산하기관의 자체 지침에 의하여 시행되고 있으며, 특히 EDB는 투자업무에 있어서 투자 인센티브제도의 수립 및 운영, 수혜여부 심사 등에 상당한 권한을 가지고 있다. 인센티브는 주로 4가지 사항(총사업비용, 투자금액, 고용창출 비즈니스, 활동의 종류)을 종합적으로 고려하여 결정된다. 해당기업이 인센티브 신청요건을 충족시키더라도 자동적으로 혜택을 부여하지 않고, 프로젝트에 대한 조사를 통해 경제발전 기여도 등을 고려하여 결정된다. 경제개발청의 프로젝트 담당자는 관련 프로젝트의 인센티브 부여에 대해 제안을 할 수 있고, 프로젝트에 대한 인센티브 부여 여부에 대한 심사는 EDB 자체심사위원회에서 실시한다. EDB 기관장이 최종 결정권한을 지니고 있으므로, 인센티브 적용여부에 대해서는 경제개발청과 사전협상을 할 필요가 있는데, 이는 유치과정에서 협상력을 높이는 등 강점으로 작용하고 있다.[10]

싱가포르는 외국기업에 대한 차별정도, 외국인투자자에 대한 인센티브, 외국인투자자 보호 장치 측면에서 외국인직접투자에 상당히 우호적일 뿐만 아니라, 외국인투자자의 국내기업 지배허용은 영국 다음으로 낮은 수치로 외국인직접투자에 대해 차별 및 규제가 가장 낮은 수준이다. 기본제도로는 경제 확대 우대법, 외국인직접투자 인센티브, 외국인직접투자 유입 장려 및 제한, 현지 법인설립 및 투자와 관련된 법이 있다. 일례로 싱가포르 정부가 2000년 이후 국제적인 금융허브 구축을 추진하면서 외국인투자자에게 각종 조세혜택과 인센티브를 제공하여 세계적인 금융회사들이 지역본부를 설치하기 시작했다.[11]

싱가포르의 주요 외국인직접투자 유입 제도는 경제 확대 우대법, 외국인직접투자 유입 장려 및 제한 산업, 외국인직접투자 인센티브제도, 현지 법인설립 및 투자와 관련된 법, 외국인직접투자 우대제도 등이 있

10 싱가포르 경제개발청(www.edb.gov.sg).

11 송영규(2009).

다. 첫째, 〈표 5〉는 싱가포르의 경제 확대 우대법의 종류 및 혜택을 보여준다. 외국인직접투자를 유치하고 싱가포르 기반 기업들이 투자를 다변화하도록 장려하는 것으로 장관이 공익을 위해 필요하다고 생각하는 산업 및 제품에 대해 조세 혜택을 부여하는 정책이다.

〈표 5〉 싱가포르의 경제 확대 우대법의 종류 및 혜택

종 류	혜 택
선구자적 산업 및 서비스	15년까지 세금 면제
개발 및 확대 우대책	20년 미만 기간에 대해 5% 이상의 세율 할인
서비스 수출	최대 10년까지 세금 면제
생산장비용 외채	세금 면제 또는 세율 할인
기업 투자 우대	손실에 대한 세금 공제
R&D 및 지적재산권 관리 허브	소득세 면제
해외투자 우대	해외 손실에 대한 세금 납부 연기

자료: www.globalwindow.org. 변재웅(2014), p. 50.에서 재인용.
〈http://www.globalwindow.org/quasar_jsp/inc/gw_downloadpdf.html?fileName=/gw_files/NationPDF/101081/101081_407_5022636.pdf〉

둘째, 〈표 6〉은 싱가포르의 외국인직접투자 유입 장려 및 제한 항목이다. 싱가포르의 외국인직접투자는 거의 완전 자유화되어 있으며, 싱가포르 정부가 외국인직접투자를 적극 장려 하는데, 일부 분야에 대해서만 투자를 제한하고 있다. 고도기술산업, 자본집약산업, 첨단산업 등 특별한 부문을 제외하고는 투자 가능한데, 제한 항목은 공익에 관계된 부문, 공공성이 높은 기업의 지분소유 통제되고 있으며 금융부문에 대한 제한은 완화되는 추세이다.

〈표 6〉 싱가포르의 외국인직접투자 유입 장려 및 제한 항목

장려 항목	• 고도기술산업, 자본집약산업, 첨단산업 등 (외국인직접투자는 거의 완전 자유화되어 있어 제조업은 물론이며 서비스 부문도 특별한 부문을 제외하고는 투자 가능)
제한 항목	• 공익에 관계된 부문 투자 금지 – 무기/탄약 제조업, 공공서비스(전기, 가스, 상수도), 전기통신시스템 등 • 공공성이 높은 기업의 지분소유 통제 – 신문사, 항공사, 해운회사 – 지속적인 민영화는 실행 중 • 금융부문에 대한 제한 완화 추세 – 증권회사지분은 싱가포르 증권거래소의 허가에 따라 70% 까지 취득 가능 – 현지은행의 외국인 지분은 과거 40%까지만 가능했으나, 1999년 5월 금융개방조치로 제한 철폐 – 외국계 은행의 국내금융서비스 전면 개방

자료: Global Window(www.globalwindow.org) (싱가포르국가정보 주요투자법) 〈http://www.globalwindow.org/quasar_jsp/inc/gw_downloadpdf.html?fileName=/gw_files/NationPDF/101081/101081_407_5022636.pdf〉 변재웅(2014), p. 51.에서 재인용.

〈표 7〉 싱가포르의 외국인직접투자 인센티브제도

구 분	요 건	지원규모
Pioneer Status	• 싱가포르에서 생산되지 않는 제품 생산을 위한 신기술 도입	• 법인세 26%감면 (제품유형, 기술수준별 5~10년) • 법인세율 10% 적용 (추가개척자격 인정, 최장 10년)
생산설비확장	• 기존 제조업 1천만 싱가포르달러 이상	• 법인세 감면(확장일로부터 10년)
투자소득공제	• 개척자격이 아닌 기업의 승인된 산업분야 투자 시	• 신규투자액의 50% 한도 내 법인세 감면
사업본부설치	• 싱가포르 내 본사업무 담당 현지법인, 해외자회사 설립 시	• 5~10% 소득세율 적용(본부법인 등 소득) • 비과세(배당소득 및 배당금, 10년)
가속감가상각 적용지원	• 컴퓨터 및 자동화 설비, 산업용 로봇 등	• 연 100% 또는 33.3% 감가상각 인정 • 산업용 건물은 25년간 감가상각 인정
해외융자액에 대한 조세감면	• 생산설비 구입목적으로 20만 싱가포르달러 이상 해외 차입할 경우	• 이자소득 원천과세 감면
금융지원	• 신규 고용창출 및 지속적인 고용 유지	• 투자건마다 미공개로 지원 폭 결정

자료 : Singapore International Chamber of Commerce, The Investor's Guide to Singapore 〈www.lawnb.com/data/club/bbsdata032/주요국외투제도.hwp〉 변재웅(2014), pp. 51–52.에서 재인용.

셋째, 〈표 7〉은 싱가포르의 외국인직접투자 인센티브제도를 보여준다. 외국인직접투자 인센티브는 싱가포르 경제개발청과 협상하여 결정되는데, 인센티브의 범위는 한정되어 있지 않아서 프로젝트에 대한 조사를 통해 유연하게 결정된다. 세금감면은 0% 부터 가능하며, 감면 기간은 5년, 10년, 15년, 그 이상의 장기간도 가능하다.

〈표 8〉 싱가포르의 외국인직접투자 현지 법인설립 및 투자와 관련된 법

법	내 용
Companies Act (회사법)	• 법인 설립, 외국기업의 등록과 관련된 일반적인 절차, 경영, 주식, 청산, 회계처리, 회계감사, 행정 처리 관련 업무 및 책임에 관한 내용, 기업 설립 시 기본적으로 알아야 할 내용 등을 규정
Business Registration Act (사업 등록법)	• 개인 사업자, 동업자 등의 등록과 관련된 규정
Control of Manufacture Act	• 제조업 영위의 경우 기업설립 이전의 허가 획득 절차 및 대상에 대한 규정
Income Tax Act	• 소득세와 관련된 부과기준, 세액공제, 과표산출, 세율 등에 관한 규정
기타	• 노동법, 산업관련법, 환경법 등

자료: Global Window(www.globalwindow.org) 싱가포르 국가정보 주요투자법 〈http://www.globalwindow.org/quasar_jsp/inc/gw_downloadpdf.html?fileName=/gw_files/NationPDF/101081/101081_407_5022636.pdf〉 변재웅(2014), pp. 52–53.에서 재인용.

넷째, 〈표 8〉은 싱가포르의 외국인직접투자 현지 법인설립 및 투자와 관련된 법인데, 외국인직접투자만을 규정한 특별법은 없으며, 현지 법인설립 및 투자와 관련된 법을 따르며, 싱가포르 정부는 2013년 예산안 발표에서 2013년부터 2015년까지 임금 보조금 지원제도와 법인세 환급 제도를 적용하기로 결정했다.[12]

12 〈http://www.globalwindow.org/quasar_jsp/inc/gw_downloadpdf.html?fileName=/gw_files/NationPDF/101081/101081_407_5022636.pdf〉

〈표 9〉 외국인직접투자에 대한 차별 및 규제정도평가

	외국기업 차별정도	외국인투자자에 대한 인센티브	외국인투자자 보호 장치	외국인투자자의 국내기업 지배허용
영국	21	16	37	17
중국	36	17	23	49
싱가포르	12	3	14	25
한국	45	27	39	33

주: 조사대상 총 49개국 중의 순위로, 숫자가 낮을수록 외국인직접투자에 우호적.
자료: IMD(2012), World Competitiveness Yearbook. 변재웅(2014), p. 53.에서 재인용.

다섯째, 외국인직접투자 우대제도이다. 〈표 9〉는 외국인직접투자에 대한 차별 및 규제정도 평가인데, 싱가포르는 외국인직접투자에 우호적이다. 싱가포르는 외국기업 차별정도, 외국인투자자에 대한 인센티브, 외국인투자자 보호 장치에서 외국인직접투자에 우호적이고, 외국인투자자의 국내기업 지배허용은 영국 다음으로 낮은 수치로, 외국인직접투자에 대해 차별 및 규제가 가장 낮은 수준이다.

4. 투자유치 사례 및 성공요인

4.1. 투자유치 사례: 싱가포르 바이오폴리스(Singapore Biopolis)

싱가포르는 7,000여개의 다국적 기업이 전체 고용의 52%, GDP의 35%를 담당하고 있고 바이오산업은 전체 GDP의 4.7%를 차지하고 있다. 싱가포르 정부는 1998년부터 경제성장 촉진을 위한 지식기반산업 육성의 발전전략으로 「산업 21(Industry 21)」을 수립하고 금융, 물류 허브에 이어 보건의료분야를 10대 육성산업의 하나로 선정하여 바이오

허브를 구축하기 위한 정책으로 Premier Healthcare Service Hub를 수립하여 추진하고 있다.

바이오폴리스(Biopolis)는 싱가포르 정부가 주도하여 세계적 일류 바이오 기업과 인재를 유치하여 집적시키는 전략의 일환으로 2003년 최첨단 BT연구단지인 원-노스(One-North)에 개발한 단지로서 싱가포르는 국내 인적자본이 부족하여 해외로부터 유치하는 전략을 적극 구사하였다.[13]

6만여 명의 최고수준의 연구인력 유치를 목표로 '창조적인 마인드가 24시간 만나는 곳'이라는 슬로건 아래 조화를 이루는 연구복합단지를 조성하고 있다. 바이오폴리스에 BT관련 공공연구소, 민간 바이오 관련 기업, 병원 및 기타 서비스기업들이 집적하여 활발한 연구복합단지를 성공적으로 구축하고 있다.

GlaxoSmithKliner, Norvatis 등 글로벌 제약회사와 싱가포르 바이오 산업 R&D를 관장하는 싱가포르과학기술연구원(A*STAR) 산하기관 등이 바이오폴리스 주요 입주기관이다. 연구자들을 배려한 최신 시설과 특화된 서비스 외에도, 실험기간을 획기적으로 단축시켜주는 바이오인포매틱스(Bioinformatics) 시스템과 완벽한 유비쿼터스 환경 및 살기 좋은 정주여건 등이 잘 구비되어 있었기 때문에 바이오폴리스가 바이오 및 메디컬산업의 R&D 허브가 될 수 있었던 이유이다.[14]

---

13 한국보건산업진흥원(2010), p. 55. One-North는 향후 20년간 바이오메디칼, 정보통신, 미디아 등 주요 성장 동력산업을 집중시켜 육성하기 위한 'One-North Project'에 따라 조성중인 과학단지로 전체 200만㎡ 규모로 10조원의 예산을 투입 예정이다. 보건복지부(2012), p. 12.

14 경제개발청(EDB), 바이오원캐피탈(BIO One Capital), A*STAR 산하 바이오메디컬연구소를 삼각 축으로 하여 바이오폴리스의 바이오 · 메디컬 연구개발 허브 육성을 위한 시스템을 구축하고 있다. EDB는 계획, 사업, 투자 전략을 실행하는 선도 기관으로 의약품 제조 및 관련 연구개발과 BT관련 대기업 지원 등을 담당하였고, A*STAR는 연구 개발 활동의 촉진과 인적자본개발을 담당하는 국가기관으로 대학 및 연구자에게 보조금을 지원한다. 바이오원캐피탈은 아시아의 선도적 BT 투자회사로 600만 달러 이상의 투자자금을 운용하여 유망 BT 기업을 지원하고 금융, 비즈니스, 투자노하우, 임상시험, 제품개발 및 벤처기

싱가포르정부산하개발공사는 BT분야의 제조활동을 위한 부지를 위해 Tuas Biomedical Park Ⅰ, Ⅱ를 조성했는데, Tuas Biomedical Park에는 머크, 노바티스, 화이자 등 글로벌 제약기업들이 입주하는 등 세계 10대 제약사 중 6개사의 제조시설을 유치하고 있다.[15] 해외 일류기관을 유치하기 위해 싱가포르 바이오폴리스는 빈손으로 입주해도 곧 바로 연구가 가능한 지원시스템(plug and play)을 구축하고 있다. 중점분야는 Drug Discovery & Development, 바이오시설공유사업, 정부 민간 합작, 헬스케어, 의약기술 분야이다.[16]

4.2 성공요인

첫째, 싱가포르 정부의 전폭적인 지원체제 구축이다. BT분야 최첨단 기업의 유치를 위해 토지임대 등 행정 측면에서의 각종 인센티브를 제공하여 글로벌 대기업들을 유치한다. 일례로 노바티스의 경우, 30년 토지 무상임대 조건으로 입주한다. 또한, 원노스 입주기업들은 정부에서 제공하는 12개의 창업개발부지에 입주가 가능하며, 이 공간에는 여러 기업들이 공유 가능한 사무실, 회의실, IT 인프라 등을 무상으로 제공하고 있다.

둘째, 원스톱 패키지 연구 가능 여건 조성이다. 전원만 연결하면 바로 가동된다는 개념의 'Plug & Play' 개념을 바탕으로 운영하였다. 관련 기관 및 대학의 적극적 협조와 훌륭한 입지여건, 해외기관의 협력 및 다양한 장학제도를 통한 싱가포르 정부의 인적네트워크를 바탕으로 기초연구에서 상품화까지 전 과정이 원노스 내부에서 수행 가능하다.

업과의 광범위한 네트워크 등을 통해 다양한 방법으로 벤처기업을 지원하고 있다. 보건산업진흥원(2013), p. 33.

15 보건복지부(2012), pp. 12-14.

16 보건산업진흥원(2013), pp. 32-33.

셋째, 해외 고급인력 유치 노력이다. 싱가포르 인력부 산하 해외인재 유치팀(Contact Singapore)은 국가 성장 동력으로 특정산업을 선정하고, 이의 적극적 육성을 위해 타 정부조직과 긴밀한 협조체계를 구축하여 인재를 유치하고 있다. 다양한 거주민의 주거수요에 대응하고자 유형별, 입지별 주거 선택의 폭을 극대화하였으며, 교육을 핵심적 정주여건 요소로 파악하여 단지조성에 이를 적극적으로 반영하고 있다.[17] 따라서 싱가포르 원노스의 성공요인은 기업유치, 경영환경 개선 등 첨단산업 인력확보를 위한 다각적인 노력과 함께 거주민을 배려한 매력적인 정주여건 조성 등이다.[18]

관련 연구기관과 대학, 기업의 협조로 바이오 메디컬 분야의 기초 발굴에서 연구결과가 상품으로 나오기까지 전 과정이 원노스 안에서 가능하며, 이는 싱가포르 정부의 전폭적인 지원에 의한 것이다.[19] 따라서 싱가포르 원노스의 성공요인은 싱가포르 정부의 전폭적인 지원, 원스톱 패키지가 가능한 여건 조성, 해외고급 인력 유치를 위한 싱가포르의 범정부적인 노력이다.[20]

한편 이용주(2007)는 외국 인력의 지나친 의존도로 인한 생명과학 분야의 대외 종속화, 위험을 감수하는 기업가 정신 부족, 싱가포르의 관료화와 경직된 연구 분위기가 바이오산업의 성장 저해 요인으로 작용한다고 주장한다. 또한 싱가포르가 취약한 국내 부존자원을 외국자금으로 대체하여 성장하였지만, 아일랜드 사례처럼 세계경제 침체와 금융위기가 발생했을 때 직접적으로 국내경제가 난관에 봉착하는 구조적 문제점도 있다는 지적도 있다.[21]

17 보건복지부(2012), p. 14.
18 보건산업진흥원(2013), p. 35.
19 이진희(2010), p. 1.
20 이진희(2010), pp. 7–8.
21 송영규(2009).

싱가포르의 투자유치 성공은 싱가포르 바이오클러스트 구축 사례에서도 알 수 있듯이 몇 가지 성공요인을 알 수 있다. 첫째, 정부의 적극적인 투자유치 정책으로 90년대 들어서는 미래 산업에 대한 효율적인 투자 유치 전략을 수립하여 산업클러스터를 조성하여 인프라를 구축하고, 관련분야에 대한 투자 인센티브 및 친 비즈니스적 행정서비스를 제공하는 등 외국인직접투자를 유치하기 위해 노력해 왔다.

둘째, 친 비즈니스 환경으로 법인세 인하 및 낮은 소득세, 외국기업에게 허가 및 제한되는 업종 또한 방위산업, 방송산업 등에 국한되는 등 정부의 규제를 최소화하여 비즈니스경쟁력을 강화하는데 중점을 두고 있다. 외국인직접투자에 대한 차별 및 규제정도가 낮다는 점도 외국인직접투자 유입에 기여한다.

셋째, 우수한 인프라 구축이다. 세계 수준의 항만 공항시설 및 운영체계 구축, 아시아, 중동, 아프리카, 유럽을 잇는 해상 및 항공의 허브 역할을 수행하고 있다. 운송 및 물류산업은 싱가포르 GDP의 8%(2012년)를 차지할 뿐만 아니라 세계적 물류기업이 싱가포르를 지역본부로 활용하고 있다.[22] 2012년 세계은행(World Bank)이 총 800여 개의 국제 화물운송 운영업체들을 대상으로 측정한 물류수행지표(World Bank Logistics Performance Index) 조사에 의하면, 싱가포르는 네덜란드, 독일 및 중국 등을 제치고 물류허브 1위이다.[23]

넷째, 정치 · 사회적 안정성이다. 정치적으로 안정되어 있어 정책의 일관성이 유지되고 있으며, 노사분규가 거의 발생하지 않아 범죄 발생률도 낮은 매우 안정된 사회이다.[24]

---

22 Wee(2014), p. 69.

23 World Bank〈http://lpi.worldbank.org〉

24 〈http://www.globalwindow.org/quasar_jsp/inc/gw_downloadpdf.html?fileName=/gw_files/NationPDF/101081/101081_401_5011209.pdf

다섯째, 편리한 생활여건이다. 영어를 공용어로 사용하며 교육여건이 우수하고, 의료시설, 대중교통 체계 등 편리한 생활여건을 갖추고 있다. 싱가포르는 '아시아의 지식허브'를 표방하고 있으며, 교육환경도 아시아에서 최고수준으로 평가되고 있다. 외국인학교는 30개교 가량이 있으며, 미국, 캐나다, 독일, 일본, 프랑스, 스위스, 네덜란드 등 다수의 국제학교가 소재하고 있다.[25]

이러한 성공요인으로 인해서 싱가포르의 외국인직접투자는 그동안 꾸준히 증가해 왔다. 이는 경제성과 정부 효율성, 비즈니스 효율성, 인프라스트럭처 등을 기준으로 58개 국가의 경제경쟁력 평가에서 싱가포르가 4위를 차지하며 등 싱가포르의 좋은 외국인직접투자 환경 및 사업여건을 보여주는 실례이다. 또한 WEF(세계경제포럼)에서 발표하는 글로벌 경쟁력 지수를 보면 싱가포르는 2012년부터 2013년까지 시장의 효율성, 노동시장 유연성, 교육, 트레이닝 부분에서 높은 점수를 받으며 2위를 기록했다.

싱가포르 사례는 영국의 투자유치 성공 요인과 유사한 점이 많다.[26] One-stop 체제 등 외국기업에 대한 친환경 정책과 제도, 영국의 무역투자청(UKTI)과 유사한 싱가포르경제개발청(EDB)의 주도적인 역할, 정치적, 사회적 안정성, 우수한 인프라 및 교육제도 등이 유사한 점이다.

---

25 〈http://www.globalwindow.org/quasar_jsp/inc/gw_downloadpdf.html?fileName=/gw_files/NationPDF/101081/101081_401_5011209.pdf

26 변재웅(2009).

5.
결론

본장은 싱가포르의 성공적인 외국인직접투자 유치 사례를 분석한다. 싱가포르 사례는 부족한 국내부존자원으로 성공적인 외국인직접투자의 유치로 경제발전에 기여하였다는 점에서 의의가 있다. 성공요인은 싱가포르 정부의 전폭적인 지원체제, 각종 투자 인센티브 제공, 외국인직접투자에 대한 규제 완화 등 친 비즈니스 환경 조성, 우수한 인프라 제공, 정치사회적 안정, 편안한 정주여건 등이다.

싱가포르의 사례는 한국에게 좋은 시사점을 제공해준다. 외국인직접투자 유치 성공 사례인 바이오산업의 경우에서도 알 수 있듯이, 싱가포르 원노스의 성공요인은 기업유치, 경영환경 개선 등 첨단산업 인력확보를 위한 다각적인 노력과 함께 좋은 정주여건 조성 등이다. 관련 연구기관과 대학, 기업의 협조를 바탕으로 바이오 메디컬 분야의 기초 발굴에서 연구결과가 상품으로 시장에 나오기까지 전 과정이 원노스안에서 가능하며, 이는 싱가포를 정부의 전폭적인 지원에 의한 것이다. 따라서 원노스의 성공요인은 싱가포르 정부의 전폭적인 지원, 원스톱 패키지가 가능한 여건 조성, 해외고급 인력 유치를 위한 싱가포르의 범정부적인 노력이다. 또한 한국이 경쟁국과의 첨단산업 부문의 투자유치 경쟁력을 지속적으로 유지하기 위해서는 관련 산업의 전략적인 투자유치 전략과 투자 대상기업을 대상으로 적극적인 투자유치 유인책 등이 필요하다. 하지만, 싱가포르는 외자유치와 건전한 투자환경 제공이라는 측면에서는 성공한 국가로 인정받고 있지만, 글로벌 금융위기 때 지나친 외국인직접투자에 의존함으로써 국내기업의 기반이 약해지는 문제점도 한국에 주는 시사점이다.

참고문헌

글로벌윈도우(http://www.globalwindow.org)

- 싱가포르, 2012년 공식 경제지표 발표와 최근 동향 〈http://www.globalwindow.org/GW/asia/trade/economy-trend/overseamarket-detail.html?&SCH_TYPE=SCH_SJ&MENU_CD=M10130&MODE=L&SCH_CMMDY_CATE_CD=00000&SCH_TRADE_CD=0000000&ARTICLE_ID=5000726&UPPER_MENU_CD=M10126&BBS_ID=10&SCH_VALUE=&MENU_STEP=3&Page=1&SCH_NATION_CD=101081&SCH_START_DT=&RowCountPerPage=10&RowCountPerPage=10&SCH_END_DT=〉
- 싱가포르 국가정보 주요투자법 〈http://www.globalwindow.org/quasar_jsp/inc/gw_downloadpdf.html?fileName=/gw_files/NationPDF/101081/101081_407_5022636.pdf〉
- 싱가포르의 연도별 FDI 유입 현황 〈http://www.globalwindow.org/quasar_jsp/inc/gw_downloadpdf.html?fileName=/gw_files/NationPDF/101081/101081_403_5011211.pdf〉
- 싱가포르-외국인투자동향 〈http://www.globalwindow.org/quasar_jsp/inc/gw_downloadpdf.html?fileName=/gw_files/NationPDF/101081/101081_403_5022632.pdf〉
- 싱가포르-정치, 사회적환경 〈http://www.globalwindow.org/quasar_jsp/inc/gw_downloadpdf.html?fileName=/gw_files/NationPDF/101081/101081_401_5011209.pdf
- 싱가포르-투자환경 〈http://www.globalwindow.org/quasar_jsp/inc/gw_downloadpdf.html?fileName=/gw_files/NationP

DF/101081/101081_401_5022630.pdf〉
대구광역시(2008), "대구광역시 외국인 투자유치 수요조사", 대구광역시.
변재웅(2014), "싱가포르 외국인투자 유치 성공 사례 연구", 무역통상학회지, 14(1), 한국무역통상학회, pp. 39-63.
변재웅(2009), "영국의 해외투자 유치정책의 성공요인 분석", 유럽연구, 27(3), 한국유럽학회, pp. 297-320.
보건복지부(2012), "첨단의료복합단지 발전방향 연구", 보건복지부.
송영규(2009), "싱가포르의 외국인 직접투자와 노사관계", 연구보고서, 제13-155호, 한국노동연구원.
싱가포르 경제개발청(www.edb.gov.sg)
〈http://www.edb.gov.sg/content/edb/en/case-studies.html〉
싱가포르 통계청(http://www.singstat.gov.sg)
오태영(2007), "싱가포르 정부의 외국인투자 유치정책 현황과 전략", KOTRA .
이용주(2007), "싱가포르 바이오산업에 관한 고찰: 한국사회에 주는 교훈", 동아연구, 53, 동아대학교, pp. 327-355.
이진희(2010), "최첨단 바이오메디칼 허브 전략사례와 시사점: 싱가포르 원노스(One-North) 사례를 중심으로", 국토정책 Brief, 290, 국토연구원, pp. 1-8.
한국보건산업진흥원(2013), "보건산업 틀러스터 활성화를 위한 한국보건산업진흥원의 역할 정립방안 연구", 한국보건산업진흥원.
한국보건산업진흥원(2010), "세계 각국의 바이오클러스터: 2010년 의료클러스터 지원사업보고서", 한국보건산업진흥원.
홍기화(2006), "한국, 싱가포르, 대만 투자환경 비교조사", KOTRA.
IMD(2012), World Competitiveness Yearbook.
Singapore International Chamber of Commerce, The Investor's Guide to Singapore, 〈www.lawnb.com/data/club/bbsdata032/주요국외투제도.hwp〉
UNCTAD(2013), World Investment Report, New York: UNCTAD. 〈http://www.unctad.org〉
Wee, T. S.(2014), "Biopolis: Singapore's Innovation Biocluster and Beyond", KBIO 핵심연구지원시설 C&V센터 준공기념 국제심포

지엄, KBIO.

World Bank(http://lpi.worldbank.org)

Ying, C. Z., Tan, W.(2013), "Trends in Singapore's Inward and Outward Direct Investment, 2001-2011", Statistics Singapore Newsletter, Sept.

Yue, C. H.(2009), "Inward and Outward FDI and the Restructuring of the Singapore Economy", 동아시아의 외국인직접투자: 논점, 전략 및 전망, 국제학술대회 논문집, KIEP, pp. 143-173.

제10장

최근 인도 외국인투자 유치정책의 변화와 시사점 연구

1. 서론

2. 인도의 외국인직접투자 현황
   - 2.1. 연도별 외국인직접투자 유입 현황
   - 2.2. 국가별 현황
   - 2.3. 산업별 현황
   - 2.4. 형태별 현황
   - 2.5. 한국의 대인도 투자 현황

3. 인도의 외국인직접투자 유치 정책 및 제도
   - 3.1. 인도의 외국인직접투자 유입 정책 방향
   - 3.2. 인도의 최근 외국인직접투자 제도
   - 3.3. 인도의 외국인직접투자 규제 현황
   - 3.4. 인도의 최근 외국인직접투자 유입 규제 완화
   - 3.5. 시사점

4. 결론

| 제10장 |

최근 인도 외국인투자 유치정책의 변화와 시사점 연구

1. 서론

넥스트 차이나(next China)로 주목받고 있는 인도가 최근 경기부진으로 2012년 GDP는 전년 대비 4.7% 증가하는 데 그쳤다. 이러한 경제성장 정체의 주요 원인으로는 외국인직접투자의 부진을 꼽을 수 있다. 인도 경제에서 소비 부문은 정부 소비의 증가로 성장률이 유지되었으나, 외국인직접투자의 감소로 인해 고정투자 부문은 2009년 이후 지속적으로 둔화되어 2012년에는 0.8% 증가하는데 그쳤다. 2012년 인도의 외국인직접투자 유입액은 255.4억 달러로 전세계의 1.89%의 비중인데, 외국인직접투자 유입의 저하로 인한 경제성장률 하락이 가시화 되고 있다. 이러한 외국인직접투자 유입의 감소 원인으로 '포괄적 조세회피법안'으로 인한 과세제도 강화, 자국 산업 보호정책 강화, 유럽 재정위기로 인한 인도 투자의 급감이다.[1] 인도는 13억의 인구 대국이자 소비중심의 경제구조를 가진 국가로 중국을 이은 글로벌 소비시장으로 부상할 것이라는 전망과 IT 등 첨단업종에 강점을 보이는 만큼, 여전히 인도에 대한 관심은 높다.[2]

최근 인도는 지속성장을 통하여 경제대국으로 부상할 것이라는 전망이라는 등의 평가를 받으며 거대한 잠재력을 지닌 국가로 부상하였다.[3] 외국인직접투자의 중요성과 인도시장의 중요성이 증대되고 있어 이에 대한 연구가 필요한 실정이다.[4] 이러한 맥락에서 인도정부는 최근 외국인직접투자 유입을 위하여 국내의 각종 제도를 정비하여 국내외 자본의 유치 및 수출증대 효과를 통한 국가경쟁력 강화를 추진한다는 점에서 한국기업의 인도 진출은 경쟁력 제고를 현실화시켜 줄 수 있는 유용한 수단이다. 본 장은 UNCTAD, 인도산업정책진흥국 등 최근 통계자료를 중심으로 인도의 최근 외국인직접투자 유치 정책을 분석한다. 제 2절에서는 인도의 외국인직접투자 투자 현황, 제 3절은 인도 외국인직접투자의 정책과 제도를 분석한 후, 제 4절에서 결론을 도출한다.

2.
인도의 외국인직접투자 현황

2.1. 연도별 외국인직접투자 유입 현황

〈표 1〉은 인도의 연도별 외국인직접투자 유입 현황(2007~2012년)

1 삼성경제연구소(2013), p. 4.

2 LG경제연구소(2012), p. 3., 삼성경제연구소(2013), p. 9.

3 Poddar, T., Yi, E.(2007). SBS CNBC TV(2011).

4 Rajan, R. S., Rongala, S., and Ghosh, R.(2008), Mishra, B. R.(2011).

을 보여준다. 외국인직접투자의 유입은 2007년 전세계의 253.5억 달러(1.27% 비중)에서, 2008년 471.3억 달러(2.60%), 2009년 356.5억 달러(2.93%), 2012년 255.4억 달러(1.89%)로서 정체현상을 보이고 있다. 반면 인도의 해외직접투자는 2007년 평균 172.3억 달러(0.76%)에서 2012년 85.8억 달러로 전 세계의 0.62% 비중이다. 따라서 인도는 해외직접투자 유출보다 외국인직접투자 유입이 훨씬 많은 투자유입국이다. 2012년 기준으로 한국과 비교하면, 유입면에서 한국(999억 달러, 0.73%)보다 약 3배 많으며, 유출은 한국(329.7억 달러, 2.37%)보다 적다.

〈표 1〉 인도의 연도별 외국인직접투자 유입 현황(2007~2012년) (단위: 백만US$)

FDI동향	2007	2008	2009	2010	2011	2012
Inflow	25,350 (1.27)	47,139 (2.60)	35,657 (2.93)	21,125 (1.50)	36,190 (2.19)	25,543 (1.89)
Outflow	17,234 (0.76)	21,147 (1.05)	16,031 (1.39)	15,933 (1.06)	12,456 (0.74)	8,583 (0.62)

자료: UNCTAD(2013), 2013 World Investment Report.

2.2. 국가별 현황

〈표 2〉는 인도의 국가별 외국인직접투자 유입(2010~2013)을 보여준다. 국가별로는 모리셔스가 38%로 제 1 투자국이며, 싱가포르(10%), 영국(9%), 일본(8%) 순이다. 특히, 유럽 등 선진국의 조세회피처(tax haven)로 많이 활용되는 국가인 모리셔스, 키프로스가 주요 투자 10대국에 있다는 점에서 특징이다. 그러나 이러한 조세회피처나 세금이 낮은 국가 등의 투자 유입은 최근 감소되고 있다.[5]

5 글로벌윈도우(www.globalwindow.com), 인도 외국인투자동향(2014) 〈http://www.globalwindow.org/quasar_jsp/inc/gw_downloadpdf.html?fileName=/gw_files/NationPDF/101074/101074_403_5038337.pdf〉

〈표 2〉 국가별 인도에 유입 외국인직접투자 순위(2010~2012년) (단위: 백만 달러)

순위	국가	2010	2011	2012	2011~12 증감률	2000.4 ~2013.3	총 유입액 대비 비중
1	모리셔스	31,855 (6,987)	46,710 (9,942)	51,654 (9,497)	-4.5%	341,125 (73,666)	38%
2	싱가포르	7,730 (1,705)	24,712 (5,257)	12,594 (2,308)	-56.1%	90,182 (19,460)	10%
3	영국	12,235 (2,711)	36,428 (7,874)	5,797 (1,080)	-24.7%	80,459 (17,549)	9%
4	일본	7,063 (1,562)	14,089 (2,972)	12,243 (2,237)	31.7%	70,094 (14,550)	8%
5	미국	5,353 (1,170)	5,347 (1,115)	3,033 (557)	-86.3%	50,923 (11,121)	6%
6	네덜란드	5,501 (1,213)	6,698 (1,409)	10,054 (1,856)	-47.0%	42,378 (8,965)	5%
7	키프로스	4,171 (913)	7,722 (1,587)	2,658 (490)	-2.6%	32,328 (6,889)	4%
8	독일	908 (200)	7,452 (1,622)	4,684 (860)	-50%	25,512 (5,480)	3%
9	프랑스	3,349 (734)	3,110 (663)	3,487 (646)	-69.1%	16,865 (3,573)	2%
10	U.A.E	1,569 (341)	1,728 (353)	987 (180)	49.0%	12,307 (2,422)	1%
총 외국인직접 투자 유입액		97,320 (21,383)	165,146 (35,121)	121,097 (22,423)	-	896,913 (193,403)	-

자료: 글로벌 윈도우(www.globalwindow.org/), 인도 외국인 투자동향, p. 6.

2.3. 산업별 현황

〈표 3〉은 인도의 업종별 외국인직접투자 유치 현황(2010~2013)이다. 산업별로 금융, 비금융을 포함하는 서비스 산업이 총 유입 대비

19%, 인프라, 부동산 등의 건설업 11%, 통신업 7%의 비중이다. 특히 ICT 산업은 인도 GDP의 6.4%, 수출의 14%를 차지하는 주력 산업인데, 미국(62%), 영국(17%), 기타 유럽 국가(11%) 순으로 선진국의 인도 ICT 산업 투자가 활발하다.

〈표 3〉 인도의 업종별 외국인직접투자 유치 현황(2010~2012)

(단위: 천만 루피, 괄호 안 백만 달러)

순위	분야	2010	2011	2012	2011~12 증감률	2000.4~ 2013.3	총 유입액 대비 비중(%)
1	서비스 (금융, 비금융 포함)	15,053 (3,296)	24,656 (5,216)	26,306 (4,833)	-7.3%	172,275 (37,235)	19%
2	건설 (인프라, 부동산)	7,552 (1,655)	15,236 (3,141)	7,248 (1,332)	-57.6%	101,049 (22,080)	11%
3	통신 (무선호출, 핸드폰, 일반전화)	7,542 (1,665)	9,012 (1,997)	1,654 (304)	-81.65%	58,732 (12,856)	7%
4	ICT 산업	3,551 (780)	3,804 (796)	2,656 (486)	-71.7%	52,774 (11,691)	6%
5	제약	961 (209)	14,605 (3,232)	6011 (1,123)	-65.3%	48,880 (10,318)	5%
6	화학	1,812 (398)	27,223 (5,463)	1,596 (292)	-92.8%	40,496 (8,881)	5%
7	전력	5,796 (1,272)	7,678 (1,652)	8,384 (1,537)	-67.6%	39,170 (8,295)	4%
8	자동차	5,864 (1,299)	4,347 (923)	2,923 (536)	66.5%	36,137 (7,507)	4%
9	야금	5,023 (1,098)	8,348 (1,786)	7,878 (1,466)	-17.9%	34,814 (7,507)	4%
10	석유 및 천연가스	2,543 (556)	9,955 (2,030)	17,777 (3,259)	78.57%	33,260 (6,631)	3%

주 1: 금액은 인도의 회계연도에 따라 당해년도 4월부터 다음해 3월까지의 통계임.
자료: 인도 산업정책진흥국(www.dipp.nic.in/)

2.4. 형태별 현황

〈표4〉는 인도의 신규(greenfield)투자 유입 추이를 보여준다. 2005~2007년 인도의 고성장 기간의 평균치가 82.28억 달러, 2010년은 36.01억 달러, 2011년 70.87억 달러, 2012년도 62.79억 달러를 기록하였다. 반면 인도의 신규투자 유출은 2005~2007년 평균치 246억 2천백만 달러에서 2012년 387.24억 달러로 투자유출이 심화되는 것을 알 수 있다.

〈표 4〉 인도의 신규(Greenfield) 투자 추이 (단위: 백만 달러)

유입				유출			
2005~2007 평균치	2010	2011	2012	2005~2007 평균치	2010	2011	2012
8,228	3,601	7,087	6,279	24,621	37,457	20,846	38,724

자료: UNCTAD(2013), 2013 World Investment Report.

〈표 5〉는 인도의 인수합병(M&A)을 통한 투자 추이를 보여준다. 2005~2007년간 평균 16.83억 달러의 인수합병 유입을 보이고 있던 것과 달리, 2010년과 2012년 20.12억 달러, 16.48억 달러의 순유출을 각각 기록하였다.

〈표 5〉 인도 인수합병(M&A) 통한 투자 추이 (단위: 백만 달러)

M&A 유입 (매각)				M&A 유출 (구입)			
2005~2007 평균치	2010	2011	2012	2005~2007 평균치	2010	2011	2012
1,683	−2,012	2,526	−1,648	3,299	9,949	4,520	5,508

자료: UNCTAD(2013), 2013 World Investment Report.

2.5. 한국의 대인도 투자 현황

한국의 본격적인 대인도 투자는 1996~7년부터 시작되었다. 이 시기에 LG전자, 삼성전자, 현대자동차의 투자가 개시되었으며, 이러한 대규모 추세가 1998년 까지 이어졌다. 이로 인해 한국은 상당기간 인도의 주요 10대 투자국이였다. 2006년경 BRICs, Chindia라는 신조어와 함께 인도가 신시장 개척 대상지로 주목을 받게 되면서 대인도 투자는 다시 증가하였다. 그러나 2008년 말 세계적인 경제위기의 여파로 대인도 해외직접투자 심리가 위축되었다. 〈표 6〉은 업종별 투자 현황으로서, 2005년부터 2012년까지 제조업 투자금액은 16.96억 달러로 전체 투자금액의 91.4%를 차지하며 한국의 대인도 투자는 제조업 투자 위주이다. 이는 인도의 산업구조가 서비스업 위주이고 인도로 유입되는 외국인직접투자도 상당부분을 서비스업에서 차지하고 있는 것과는 상반되는 점이 특징이다.

〈표 6〉 한국의 대인도 업종별 투자 현황(2005~2013년 6월)

	제조업	건설업	도 · 소매업	운수업	출판, 영상, 방송통신, 정보서비스	총계
신고건수	883	64	146	40	31	1,163
투자금액(백만$)	1,696	40	91	18	11	1,856

자료: 글로벌윈도우(www.globalwindow.org/), 한국 기업 투자 동향, p. 2.

3.
인도의 외국인직접투자 유입 정책 및 제도

3.1. 인도의 외국인직접투자 유입 정책 방향

인도의 외국인직접투자 유입 정책의 과정을 살펴보면 1991년 개혁개방 정책 채택 이후 인도정부의 외국인직접투자 정책은 두 단계로 발전하였다. 1999년 이전은 positive 방식이 운영되었으나, 1999년 이후 금지 또는 제한분야를 명시하고 기타 분야는 원칙적으로 허용하는 negative 방식으로 전환하였다. 인도 정부는 지속적인 경제성장과 고용창출을 위해서는 부족한 국내 가용자원을 보완하고 선진기술 및 경영관행을 습득할 수 있는 외국인직접투자의 유치가 필수적이라고 인식하고, 투자개방 및 투자환경개선 조치를 꾸준히 추진하고 있다.[6]

현재는 외국인직접투자에 필요한 정부승인을 점차 줄여나가 대부분의 산업군에서 정부승인이 필요하지 않은 자동승인제도를 정착시켰으며, 정부승인이 필요한 산업군에 대해서도 지속적인 개방을 단행하고 있다. 예를 들어 통신부문의 외국인직접투자 지분 상한선을 49%에서 74%로 조건부 상향 조정하였으며, 인도 현지 항공사에 대한 외국인직접투자 지분 상한선을 2012년 9월 26%에서 49%까지 높였다. 또한 소매업에 대해서 일부 개방(단일 브랜드에 대한 100%까지 투자 허용, 멀티브랜드에 대해서는 51% 허용)이 단행되었으며, 보험업 역시 개방이 검토되고 있다. 이외에도 외국인직접투자가 제한되는 영세기업 고유업종의 수를 줄이는 등 외국인직접투자 활성화를 위한 제도적 개선을

6 주인도대사관(2012.6), 인도 월간 경제 동향, p. 42.
〈http://ind.mofa.go.kr/webmodule/htsboard/template/read/korboardread.jsp?typeID=15&boardid=3095&seqno=738396〉

추진하고 있다.[7]

외국투자자들이 요구하는 투자 장애요소들은 인도의 노동법, 외국인 직접투자 지분 제한(유통업, 통신업, 보험업 등), 부동산 취득 및 개발의 제한, 인프라의 부족 등인데 아직 해결되지 않고 있는 실정이다. 한편 인도정부는 아직 남아있는 투자 제한산업에 대한 점진적 개방, 각종 대형 인프라 개선사업의 시행(Ultra Mega Power Project, 공항개선 사업, 지하철 사업)을 통해 외국인직접투자 유치 활성화를 위해 노력하고 있다.[8]

3.2. 인도의 최근 외국인직접투자 제도

인도의 최근 외국인직접투자 제도는 2012년 개정 서비스 새규정 발효, 외국인직접투자 개방 및 환경개선, 투자 관련 인프라 제도 정비가 있다.[9] 첫째, 2012년 개정 서비스 새규정 발효이다. 서비스세 관련 개정 법률인 주재국 재정법(Finance Act 2012)이 발효되어 제한품목(negative list)을 제외한 모든 서비스에 대해 12%의 서비스세가 부과될 예정이다. 제한품목에는 택시, 도박, 복권, 놀이공원 입장료, 상품 및 여객 운송, 전력송신, 장의업 등 38개가 지정되었다.[10]

---

7 글로벌윈도우(www.glovalwindow.org), 국가정보–국가별보기, 2013.06, p. 1.
〈http://www.globalwindow.org/quasar_jsp/inc/gw_downloadpdf.html?fileName=/gw_files/NationPDF/101074/101074_407_5019533.pdf〉

8 글로벌 윈도우, 인도주요투자법 내용, 2013.06 p. 1.
〈http://www.globalwindow.org/quasar_jsp/inc/gw_downloadpdf.html?fileName=/gw_files/NationPDF/101074/101074_407_5019533.pdf〉

9 글로벌윈도우(www.globalwindow.org/), 인도 투자 인센티브 제도
〈http://www.globalwindow.org/quasar_jsp/inc/gw_downloadpdf.html?fileName=/gw_files/NationPDF/101074/101074_402_5018626.pdf〉

10 주인도대사관(ind.mofa.go.kr/), 인도 월간 경제 동향.

둘째, 외국인직접투자 개방 및 환경개선이다. 인도정부는 외국인직접투자 확대를 도모하기 위해 2012년 금융법안(Financial Bill)에 이전가격 사전합의제도(Advance Pricing Agreement)를 도입하여 국제거래에 대한 세무 불확실성을 낮추고자 한다. 이전가격 사전합의제도는 국내 본사와 해외 자회사 간에 향후 적용할 거래가격 수준을 과세당국과 미리 합의(이전가격 사전 합의)하는 제도로서 외국인투자자의 경우 향후 세무분쟁 등의 위험소지를 줄이고자 하는 목적이 있다. 또한 기업공개(IPO) 절차를 간소화하였으며, 적격 외국인개인투자자(QFIs: Qualified Foreign Investors)가 직접 인도 주식시장에 투자하는 것을 허용하기로 하였다.

소매유통업 부문 신규 투자자에 대해 3년 동안 50%의 소득세 감면 혜택을 제공하기로 했다. 신규투자자의 조건은 5만 루피 이상의 지분투자에 한하며, 연간 소득이 100만 루피 이하이여야 한다. 이 밖에 수년간 지연되어온 은행법, 보험법, 연금법안의 지속적 개정을 추진하기로 하였다. 인도정부는 보험(현재 26% 허용), 연금 부문(투자제한)에 대한 외국인직접투자 한도 확대, 외국인투자자의 은행 의결권 확대(현재 10%), 외국은행의 인도 내 신규 개설 지점 수 제한 완화 등의 내용이 포함된 법안 개정을 추진하고 있다. 일례로 단일브랜드 소매업 관련, 세계 최대 가구 소매기업인 스웨덴 IKEA사는 2012년 인도에 18.4억 달러 규모를 투자하여 25개 매장을 개장하였다. 인도는 2012년 1월 단일브랜드 소매업 외국인직접투자 100% 허용을 승인한 바 있으며, IKEA사는 100% 출자 자회사를 설립하여 인도시장에 진출한다.[11]

셋째, 투자 관련 인프라 제도 정비이다. 인도의 시장동향과 제도변화의 주된 내용은 투자정책(산업관리, 법률 · 규제), 외환제도(외환통제, 해외송금), 조세제도(법인세), 금융제도(현지조달, 자본시장), 노동

11 주인도대사관(ind.mofa.go.kr/), 인도 월간 경제 동향.

제도(근로조건, 노사관리), 무역제도(관세수준, 무역관리)로 구분된다. 일례로 투자정책으로 외국인직접투자 유치 노력 지속하고 있는데, 인도 중앙은행(RBI)에 신고만 하는 자동승인방식과 중앙정부(FIPB)의 승인을 받아야 하는 방식으로 간소화하였으며, 투자원금과 이윤을 자유롭게 송금할 수 있도록 허용하고 있다. 투자 실행과정에서 많은 애로점이 발생하고 있어 이를 개선하고 있다.[12] 2011년 11월 소매시장 외국인직접투자 개방 정책 발표하고, 2012년 4월 새로운 외국인직접투자 정책 변경하였으며, 적극적인 제도개선을 통한 투자 유도가 아닌 기존의 애매모호한 절차를 개선하고, B2B 전자상거래에 대하여 100% 해외직접투자 허용 및 해외간접투자 한도를 명확히 했다. 외환제도는 합법적 거래에 대한 외환거래와 외환 관련 제반 제약도 점차 완화했다.

인도의 조세제도(법인세)는 복잡한 세법 및 높은 세율 적용되고 있는데, 법인세율의 경우, 인도기업은 33.99%(30%, 10% 할증, 3% 교육세)이고, 외국기업은 42.23%(40%, 2.5% 할증, 3% 교육세)이다. 특별경제지대(SEZ), 수출가공지대(EPZ) 등과 도로, 항만, 교량, 철도, 상하수도, 위생시설, 관개시설, 쓰레기 처리시설 등에 투자하는 경우 법인세 면제 혜택을 주고 있다. 2011~12년 예산안에서 일부 세제를 개편하였는데, 기본관세율과 서비스세율은 기존 10%를 유지하고, 서비스세의 경우 보험, 항공, 호텔업 등에 있어서 과세 범위를 확대했다. 금융제도는 현지금융 조달의 어려움을 완화하고 있으며, 노동조건과 무역제도도 개선하고자 하였다. 2010년 1월 한-인도 CEPA가 발효됨에 따라, 투자의 전 단계에 걸친 내국민대우(NT)보장과 인도 FTA 사상 최초로 네거티브 방식의 자유화에 합의함에 따라 투자자산의 수용조치 제한 및 보상, 각종 이행의무 부과 금지, 투자자-국가소송제도(ISD) 등 투자자

12 투자 장애요소로는 노동법, 외국인투자지분 제한(유통업, 통신업, 보험업 등), 부동산취득 및 개발의 제한, 인프라 부족 등이 있다.

보호 장치가 마련되었다.[13]

최근 인도는 외국인직접투자 유입 허용 산업 및 허용 범위를 발표하였는데 농업 및 축산업차 농장금속과 비금속 광석의 채굴 및 탐사석탄 및 갈탄 분야 등은 자동인가 방식으로 100% 투자 가능하다. 차 농장, 석유 개발, 방위산업 분야는 정부인가가 필요하며, 케이블 네트워크 산업 제외한 방송통신장비, 항공 운수업 등은 49% 이하이면 자동인가 방식이고, 49% 이상이면 정부승인이 필요하다.[14]

3.3. 인도의 외국인직접투자 규제 현황

인도의 최근 외국인직접투자 규제 동향의 특징은 포괄적 조세회피 방지법안(GAAR), 인도의 외국인직접투자 유입 제한 산업을 두고 있다는 점이다.

첫째, 포괄적 조세회피 방지법안(GAAR: General Anti Avoidance Rule)이다. 인도 정부는 지난 2010년 발표한 직접세법(Direct Tax Code)에 소개된 일반적 조세회피 방지규정의 가이드라인 초안을 2013년 6월 발표했다.[15] 1962년 이후 소급적용에 대해서는 극심한 반발과 비현실성으로 인해 시행시기 이후 거래에만 적용되며, 시행시기 이전의 거래에는 영향을 주지 않는 식으로 완화되었다. 이러한 GAAR은 조세피난처나 세금이 낮은 국가 등 해외 거래도 포함되기 때문에 우회투자에 의한 세금회피 또한 불가능해질 전망이다. 예를 들어 외국기업이 자회사를 통해 해외 조세피난처에서 인도 소재 자회사를 인수했다

---

13 해외경제연구소(2012), pp. 4–5.

14 인도 산업정책진흥국(www.dipp.nic.in/), 투자가이드, (2013), pp. 40–80. 〈http://dipp.gov.in/English/Policies/FDI_Circular_01_2013.pdf〉

15 인도경제연구소(2013), p. 12.

면 자본이득세를 내야하는 형식으로 과세 부담이 가중된다.[16] GAAR 발표 이후 주요 투자국의 외국인직접투자 유입이 급감했다. 일례로 2012년 2/4분기 외국인직접투자는 44억 2,800만 달러로 전년 동기 대비 67.1% 감소하였으며 모리셔스, 싱가포르, 키프로스 등 조세피난처 3국의 인도에 대한 직접투자는 전년 대비 72.4% 감소하였다.[17]

둘째, 인도의 외국인직접투자 유입 제한 산업이다. 인도는 각 업종별로 외국인직접투자에 대해 투자 금지 및 허용, 승인 종류, 외국인직접투자 지분 상한선 설정 등 다양한 제한을 두고 있다. 인도에서는 또한 유입금지 산업이 있는데 예를 들면 도박, 복권, 소매업(단일, 복합브랜드 단계적 완화), 2008년 정부통지 제 3호로 인정된 부동산개발 건설업이외의 부동산 관련 산업, 원자력, 철도 등으로서 싱가포르와 같이 사행성 산업의 자국진입을 강하게 규제하고 있다.[18] 〈부록 〉 참조.

3.4. 인도의 최근 외국인직접투자 유입 규제 완화

최근 인도정부는 침체된 외국인직접투자를 보다 적극적으로 유치하기 위해서 시장개방 확대의 노력을 기울이고 있다. 특히 2012년 9월에 시행된 대대적인 경제개혁 조치에서 침체된 외국인직접투자의 유입을 다시 회복시키기 위한 높은 수준의 개방 및 규제 완화가 포함되어 있다. 대표적으로는 외국인 개인투자자에 대한 인도 증시투자 허가, 단일 브랜드 소매업 시장 전면 개방 및 복수 브랜드 소매업 분야 개방 추진, 외국계 항공사의 인도 항공사 지분참여 허용 추진, 디지털 케이블 TV분야 외국인직접투자 상한 비율 상향 조정 등의 시장개방 확대 정책, 기업환

---

16 삼성경제연구소(2013), p. 5.

17 삼성경제연구소(2013), p. 5.

18 인도 산업정책진흥국(www.dipp.nic.in/), (2013), p. 39.
〈http://dipp.gov.in/English/Policies/FDI_Circular_01_2013.pdf〉, 변재웅(2014).

경 개선 등을 적극 추진하고 있다.[19]

1) 외국인 개인투자자에 대한 인도 증시 개방

인도 중앙은행과 증권거래위원회(SEBI)는 외국 자금 유치를 위해 그동안 금지했던 외국인 개인투자자의 자국 증시에 대한 직접투자를 2012년 1월부터 허용하였다.[20] 그동안은 외국인 기관투자자(FII)와 해외 거주 인도인만 증시에 투자할 수 있었고, 외국인 개인투자자는 FII를 통해 투자해야 했다. 그러나 2012년 이후, 외국인 개인투자자에게도 납입 자본금 대비 투자금액 5%, 외국인 개인투자자 전체를 합쳐서 10%의 투자 상한비율을 설정하는 조건부로 허용하였다.[21] 이러한 외국인 개인투자자들에 대한 투자 허용은 인도 증시 분위기를 개선하려는 목적으로 분석된다. 또한 루피화도 아시아 통화 가운데 2011년 가장 큰 폭으로 하락했다는 점도 인도의 증시 개방에 중요한 요인으로 작용했다.[22] 따라서 인도의 이 같은 정책은 글로벌 침체 전망에도 고성장 기조를 갖기 위해서 외국인 투자자들의 관심을 유도하고, 투자를 촉진하여 화폐가치 하락과 인도 증시 활성화를 위한 조치라고 볼 수 있다.

2) 단일 브랜드 소매업 시장 전면 개방

인도정부는 2012년에 2006년 이후 51% 까지만 허용되어 왔던 단일 브랜드 소매업 분야에서 외국인직접투자 지분소유 한도를 100%로 전면 확대시켰다. 단, 외국인직접투자 지분소유가 51% 이상일 경우, 현지 중소기업으로부터 최소 30% 이상을 조달해야 한다는 단서조항으로 유

19 한국금융연구원(2013) p. 21.
20 아주경제(2012.1.2)
21 대외경제정책연구원(2012), p. 3.
22 매일경제(2012.1.2)

지시켜 자국 내 중소업체의 유통 판로를 보장하기 위해 노력하였다.[23] 또한 2012년에는 복수 브랜드 소매업 또한 기존의 투자불가 방침에서 51% 상한으로 투자를 허용하는 개방정책을 단행하였고 곧이어 이를 74%로 상향하였다.[24] 이후 2013년도에는 인도 상무부 장관이 외국인 직접투자가 불가능한 슈퍼마켓이나 백화점 등 복수 브랜드의 소매업에 대해서도 조만간 외국인직접투자 제한을 완화하는 등 유통업에 대한 개방정책을 유지하고 있다.[25]

3) 외국계 항공사의 인도 항공사 지분참여 허용

2012년 9월에 시행된 인도의 적극적인 외국인직접투자 개방정책으로 인도정부는 자국 항공업계의 자금난 해소를 위해 외국계 항공사들이 인도에 법인을 설립하고 지분의 49%까지 투자할 수 있도록 허용하였다. 종래의 인도 항공사의 외국인 지분참여는 항공사가 아닌 외국기업에 한해 49%까지 허용하여, 동종업계가 아닌 기업을 대상으로 투자를 유치해야 하는 어려움을 겪고 있었다. 이에 따라 자금난에 직면한 자국 항공업계(SpiceJet, Kingfisher, GoAir 등)가 외국 투자자를 유치 할 수 있게 되어 재무건전성 등의 경영환경이 다소 나아질 것이며, 소비자들에게 더 많은 선택권을 제공할 수 있는 개방정책이다.[26]

4) 방송산업 외국인직접투자 규제 완화

인도정부는 2012년 9월 방송 분야의 외국인직접투자를 유치하기

---

23 대외경제정책연구원(2012), p. 3.대외경제정책연구원(2012), p. 3.

24 글로벌윈도우(www.globalwindow.org/) 해외시장정보(2012.9.17), 한국금융연구원(2013), p. 21. 〈http://www.globalwindow.org/gw/overmarket/GWOMAL020M.html?ARTICLE_ID=2155861&BBS_ID=10〉

25 서울경제(2013.7.17)

26 대외경제정책연구원(2012), p. 3., 글로벌윈도우(www.globalwindow.org/), 해외시장정보(2012.9.17)

위해 외국 자본의 투자한도를 74% 까지 증액하는 정책개혁을 시행하였다. 개혁 이전의 케이블TV와 DTH(Direct-To-Home) 서비스의 종전 투자 허용한도는 49% 였으며, 외국인직접투자가 74% 까지 허용된 방송분야로는 direct-to-home(DTH), Head-end In The Sky(HITS), Multi-Service Operators(MSOs) 이상 3개 분야이다. 이러한 3개 영역의 투자를 증액하기 위해서 해외투자위원회(Foreign Investment Promotion Board: FIPB)의 승인 절차를 받아야한다.[27]

방송 산업에 대한 투자개혁 조치는 인도정부가 아날로그에서 디지털 방송으로 전환되는 시점에 맞춰 외국인직접투자를 유도하려는 의도로 분석된다. 인도 정부는 지난 2011년 아날로그방송을 종료하고 디지털 TV로 전환하는 법령을 개정하고, 2012년에 4대 도시(뉴델리, 뭄바이, 첸나이, 콜카타)를 완료하고, 2014년 전국 완료를 목표로 하고 있다. 이러한 과정에서 디지털화 사업엔 막대한 자본이 필요하기에 외국인 방송사업자의 투자가 필요하기 때문이다.[28]

5) 기업환경 개선

인도는 최근 2014년 인프라 개발을 위한 대규모 사업을 추진하면서 기업환경 개선을 위하여 예산안을 배정하고 있어 외국인직접투자 환경 개선에 노력하고 있다. 몇 가지 특징을 살펴보면 다음과 같다.[29] 첫째, 이번 신정부의 예산안에서 민간기업의 투자 활성화를 위한 친기업적 정책이 포함되는데 방위산업, 보험업, 전자상거래, 도시부문의 외국인 직접투자 규제가 대폭 완화될 전망이다. 방위산업과 보험 부문에 대한

27 글로벌윈도우(www.globalwindow.org/) 해외시장정보(2012.12.18) 〈http://www.globalwindow.org/gw/overinvest/GWOIFS020M.html?ARTICLE_ID=2159944&BBS_ID=17〉

28 글로벌윈도우(www.globalwindow.org/) 해외시장정보(2012.12.18) 〈http://www.globalwindow.org/gw/overinvest/GWOIFS020M.html?ARTICLE_ID=2159944&BBS_ID=17〉

29 최윤정, 송영철(2014).

외국인직접투자 한도가 기존 26%에서 49%로 확대되는데, 이때 인도 상공부를 통한 승인과정은 유효하다. 그리고 전자상거래를 통한 B2C 소매업이 자동 승인으로 개방되고, 스마트시티 개발을 활성화하기 위해 개발부지 규모 및 금액 요건이 완화되고, 또한 도시개발관련 투자규모 규제를 완화한다. 일례로 부지규모를 50만㎡에서 20만㎡로 완화하고 투자금 규모는 기존 1,000만 달러에서 500만 달러로 완화한다.

둘째, 투자환경 개선의 일환으로 경제특구(SEZ: Special Economic Zone) 부지개발 및 수출여건을 개선을 적극 추진한다. SEZ 부지로 할당된 약 4만 7,000헥타르 중 실제 개발된 곳은 1만 7,000헥타르(36%)에 불과하여, 이번 예산안은 SEZ 예정 부지의 효율적인 개발과 활용을 위한 단계적인 조치를 마련할 계획이다. 인도정부는 2000년에 SEZ 제도를 도입하여 양호한 인프라, 세금 혜택 등 각종 행정적인 편의를 제공함으로써 국내의 민간투자 유치를 확대하려고 했으나, 부지 개발과 조세문제 해결 지연으로 그동안 운영 실적이 저조하였다. 또한 인도 정부는 신예산안에 주요 항구인 자와할라 네루(Jawaharlal Nehru)항과 칸들라(Kandla)항 인접 지역에 신규 SEZ를 개발하여 수출확대를 추진한다.

셋째, 그동안 투자의 걸림돌이 되었던 복잡한 조세 구조를 단순화하는 등 조세행정 개선방안도 있다. 중앙정부와 주정부 세금이 혼란스러운 현재의 조세제도를 개혁하여 통일된 상품 서비스세를 부과하는 GST(Goods and Services Tax)의 도입으로 조세행정 간소화 및 정부의 세수확대를 추진한다. 또한 조세관련 법규도 개정하여 과거 소급적용 추진 등으로 상실된 투자자 신뢰를 회복하는데 주력할 목적이다. 납세자들의 조세소송을 줄이기 위하여 조세부과 시 사전심사 기능을 강화하는 등 관련 법률 및 제도를 개선하고 이를 추진하는 전담위원회 설립도 추진한다.[30]

30 최윤정, 송영철(2014).

3.5. 시사점

인도는 외국인직접투자를 통한 지속적인 경제발전을 위하여 보다 선별적인 외국인직접투자 유치 정책이 필요하다.[31] 인도 외국인직접투자 법규는 다양한 문제점이 있고, 인도 정부도 여론을 의식할 수밖에 없는 상황이지만, 외국기업을 유치하기 위하여 개혁정책이 지속될 것으로 전망된다. 인도 정부는 2012년 9월, 멀티브랜드 소매업과 항공 분야의 투자한도를 확대하는 정책을 발표했으나 효과가 미미하자 지난 2013년 6월 보험, 방위산업 및 국영은행 분야의 외국인직접투자 한도를 20%대에서 49%로 확대하고, 통신업은 74%에서 100%로 한도를 철폐하는 등의 완화된 외국인직접투자 정책을 발표한 점도 이러한 투자유치 정책의 의지를 보여준다.

또한 인도정부에서 지난 2012년 3월, '일반적 조세회피방지법안(GAAR)' 도입 발표 후 시행과정에서 정책의 비일관성을 보이고 외국인직접투자 유치과정에서 외국기업에 대한 투자금을 요구하는 등 투자환경이 취약함으로 외국인직접투자가 감소되었다. 이를 극복하기 위해서 GAAR 법안 발표 후, 외국인직접투자 유입금액이 감소하자 법안 시행을 2016년으로 연기하는 등 투자자의 관심에 주력하고 있다.

2012년 하반기부터 외자유치와 외국인 투자환경 개선을 위해 소매업, 민간항공, 방송분야 등에 대한 외국인직접투자를 개방하고 추가로 통신, 보험, 국방, 신용정보 등의 분야에 대한 외국인직접투자 규제를 대폭 완화하였다.[32] 따라서 최근 인도의 환율 급변 및 정치 정세 변

---

31 *"it is important for the Indian government to formulate selective targeting FDI policies to maximise economic impact of inward FDI by attracting more desirable efficiency-seeking FDI for higher economic growth"*. Zheng(2013).

32 해외투자진출 정보포털(www.ois.go.kr), KOTRA(2013.08.29) 〈http://www.ois.go.kr/oisdoc/renew/course_stage_list/course_stage_read_pop.jsp?uri=course_stage_read_i_news_pop&oid=11308291100536557734〉

동을 우려해 투자를 주저이고 있는 기업은 인도의 성장 가능성 등을 고려하여 인도 정부의 외국인직접투자 동향을 주시 할 필요가 있다.[33] 특히, 한국기업은 각 주정부별로 투자 인센티브가 다르다는 점을 적극 활용해 투자비용을 줄일 수 있는 방안을 모색해야 할 것이다. 인도 루피화 환율이 급등해 인도에 수출하려는 기업은 가격 경쟁력을 점차 잃어가고 있지만, 반대로 한-인도 인도의 무역협정 체결 확대 등으로[34] 거대 시장으로 부상하고 있는 인도에 투자하는 한국기업은 투자금이 감소하는 효과로 리스크를 줄일 수 있으면 오히려 투자 적기이다.

4. 결론

최근 인도정부는 침체된 외국인직접투자를 보다 적극적으로 유치하기 위해서 시장개방 확대의 노력을 기울이고 있다. 특히 2012년 9월에 단행된 대대적인 경제개혁 조치에서 침체된 외국인직접투자의 유입을 다시 회복시키기 위한 높은 수준의 개방 및 규제 완화가 포함되어 있다. 대표적으로는 외국인 개인투자자에 대한 인도 증시투자 허가, 단일 브랜드 소매업 시장 전면 개방 및 복수 브랜드 소매업 분야 개방 추진, 외국계 항공사의 인도 항공사 지분참여 허용 추진, 디지털 케이블 TV분야 외국인투자 상한 비율 상향 조정 등의 시장개방 확대 정책, 기업환경 개선 등을 적극 추진하고 있다. 하지만 여전히 인

33 SBS CNBC TV(2011.10.28), LG경제연구소(2014).

34 글로벌 윈도우(www.globalwindow.org./), 인도 무역협정 체결현황(2013.06) 〈http://www.globalwindow.org/quasar_jsp/inc/gw_downloadpdf.html?fileName=/gw_files/NationPDF/101074/101074_204_5019463.pdf〉

도는 외국인직접투자 유치를 위해서 높은 부패지수, 약한 중앙정부로 인한 정책 추진 일관성 결여, 소비시장의 느린 성장, 최근 10% 이상의 높은 인플레이션, 느린 도시화 등의 문제점이 있다.

인도의 가변적인 정치, 경제적인 상황에도 불구하고 여러 투자자들은 여전히 인도가 최근 풍부한 천연자원과 부상하는 거대 시장인 인도의 성장 가능성을 중국보다 주목하고 있어 한국 기업에 주는 시사점이 크다. 최근 인도의 포괄적 경제 동반자 협정 체결로 거대 인도 시장은 한국기업에는 기회로 작용할 수 있다.

부록 1

인도의 외국인투자 유입 허용 산업 및 허용 범위

연번	활동 부서	FDI 투자가능 한도(%)	진입방법
6.2.1	농업 및 축산업	100%	자동 인가
6.2.2	차 농장	100%	정부 인가
6.2.3.1	금속과 비금속 광석의 채굴 및 탐사	100%	자동 인가
6.2.3.2	석탄 및 갈탄 분야	100%	자동 인가
6.2.3.3	티타늄 및 광물자원 정제 결합 산업	100%	정부 인가
6.2.4	석유 & 천연가스		
6.2.4.1	정유업, 송유관사업, 석유탐사 등	100%	자동 인가
6.2.4.2	석유 개발업	49%	정부 인가
6.2.5	제조업		
6.2.6	방위산업	26%	정부 인가
6.2.7	방송산업		
6.2.7.1	방송통신장비산업		
6.2.7.1.1	케이블 네트워크 산업 제외한 방송통신장비	74%	49% 이하 자동 인가 49% 이상 정부 인가
6.2.7.1.2	케이블 네트워크	49%	자동 인가
6.2.7.2	방송 콘텐츠 산업		
6.2.7.2.1	FM라디오	26%	정부 인가
6.2.7.2.2	뉴스가 포함되는 TV채널	26%	정부 인가
6.2.7.2.3	뉴스가 포함 되지 않는 TV채널	100%	자동 인가

연번	활동 부서	FDI 투자가능 한도(%)	진입방법
6.2.8	인쇄 매체		
6.2.8.1	최근의 사건들을 다루는 신문업	26%	정부 인가
6.2.8.2	최근의 사건을 다루는 해외 잡지의 인도 판 발행산업	26%	정부 인가
6.2.8.3	과학, 기술 등 전문지 발행 산업	100%	정부 인가
6.2.8.4	해외신문을 그대로 발행하는 산업	100%	정부 인가
6.2.9	민간 항공		
6.2.9.2	공항산업		
	(a)Greenfield project	100%	자동 인가
	(b)Existing project	100%	49% 이하 자동 인가 49% 이상 정부 인가
6.2.9.3	항공 운수업	49% / 74%	49% 이하 자동 인가 49% 이상 정부 인가
6.2.10	운송 산업	100%	정부 인가
6.2.11	건설 개발: 수상 주택, 일반 주택, 주택 내장재	100%	자동 인가
6.2.12	산업 단지	100%	자동 인가
6.2.13	인공위성 산업	74%	정부 인가
6.2.14	민간 보안 산업	49%	정부 인가
6.2.15	통신산업	74%	49% 이하 자동 인가 49% 이상 정부 인가
6.2.16	상사업		
6.2.16.4	단일브랜드 유통사업	100%	정부 인가
6.2.16.5	복합브랜드 유통사업	51%	정부 인가

연번	활동 부서	FDI 투자가능 한도(%)	진입방법
6.2.17	금융 서비스업		
6.2.17.1	자산 관리 회사	74%	정부 인가
6.2.17.2	민간 은행업	74%	49% 이하 자동 인가 49% 이상 정부 인가
6.2.17.3	공공 은행업	20%	정부 인가
6.2.17.4	원자재 거래	49%	정부 인가
6.2.17.5	신용정보회사(CIC)	49%	자동 인가
6.2.17.6	증권시장 인프라 구축사업	49%	정부 인가
6.2.17.7	보험업	26%	자동 인가
6.2.17.8	비 은행 금융산업 (NBFC)	100%	자동 인가
6.2.18	제약업		
6.2.18.1	Greenfield project	100%	자동 인가
6.2.18.2	Brownfield project	100%	정부 인가
6.2.19	전력 거래 사업	49%	정부 인가

자료: 인도 산업정책진흥국(www.dipp.nic.in/), 투자가이드, 2013년 5월 개정판.
〈http://dipp.gov.in/English/Policies/FDI_Circular_01_2013.pdf〉

참고문헌

글로벌윈도우(www.glovalwindow.org)

- 국가정보-국가별보기(2013.06), p. 1.
  〈http://www.globalwindow.org/quasar_jsp/inc/gw_downloadpdf.html?fileName=/gw_files/NationPDF/101074/101074_407_5019533.pdf〉
- 인도 무역협정 체결현황(2013.06)
  〈http://www.globalwindow.org/quasar_jsp/inc/gw_downloadpdf.html?fileName=/gw_files/NationPDF/101074/101074_204_5019463.pdf〉
- 인도 외국인투자동향(2014)
  〈http://www.globalwindow.org/quasar_jsp/inc/gw_downloadpdf.html?fileName=/gw_files/NationPDF/101074/101074_403_5038337.pdf〉
- 인도 주요 투자법 내용
  〈http://www.globalwindow.org/quasar_jsp/inc/gw_downloadpdf.html?fileName=/gw_files/NationPDF/101074/101074_407_5019533.pdf〉
- 인도 투자 인센티브 제도
  〈http://www.globalwindow.org/quasar_jsp/inc/gw_downloadpdf.html?fileName=/gw_files/NationPDF/101074/101074_402_5018626.pdf〉
- 한국기업 투자동향
  〈http://www.globalwindow.org/quasar_jsp/inc/gw_downloadpdf.html
- 해외시장정보(2012.9.17)
  〈http://www.globalwindow.org/gw/overmarket/GWOMAL020M.html?ARTICLE_ID=2155861&BBS_ID=10〉
- 해외시장정보(2012.12.18)
  〈http://www.globalwindow.org/gw/overinvest/GWOIFS020M.

html?ARTICLE_ID=2159944&BBS_ID=17〉

대외경제정책연구원(2012), "최근 인도의 외국인투자정책 동향과 시사점", 지역경제포커스, Vol. 6, No. 11, 대외경제정책연구원.

매일경제(2012.1.2), "인도, 외국인에 증시 개방".

변재웅(2014), "싱가포르 외국인투자 유치 성공 사례 연구", 무역통상학회지, 14(3), pp. 39-63.

삼성경제연구소(2013), "인도경제 급랭의 원인, SERI 경제 포커스", 제420호, 삼성경제연구소, pp. 2-5.

서울경제(2013.7.17), "인도 외국인투자 규제 대폭 완화".

아주경제(2012.1.2), "인도, 외국인에게 증시 개방한 이유는?"

인도경제연구소(2013), "인도 조세회피 방지규정", 내년 4월 시행 예고, Chindia Journal. pp. 12-13.

인도 산업정책진흥국(www.dipp.nic.in/)

- 투자가이드, 2013년 5월 개정판
  〈http://dipp.gov.in/English/Policies/FDI_Circular_01_2013.pdf〉

주인도대사관(ind.mofa.go.kr/)

- 인도 월간 경제 동향
  〈http://ind.mofa.go.kr/webmodule/htsboard/template/read/korboardread.jsp?typeID=15&boardid=3095&seqno=738396〉

최윤정, 송영철(2014), "인도 신정부 예산안의 주요 내용과 시사점", KIEP 지역경제 포크스, 8(36).

한국금융연구원(2013), "인도 FDI정책의 혼선과 과제, 주간 금융 브리프", 22권 32호, 한국금융연구원, pp. 20-21.

해외경제연구소(2012), "인도의 투자환경위험 평가보고서", pp. 4-5.

해외투자진출 정보포털(www.ois.go.kr)

- KOTRA(2013.08.29)
  〈http://www.ois.go.kr/oisdoc/renew/course_stage_list/course_stage_read_pop.jsp?uri=course_stage_read_i_news_pop&oid=1130829110053655734〉
  〈http://english.exportal.or.kr/nation/101074/101074_5002_14481.pdf〉

LG경제연구소(2012), "인도 내수시장 긴 호흡으로 접근해야", LGERI 리

포트, LG 경제연구소, pp. 2-12.

LG경제연구소(2014), "걷히지 않는 불확실성에도 인도시장의 잠재력 가려지지 않는다", Weekly 포커스, LG 경제연구소, pp. 36-46.

Mishra, B. R.(2011), "Inward FDI and Firm-specific Advantages of Indian Manufacturing Industries", MPRA Paper No. 35119, 〈http://mpra.ub.uni-muenchen.de/35119/〉

Poddar, T., Yi, E.(2007), "Global Economics Paper." No. 152, Goldman Sachs

Rajan, R. S., Rongala, S., and Ghosh, R.(2008), "Attracting Foreign Direct Investment (FDI) to India", 〈http://www.freewebs.com/rrajan1/IFDI.pdf〉

SBS CNBC TV(2011.10.28.), '신흥국 투자대가' 모비우스 "중국보다 '인도'에 투자하라".

UNCTAD(2013), 2013 World Investment Report, UNCTAD.

World Bank(2013), Doing Business 2013, World Bank.

Zheng, P.(2013), "The Variation in Indian Inward FDI Patterns", Management International Review, Vol. 53, No. 6.

제11장

외국인직접투자와 규제개혁

| 제11장 |

외국인직접투자와 규제개혁

1. 서론

본 11장은 외국인직접투자와 규제개혁과 이에 대한 중요성에 대해 분석한다. 외국인직접투자의 꾸준한 유입에도 불구하고 한국의 외국인직접투자는 여전히 경제개발협력기구(OECD) 가운데 최하위 수준이다. 한국의 저조한 외국인직접투자 유치의 원인으로는 각종 규제가 지목되고 있는데, 일례로 OECD가 외국인 소유 제한, 인허가 절차 등을 비교한 외국인직접투자 규제지수에서 한국은 6번째로 높은 것으로 나타나 규제개혁의 중요성을 알 수 있다. 또한 대한상의(2014)가 외국계 기업 201개사를 대상으로 조사한 한국 투자환경에 대한 외국계기업 인식 조사에 따르면 외국계 기업 55%가 한국의 투자환경이 열악한 것으로 나타났다. 외자유치 증대를 위하여 필요한 정책 과제로 특히 정책일관성확보(36.3%), 규제완화(27.9%), 인센티브 효율화(22.9%), 주거교육환경 등 사회 인프라 구축(12.4%)이 필요한 것으로 나타나 정책의 일관성과 규제개혁의 중요성을 잘 보여주고 있다.

먼저 제 2절은 한국의 외국인직접투자 유치 문제점으로 한국의 외국인직접투자 제한업종 및 절차, WEF, IMD의 한국기업 평가, 한국의 외국인직접투자 규제지수, 기타 한국의 외국인직접투자 애로사항에 대해서 차례로 분석한다. 제 3절은 한국의 외국인직접투자 활성화 · 고도화 계획으로 한국의 외국인직접투자 규제완화 계획, 외국인직접투자 기타 애로사항 개선 계획, 그리고 외국인직접투자 규제완화, 애로사항 해결을 통한 기대 효과 및 시사점에 대해서 각각 분석한다. 제 4절은 외국인직접투자 규제개혁 성공사례로 울산시 규제완화 성공사례, 강원도의 레고랜드(Lego Land) 유치사례, 말레이시아 레고랜드 유치 성공사례, 그리고 영국 규제개혁 성공사례를 각각 분석한 후, 제 5절에서 결론을 도출한다.

2.
한국의 외국인직접투자 유치 문제점

외국인직접투자의 꾸준한 유입에도 불구하고 한국의 외국인직접투자는 여전히 경제개발협력기구(OECD) 가운데 최하위 수준이다. 〈그림 1〉은 주요국 외국인직접투자의 비중을 보여주는데 무역개발회의(UNCTAD)에 따르면 국내총생산(GDP) 가운데 한국의 외국인직접투자 잔액 비중은 12.7%(2012년 기준)로 OECD 34개국 가운데 33위로 나타났다. 일본(3.5%)을 제외하면 최하위다. 1위를 차지한 룩셈부르크(213.4%)는 물론 미국(25.0%), 독일(21.1%) 등 주요 선진

국과는 격차가 크다는 점을 알 수 있다.[1]

〈그림 1〉 주요국 외국인직접투자 비중 (단위: % GDP대비)

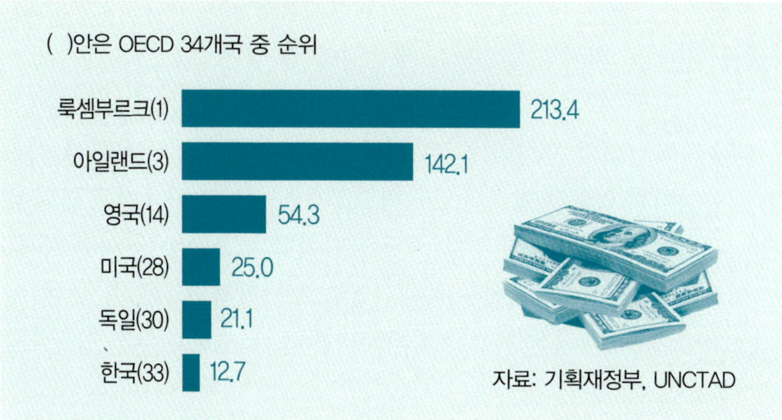

자료: 한국경제(2014.1.9)

한국의 저조한 외국인직접투자 유치의 원인으로는 각종 규제가 지목되고 있다. OECD가 외국인 소유 제한, 인허가 절차 등을 비교한 외국인직접투자 규제지수에서 한국은 6번째로 높다. 한국의 규제지수는 0.143으로 OECD 평균(0.079)의 두 배인데, 특히 금융과 미디어 등 3차 산업의 외국인직접투자 규제는 34개국 가운데 가장 심한 것으로 나타났다.[2] 이러한 규제심화는 결국 외국인직접투자 유입의 저하로 이어졌다. 한국의 2013년 외국인직접투자 유입금액은 신고기준으로 2012년 대비 10.7% 감소하였다.[3] 더욱 심각한 점은 이러한 우려가 국내에서만 국한되지 않고 있다는 것이다. 미국 무역대표부(USTR)도 한국의 투자

1 한국경제(2014.1.9)
2 한국경제(2014.1.9)
3 연합일보(2014.4.20)

관련 규제를 외국인직접투자 확대의 걸림돌로 지목했으며, 한국정부가 실시하고 있는 투자 장벽 제거는 긍정적으로 평가했지만, 세금 등 투자 관련 규제가 많다는 지적이다.[4]

2.1. 한국의 외국인직접투자 제한업종 및 절차

외국인직접투자 '제외업종'은 외국인투자촉진법을 적용하기 어려운 공공성격의 업종을 원칙적으로 하고, '제한업종'은 허용기준 범위 내에서 투자가 가능하다. 외국인투자촉진법에서는 공공행정, 외무 등 60개 업종에 대해 외국인직접투자 제외업종으로 정하고 있으며, 29개 업종은 외국인직접투자는 가능하나 투자비율 등에 제한을 두는 업종으로 구분하고 있다.[5]

〈표 1〉 한국의 외국인직접투자 제한업종

업종별	허용기준
곡물 및 기타 식량작물 재배업	벼 재배 및 보리 재배 제외
육우 사육법 및 연근해 어법 연근해 어업	외국인투자비율이 50% 미만인 경우 허용
기타 기초 무기화학물질 제조업 및 기타 비철금속 제련, 정련, 합금 제조업	원자력발전 연료의 제조 · 공급 사업은 제외하고 허용
원자력 발전업	미개방
수력 · 화력 및 기타 발전업	외국인이 한전으로부터 매입하는 발전설비 합계는 국내 전체 발전설비의 30%를 초과하지 않아야 함
송전 및 배전업	외국인투자비율이 50% 미만일 것, 외국투자가의 의결권 있는 주식 등의 소유는 내국인 제1주주보다 낮아야 함

4 뉴시스(2014.4.2)

5 현대경제연구소(2013), p. 3.

업종별	허용기준
방사선폐기물 수집운반 및 처리업	방사성 폐기물 관리법 제9조에 의한 방사성 폐기물 관리사업은 제외
육류 도매업	외국인투자비율이 50% 미만인 경우 허용
내항 여객 및 화물 운송업	남북한간 여객 또는 화물운송, 대한민국 선사와 합작한 경우만 허용, 외국인투자비율 50% 미만
국제 · 국내 · 소형항공운송사업	외국인투자비율이 50% 미만인 경우 허용
신문 발행업	외국인투자비율이 30% 미만인 경우 허용
잡지 및 정기간행물 발행업	외국인투자비율이 50% 미만인 경우 허용
라디오 및 지상파방송업	미개방
프로그램 공급업	외국인투자비율이 49% 미만인 경우 허용
유선방송업	종합유선방송업에 대하여 외국인투자비율이 49% 이하인 경우 허용
위성 및 기타 방송업	외국인투자비율이 49% 미만인 경우 허용
유선 · 무선 · 위성 통신업 및 기타 전기 통신업	외국정부 또는 외국인(외국인 의제법인13) 포함)이 소유하는 주식(의결권주식에 한하며, DR등 의결권을 가진 주식등가물 및 출자지분 포함)의 합이 그 발행주식총수의 49% 이하인 경우에 한하여 허용(다만 KT는 외국인 등이 최대주주가 될 수 없으나 주식소유가 5% 미만인 경우에는 허용) 단, 부가통신업은 제한이 없음
뉴스 제공업	외국인투자비율이 25% 미만인 경우 허용
국내은행	시중은행 및 지방은행에 한하여 허용 (특수은행, 농수축협은 미개방)

주: 2013년 5월 기준.
자료: KOTRA, Invest Korea, 현대경제연구원(2013) p. 10.에서 재인용.

다음은 한국의 외국인직접투자 절차를 살펴보면, 외국인투자 신고, 투자자금 송금, 법인설립 등기 및 사업자 등록, 외국인투자기업 등록으로 이루어지며, 외국인은 '외국인투자 신고'와 '외국인투자기업 등록'의 2개 단계가 추가적으로 필요하고 나머지는 내국인의 법인설립절차와

기본적으로 동일하게 대우하는 것이 원칙이다.[6]

〈그림 2〉 한국의 외국인직접투자 절차

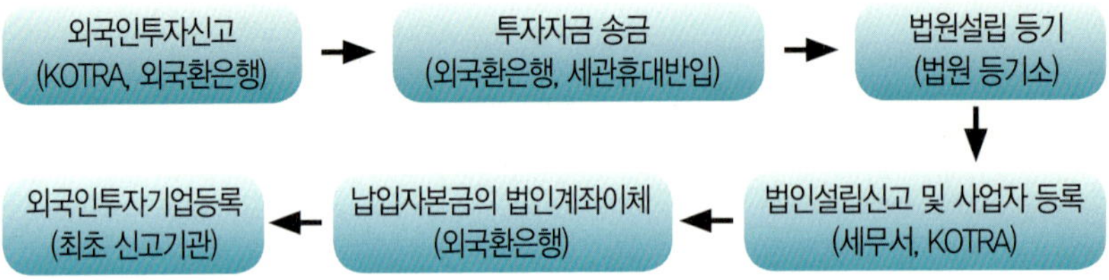

자료: KOTRA, Invest Korea, 현대경제연구원(2013) p. 3.에서 재인용.

2.2. WEF, IMD의 한국기업 평가

〈표 3〉 WEF, IMD의 한국기업 평가(2013년)

평가주체	내용	순위	비고
세계경제포럼 (WEF)	법체계의 효율성	113위	144개국 중 경쟁력 순위
	조세의 투자 효율성	106위	
	노사협력	132위	
	노동시장 유연성	120위	
	은행건전성	122위	
	대출용이성	120위	
스위스 국제경영개발원(IMD)	기업효율성	39위	60개국 중 경쟁력 순위
	조세회피가 경제를 위협하는 정도	57위	
	회계감사의 적정성	59위	
	노사관계 생산성	57위	
	시장변화 적응성	56위	

자료: www.weforum.org, www.imd.org, 서울경제(2014.09.03)

6 현대경제연구소(2013), p. 3.

세계적인 WEF, IMD의 한국기업 평가를 살펴보면 한국기업의 규제 정도와 경쟁력을 알 수 있다. 먼저, 세계경제포럼(WEF)은 2014년 국가경쟁력평가 결과에서 한국의 순위가 10년 만에 가장 낮은 수준인 26위를 기록했다. 이는 제도적 요인을 비롯해 금융시장 · 노동시장 등에서 낙제점을 받은 것이 가장 큰 요인이었다. 특히 범정부 차원에서 규제개혁을 강력히 추진하였음에도 불구하고 이를 평가하는 법체계의 효율성 항목이 오히려 12단계나 순위가 하락했으며, 정부의 규제 부담 역시 96위로 최저 수준이다.

각각의 세부항목을 살펴보면 우리 경제의 문제점을 알 수 있다. 우선 제도적 요인 중에서는 기업에서 규제가 불합리하다며 정부에 규제개선 건의를 했을 때 얼마나 효율적으로 개선되는지를 평가하는 항목인 법체계의 효율성은 101위에서 113위로 후진하였다. 정책 결정의 투명성도 137위에서 133위로 다섯 계단 올라섰지만, 여전히 최하위 수준이다.

노동시장 효율성의 세부항목도 전년보다 순위가 추락하여 전체 144개국 중 86위를 기록하였다. 한국경제의 고질적 문제로 평가되는 노사간 협력 항목은 132위로 정책결정의 투명성과 더불어 최하위 수준이었다. 또한 은행 건전성 항목이 9단계나 떨어지는 등 여전히 문제점이 많다.

그리고 스위스 국제경영개발원(IMD)의 평가를 보면, 정부 효율성과 기업 효율성이 크게 떨어진 것이 순위 하락의 원인으로 지목된다. 한국의 경제성과와 인프라는 각각 20위와 19위로 작년과 비슷한 수준이나, 정부 효율성은 20위에서 26위로, 기업 효율성은 34위에서 39위로 크게 하락하였다. 정부 효율성 분야의 경우 관세 장벽 58위, 조세 회피가 경제를 위협하는 정도 57위, 고령화 위험 46위 등으로 취약한 것으로 나타났다.

기업 효율성 분야에서는 회계감사의 적절성 59위, 시장변화 적응성 56위, 노사관계의 생산성 57위로 취약하다. 20개 중간 부문별로는 국내경제 13위, 고용 7위, 기술인프라 8위, 과학인프라 6위로 우수하지만, 경영활동 56위, 물가 50위, 기업관련 법규 42위로 하위권에 머물렀고 사회적 여건 36위, 노동시장 36위로 취약하다. 이는 정부가 기업 관련 법 · 제도 · 규제를 효율적으로 운용하지 못하고 있다고 평가할 수 있으며, 경직된 노사관계와 노동시장 유연성 부족도 만성적인 취약점이며, 기업의 경우 회계 및 경영 투명성도 부족하다.

2.3. 한국의 외국인직접투자 규제지수

한국의 외국인직접투자 규제 지수는 OECD 평균보다 높은 수준이고, 외국인직접투자 규제지수는 외국인직접투자 유입과 음의 상관관계로 나타난다. 현재 OECD 국가들의 평균 외국인직접투자 규제지수는 0.079로서, 일본 0.265, 미국 0.089, 영국 0.061, 독일 0.023 순으로 나타났으며 한국은 0.143으로 규제지수가 6번째로 높은 것으로 나타났다.[7]

그러나 외국인직접투자 규제지수가 높은 일본이 '아베노믹스'의 일환으로 법인세를 현재 35.64%에서 중기적으로 25%까지 대폭 낮추고, 6개 경제특구 내 기업 설립 및 가사지원 관련 외국인 영입 확대, 외국인 기능 실습제도 업종 확대 및 체류기간 연장, 전략특구를 통한 규제개혁 등 활발한 규제개혁을 펼치고 있다.[8] 이를 비추어 볼 때, 외국인직접투자 규제지수가 높은 한국도 높은 강도의 외국인직접투자 규제 개혁이 필요하다고 할 수 있다. 〈표 2〉는 이러한 일본의 최근 규제완화 사례를 보여준다.

---

7 현대경제연구소(2013), p. 4.

8 한국경제(2014.5.26), 박기임(2014).

〈표 2〉 일본의 규제완화

완화 계획	세부 내용
경제재정자문위원회의 논의 내용	• 6월 발표 성장전략에 법인세 감세 명기 • 점진적으로 낮춰 중장기적으로 25% 목표(현재 35.64%)
국가전략특구자문회의 규제완화안	• 6개 경제특구 내 기업설립 및 가사지원 관련 외국인 영입 확대 • 벤처기업에 노동시간 규제완화 • 외국인기능 실습제도 업종확대 및 체류기간(3년–5년)연장
규제개혁회의의 농업개혁안	• 기업의 농업생산법인에 대한 출자제한 완화 • 농협(JA)조직 및 농업위원회 개혁

자료: 니혼게이지, 요미우리, 아사히신문, 한국경제(2014.5.26)에서 재인용.

1) 한국의 1차 산업 외국인직접투자 규제지수

〈그림 2〉와 〈표 1〉은 한국의 1차 산업 외국인직접투자 규제지수를 보여준다. 농업, 임업, 수산업을 포함하는 1차 산업에 대한 한국 외국인직접투자 규제는 일본의 1/4 수준이지만 미국, 영국, 독일에 비해서는 높은 수준이다.[9]

〈그림 2〉 1차 산업 외국인직접투자 규제지수

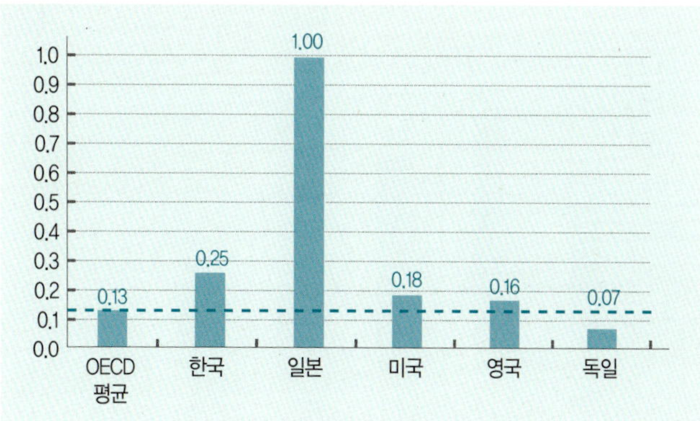

자료: 현대경제연구소(2013), p. 6.

9 현대경제연구소(2013), p. 6.

〈표 1〉 1차 산업별 외국인직접투자 규제 지수

	농업	임업	수산업
OECD 평균	0.09	0.07	0.28
한국	0.50	0.00	0.50
일본	1.00	1.00	1.00
미국	0.00	0.00	0.63
영국	0.02	0.02	0.57
독일	0.00	0.00	0.28

자료: 현대경제연구소(2013), p. 6.

2) 한국의 2차 산업 외국인직접투자 규제지수

〈그림 3〉과 〈표 2〉는 한국의 2차 산업 외국인직접투자 규제지수를 보여준다. 한국의 2차 산업 외국인직접투자 규제 지수는 OECD 평균과 일본에 비해서는 높지만, 절대적으로는 다른 산업에 비해 매우 개방적이다. 2차 산업 외국인직접투자 규제 지수는 한국, 일본, 미국, 영국 순인데, 독일은 2차 산업 외국인직접투자 규제가 없는 것으로 나타났다.[10]

〈그림 3〉 2차 산업 외국인직접투자 규제지수

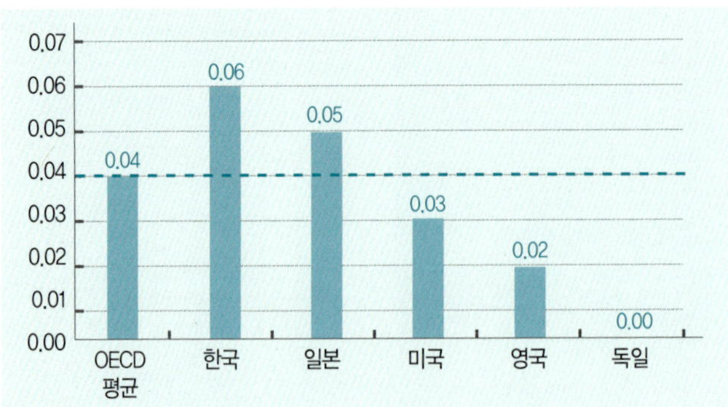

자료: 현대경제연구소(2013), p. 7.

10 현대경제연구소(2013), p. 7.

〈표 2〉 2차 산업별 외국인직접투자 규제 지수

	제조업	전력 발전 및 송배전	건설업
OECD 평균	0.02	0.12	0.02
한국	0.00	0.42	0.00
일본	0.08	0.00	0.00
미국	0.00	0.20	0.00
영국	0.02	0.02	0.02
독일	0.00	0.00	0.00

자료: 현대경제연구소(2013), p. 7.

한국은 제조업과 건설업의 외국인직접투자 규제 지수는 0으로 규제가 없어 상당히 개방적이라고 할 수 있다. 하지만, 소유 지분 제한으로 발전 및 송배전 외국인직접투자 규제지수는 0.42로 미국, 영국, 독일, 일본 보다 높게 나타나 2차 산업 업종간의 규제 정도가 다르다.[11]

3) 한국의 3차 산업 외국인직접투자 규제지수

〈그림 4〉와 〈표 3〉은 한국의 3차 산업 외국인직접투자 규제지수를 보여준다. 3차 산업 외국인직접투자 규제 지수는 한국이 가장 높은데, 특히 미디어와 통신, 금융서비스의 경우 높다. 한국이 OECD 평균보다 1.8배 높고, 주요국과 비교해 볼 때, 한국(0.16)은 일본 (0.13), 미국(0.09), 영국(0.05), 독일(0.02)에 비해 높은 수준이다.[12]

11 현대경제연구소(2013), p. 7.
12 현대경제연구소(2013), p. 8.

〈그림 4〉 3차 산업 외국인직접투자 규제지수

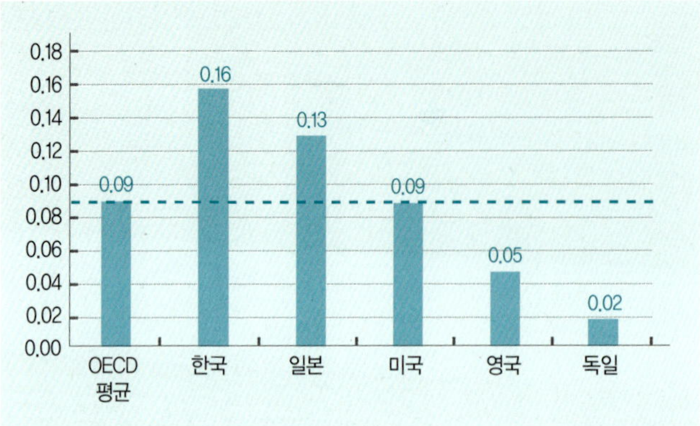

자료: 현대경제연구소(2013), p. 8.

〈표 3〉 3차 산업별 외국인직접투자 규제 지수

	교통	호텔 및 식당	미디어	통신	금융	사업서비스
OECD 평균	0.23	0.02	0.17	0.11	0.03	0.07
한국	0.51	0.00	0.56	0.50	0.05	0.00
일본	061.	0.00	0.20	0.48	0.00	0.00
미국	0.55	0.00	0.25	0.11	0.04	0.00
영국	0.11	0.02	0.25	0.02	0.02	0.02
독일	0.20	0.00	0.03	0.00	0.01	0.00

자료: 현대경제연구소(2013), p. 8.

세부 산업별로 교통 부문은 외국인 소유 지분 제한에 대한 규제가 일본, 미국, 한국, 독일, 영국 순이며, 경영상의 제한은 일본, 미국, 한국 순이어서 한국은 일본, 미국 다음으로 규제가 높다. 미디어 부문의 외국인 소유 지분 제한 규제는 한국, 미국, 영국, 일본 순이며, 독일과 영국은 운영상의 규제가 약간 있다. 통신 부문의 외국인 소유 지분 제한 규제는 한국이 가장 높고 일본은 소유지분과 운영상의 제한, 미국은 인허가 절차 및 운영상의 제한이 약간 있다. 한국의 금융 서비스 부문 외국인직접투자 규제는 절대적으로 낮지만, 외국인 소유 지분과 운영상의 제한으로 다른 선진국에 비해서는 높은 편이다.[13]

2.4. 기타 한국의 외국인직접투자 애로사항

〈그림 5〉는 경영환경 분야별 만족율을 보여주는데, 2013년 기준으로 의료서비스, 여가 문화생활, 통신서비스에 대한 만족이 높은 반면, 교육환경, 교통환경, 외국어사용 환경 등은 만족도가 낮은 수준이여서 이 부분의 개선이 필요한 것으로 나타났다. 〈그림 6〉은 2008~2013년 사이 경영환경 전반적 만족도 평가 결과인데, 2008년 비해서 만족한다는 비율이 개선되어 47.6%이지만, 여전히 보통과 불만족이 49.6%로 나타나서 개선할 부분이 있다.

〈그림 5〉 경영환경 분야별 만족율(2008~2013년) (단위: %)

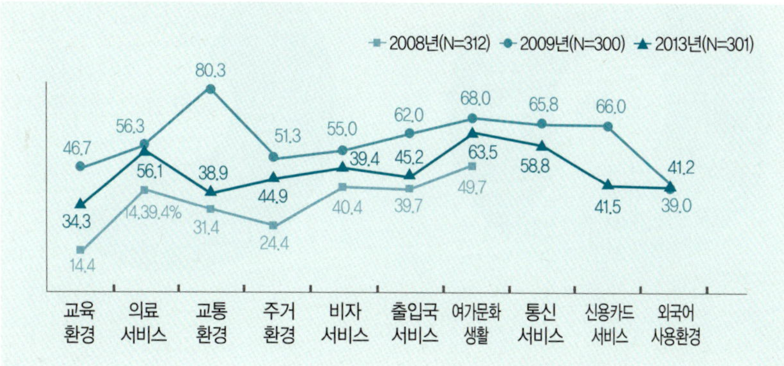

자료: 주규희(2014), p. 17.

13 현대경제연구소(2013), p. 8.

〈그림 6〉 경영환경 전반적 만족도 평가(2008~2013년) (단위: %)

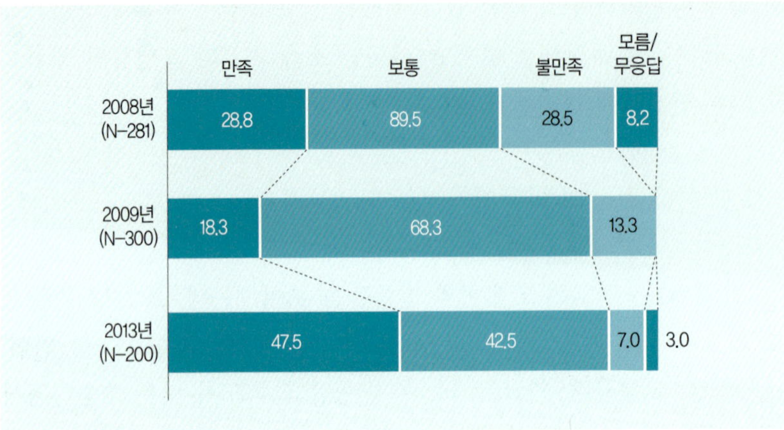

자료: 주규희(2014), p. 17.

〈그림 7〉 한국투자 최대 걸림돌과 투자전망(2014)

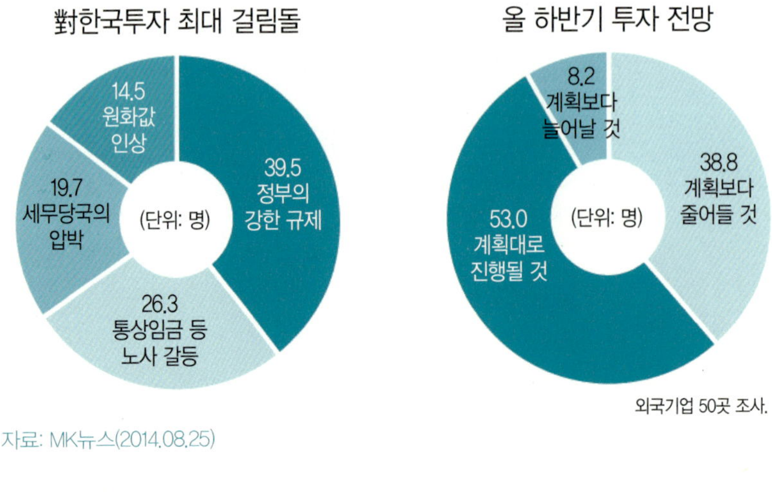

자료: MK뉴스(2014.08.25)

〈그림 7〉은 한국투자 최대 걸림돌과 투자전망(2014)을 보여준다. 2014년 한국외국기업협회(FORCA)와 주한유럽상공회의소(ECCK) 회

등 외국기업 50곳을 대상으로 설문조사를 한 결과, 한국 투자의 최대 걸림돌은 정부 규제(39.5%)로 나타났다. 규제 유형은 대체로 일관성 없는 규제, 예측 가능하지 않은 규제, 정부 기관 간 서로 다른 규제 등으로 다양했다. 이러한 점들로 인해 외국기업들은 2014년 대(對)한국 투자도 기존 계획보다 축소하는 것으로 나타났는데, 2013년 외국인직접투자는 신고금액 기준으로 145억 5,000달러로 전년 동기 대비 10.7% 줄어든 상태이다. 2014년 하반기 투자 역시 계획보다 축소 집행될 것으로 나타났다. "하반기 투자를 계획대로 진행할 것"이냐는 질문에 응답자 53%는 '계획대로 진행'이라고 답했으나, 38.8%는 '계획보다 줄어들 것'이라고 답했다. '계획보다 늘어날 것'이라는 응답은 8.2% 밖에 안됐다.[14]

3. 한국의 외국인직접투자 활성화 · 고도화 대책

〈표 4〉 주요국 외국인직접투자 규모 및 GDP 대비 비율('12년, Stock)

구 분	미국	독일	프랑스	영국	한국
FDI 규모(십억달러)	3,932	716	1,095	1,321	147
GDP 대비 비율(%)	26.2	21.1	39.5	54.4	12.7

자료: 정부관련부처 합동(2014), 외국인투자 활성화 방안, p. 3.

〈표 4〉에서 알 수 있듯이, 한국의 2012년 외국인직접투자 규모는 1,470억 달러로 이는 미국의 3조 9,320억 달러, 영국의 1조 3,210억 달

14 MK뉴스(2014.08.25)

러, 프랑스의 1조 950억 달러, 독일의 7,160억 달러와 비교할 때 부족한 수준이다. GDP 대비 비율도, 미국 26.2%, 독일 21.1%, 프랑스 39.5%, 영국 54.4%에 비해 상당히 낮은 12.7% 수준이다. 이러한 현실을 극복하고, 한국의 외국인직접투자를 늘리고, 투자 업종을 고도화 하는 과정을 위해 정부 관련 부처는 〈그림 8〉과 같이 2014년 외국인직접투자 유치를 위한 비전 및 추진과제를 설정하였다.

〈그림 8〉 2014년 외국인직접투자 유치를 위한 비전 및 추진과제

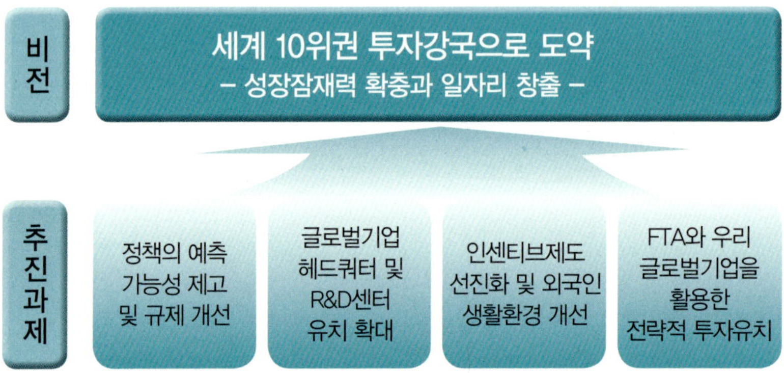

자료: 정부관련부처 합동(2014), 외국인투자 활성화 방안, p. 7.

외국인직접투자 유치 확대를 통한 성장잠재력 확충과 일자리 창출을 위해 우리의 경제규모에 맞도록 세계 10위권 투자 강국으로 도약이 필요성을 강조하고 이를 달성하기 위해서는 한국의 강점과 대외적 기회요인을 적극 활용하면서, 약점을 극복하고 위협요인에 선제적으로 대응할 필요하다는 점을 강조한다. 이를 위한 세부적인 추진과제로 다음 네 가지를 제시하였다.[15]

15 정부 관련부처 합동(2014), p. 7.

① 정책의 예측가능성 제고 및 규제개선을 통해 외국인투자기업의 경영여건 개선

② 글로벌기업 헤드쿼터 및 R&D센터 등 우리경제 기여효과가 높은 고부가가치 투자 유치를 위한 기반을 조성

③ 외국인가 일자리 창출에 기여하도록 인센티브제도를 선진화하고, 외국인이 생활하는데 불편이 최소화되도록 국내 생활환경 개선 투자

④ FTA와 우리 글로벌기업의 구매력을 활용한 전략적 투자유치를 추진

3.1. 한국의 외국인직접투자 규제완화

우리나라의 외국인직접투자 문제점을 개선하기 위해선 규제완화가 절대적으로 필요하며, 가장 효과적이다. 안충영 KOTRA 외국인투자옴부즈맨은 "우리나라가 규제 개혁이라는 거대한 변화에 성공한다면 외국인직접투자 증대로 연결돼 저성장의 늪에서 탈출하고 동북아 투자허브로 도약할 수 있을 것이다. 부처의 실무자들 역시 국가 목표에 수렴하고 규제 개혁에 공감하는 가운데 이를 집행하려는 의지가 있어야 한다"는 견해이다. 이를 위해서 무엇보다 의원입법 과정에서도 객관적인 '규제영향평가' 절차를 도입해야 하며, 현재 정부가 신설 · 강화 규제 법안을 낼 때에는 외부 전문가로 이뤄진 규제개혁위원회의 검토를 거쳐야 한다. 하지만 국회의원의 입법 과정에선 이 같은 과정이 생략돼 무분별한 의원입법이 양산될 수 있다.[16]

16 MK뉴스(2014.04.16)

〈그림 9〉 경제자유규역, 자유무역지역 주요 규제 개선

경제자유구역 · 자유무역지역 주요 규제 개선

구분	항목	내용
경제자유구역	개발계획 변경 (경자법 제7조)	• (현행) 개발계획 변경시 '경미한 사항' 이외 산업부 승인 필요 • (개선) '중대한 사항' 이외에는 승인권한을 시도지사에게 위임
	개발사업자 요건 (경자법 제8조의3)	• (현행) 엄격한 개발사업자 요건 규정을 두어 사업 참여를 제한 • (개선) 진입 장벽을 낮추기 위하여 개발사업자 요건 완화
	개발사업 시행 (경자법 제9조)	• (현행) 개발시 외투기업 전용용지, 외국인전용 임대주택 반드시 공급 • (개선) 시장 수요에 따라 결정되도록 의무적 공급 규정 폐지
	서비스 규제 (경자법 · 타법령)	• (현행) 교육 · 의료 · 관광 등 서비스 분야 덩어리 규제 • (개선) 타부처 협의를 통해서 규제 완화 추진
자유무역지역	입주 허가 (FIZ법 제11조)	• (현행) 자유무역 입주희망기업에게 입주허가제도 운용 • (개선) 입주허가 제도를 폐지하고, 입주계약으로 변경
	입주 자격 (FIZ법 제10조)	• (현행) 입주요건 미충족시 관리권자는 입주허가 취소 가능 • (개선) 임대료 상향 등 기업 부담 완화 방식으로 제도 변경
	국외물품 반출신고 (FIZ법 제30조)	• (현행) 물품 반출신고시 건별로 신고 • (개선) 건별신고에서 일괄신고로 간소화
	자유무역지역 출입 (FIZ법 제52조)	• (현행) 출입증 · 통행증을 통해 사람 또는 자동차출입제한 • (개선) 중계가공무역 활성화를 위해 출입증 · 통행증 제도 폐지

자료: 산업통상자원부(www.motie.go.kr/), 2014.5.13. 보도자료.

이를 위해 정부는 규제개혁장관회의 결과의 후속조치로 기업투자와 일자리 창출을 위해 선도적으로 규제개혁을 추진하기로 하였으며, 산업부는 전향적 규제개혁 추진을 위한 3대 추진방향을 제시와 함께 기업들은 산업부에 67개의 규제를 개선안을 제시하였다.[17]

17 산업통상자원부(2014.3.25) (2014.3.28)

2014년 5월, KOTRA에서 경제자유구역 · 자유무역지역 분야에 대한 『제3차 규제 청문회』를 개최하였고, 경제자유구역 · 자유무역지역 분야 규제 총 58건중 17건을 폐지(29%)하고, 11건을 개선(18%)하기로 하는 등 정부 전체의 규제감축 목표(20%)를 초과하는 감축을 추진하기로 하였다. 〈그림 9〉는 외국인직접투자에 중요한 경제자유규역, 자유무역지역 주요 규제 개선 및 감축에 대한 주요 내용이다.

첫째, 경제자유구역 분야에서는 개발 관련 절차를 대폭 감축하는 동시에 진입 장벽을 낮추고, 외국인직접투자 분야 서비스산업 투자 활성화의 걸림돌을 제거하기로 하였다. 경제자유구역 개발계획 변경시 '경미한 사항' 이외에는 산업부가 승인하는 '포지티브(positive) 방식'이었으나, 향후 '중대한 사항'[18]에 대해서만 산업부 승인을 거치고, 기타 사항은 승인 권한을 시 · 도지사에게로 위임하는 '네거티브(negative) 방식'으로 전환할 계획이다. 이로써 개발사업시행자의 부담을 경감하고 다양한 사업 주체의 참여를 유도하기 위해 개발사업시행자의 자격 요건도 완화할 예정이다. 아울러, 경제자유구역을 고부가가치 서비스 허브로 조성하기 위하여 교육 · 의료 · 관광 분야의 '덩어리 규제'들을 관련 부처와 적극 협의하여 개선해 나갈 예정이다.

둘째, 자유무역지역 분야에서는 1970년에 제정된 자유무역지역법을 환경변화에 맞게 전면 개정하고 중계 · 가공 무역의 활성화를 위해 관련 규제를 완화하기로 하였다. 자유무역지역 입주방식을 관리권자가 입주희망 기업의 입주자격을 심사하여 입주허가를 폐지하고, 입주희망 기업과 관리권자가 상호 동등한 관계에서 입주계약을 체결하는 방식으로 전환하여 관련 절차를 감축하기로 하였다. 또한, 환경변화에 따라 자유무역지역 패러다임이 수출 중심에서 중계 · 가공무역 중심으로 전환됨에 따라, 입주기업의 자유로운 중계 · 가공무역 활동을 지원하기 위

18 예시: 재원조달방법 중 국비가 증가하는 경우, 외국인 전용 학교 · 의료기관 등의 설치 등.

해 관련 부처와 협의하여 물품의 반입 · 반출 절차 등을 개선해 나가기로 하였다.[19]

산업부는 2014년 중 법령 개정이 가능한 사안들은 최대한 조속히 처리하고, 관련 부처 협의가 필요한 사안들은 금년 하반기에 협의를 진행하여 2015년 상반기 중 법령 개정을 추진할 예정이며, 이를 통해 경제자유구역은 개발계획 변경 절차 단축으로 개발사업의 조속한 시행이 가능하여 관련 비용의 절감과 외투유치 확대 등이 기대되며, 개발계획 변경 승인 신청 건수는 연평균('11~'13) 14건으로, 네거티브 변경시 연평균 9건으로 감소(40%↓) 전망된다.[20]

자유무역지역은 입주방식은 과거 허가를 받아야 하는 형식으로 부지 확보에 상당한 어려움이 있어 지속적으로 문제제기 되어 왔다.[21] 이러한 규제가 이번에 전환(허가→계약)으로 기업의 편의가 제고되고, 물품의 반입 · 반출 절차 간소화 등으로 중계 · 가공무역 전진기지의 역할이 강화될 것으로 기대된다. 이에 앞으로도 산업부는 규제청문회를 정기적으로 개최하여 일자리 창출형 덩어리 규제를 집중 발굴하여 개선해 나갈 계획이여서 자유무역지대에 외국인투자유입이 더욱 원활할 것으로 기대된다.[22]

3.2. 한국의 외국인직접투자 기타 애로사항 개선 계획

정부는 향후 외국인직접투자 유치를 위하여 외국인 생활 밀착형 정주환경 개선과 글로벌 기업 헤드쿼터 유치를 위한 맞춤형 인센티브 제

---

19 산업통상자원부(2014.3.25) (2014.3.28).

20 (예) 1조원 개발사업의 경우 개발절차 기간 6개월 단축시 금융 비용 등 약 175억원 절감 가능(이자율 3.5% 가정). 산업통상자원부(2014.5.13).

21 한국일보(2013.8.2)

22 산업통상자원부(2014.5.20)

공을 추진할 예정이다.

1) 외국인 생활환경 개선

(1) 국내 외국인 정착을 위한 밀착형 지원 강화 (외국인 밀집 지자체)

외국인들의 신속한 국내 정착을 위해 주거 · 생활 · 문화 등을 통합 지원하는 센터를 지자체별로 확대 운영, 내실화를 도모해야 한다. 일례로써, 서울시는 이태원, 서래마을 등 외국인 밀집지역 7곳에 글로벌 빌리지 센터를 운영, 다양한 생활밀착형 서비스를 제공하고 있다.[23] 외국인들은 이곳에서 한국생활에 조기 정착 · 적응할 수 있도록 전기, 가스, 수도, 의료, 교통 등 다양한 생활 민원을 상담해 주고 외국인 등록사실증명이나 거주사실증명원 등의 민원서류도 팩스민원서비스를 통해 발급해 주게 된다. 또 수준별 한국어 교실 및 한국어로 물건 사는 법이나 예약하는 방법 등 한국생활 적응을 위한 역할체험 프로그램도 운영한다.[24]

(2) 지상파방송 콘텐츠에 외국어자막 제공 (방통위)

국내 지상파 TV 방송 중 외국인의 관심도가 높고 국내정착에 유용한 지상파방송 콘텐츠를 선정하여 외국어 자막 서비스를 시행할 예정이다. 홈페이지, IPTV 등을 통한 지상파방송 콘텐츠의 외국어 자막 방송을 추진한다.[25]

---

23 정부 관련부처 합동(2014), p. 16.

24 파이낸셜뉴스(2008.6.3)

25 정부 관련부처 합동(2014), p. 16.

(3) 운전면허 교환 · 취득 관련 편의성 제고 (산업부, 경찰청)

KOTRA 인베스트코리아의 원스톱서비스 범위에 외국 운전면허증 교환 업무를 추가하고 관련 인력을 보강하는 것을 외촉법 시행령 개정안에 포함시켰다. 이로 인해 현행 KOTRA를 통해 제공되는 행정민원 원스톱서비스 범위에 외국 투자가들의 국내정착에 필수적인 운전면허증 교환(예: 외국면허→국내면허) · 상담 서비스가 불 포함되는 문제점을 해소할 계획이다.[26]

(4) 유망 외국투자가에 대한 출입국 편의 제공 활성화 (법무부, 산업부)

외국인투자가들이 인천공항내 전용 출입국 심사대를 이용토록 하여 출입국 편의 제공하는 APEC 기업인여행카드(ABTC, APEC Business Travel Card)라는 제도가 현재 시행되고 있다. 대상 국가는 현재 18개국으로 호주, 뉴질랜드, 일본, 중국, 홍콩, 대만, 베트남, 싱가포르, 태국, 말레이시아, 인도네시아, 브루나이, 파푸아뉴기니, 필리핀, 페루, 칠레, 멕시코, 러시아이며, 체류자격으로는 APEC 기업인여행카드(ABTC, APEC Business Travel Card) 소지자가 대한민국에 입국 시 체류자격 단기상용(C-3-4)과 체류기간 90일을 부여하는 방식이다.[27] 그러나 홍보가 제대로 이루어지지 않아 외국인투자자들의 인식부족으로 제대로 활용되지 못하고 있는 실정이다. 이에 현행제도를 외국인투자가들에게 적극 홍보하고 수요조사를 통해 출입국 우대카드 신속 발급하는 형식으로 외국투자가에 대한 출입국 편의를 제공, 활성화할 계획이다.[28]

---

26 정부 관련부처 합동(2014), p. 16.

27 하이코리아(http://www.hikorea.go.kr/)
〈http://www.hikorea.go.kr/pt/InfoDetailR_kr.pt?categoryId=1&parentId=135&catSeq=161&showMenuId=16〉

28 정부 관련부처 합동(2014), p. 16.

2) 글로벌기업 헤드쿼터 유치를 위한 맞춤형 인센티브 제공

글로벌 헤드쿼터는 해외 자회사에 대한 의사결정과 경영지원을 총괄하는 지역 거점이다. 헤드쿼터(headquarter)를 유치하면 고급 일자리가 창출되고, 구매와 후속 생산시설 투자 유발 효과를 기대할 수 있는데, 현재 싱가포르(4,000여개), 홍콩(1,367개), 중국(516개), 일본(139개) 등 각국이 헤드쿼터 유치 경쟁을 벌이는 이유이다. 그러나 현재 국내 헤드쿼터 사례로써는 한국바스프, 이베이 아태경영관리, 볼보코리아, 다우케미컬 등 손에 꼽히는 정도이다.[29]

글로벌 기업 헤드쿼터 유치 필요성 및 문제점, 헤드쿼터 인정제도 도입, 헤드쿼터 인센티브 부여 방안이 있다. 또한 외국 R&D센터 유치 확대도 중요한데, 외국 R&D센터 지원 대상 선정(산업부), R&D센터 인센티브 부여 방안, 외국인직접투자의 고용창출 효과 제고를 위한 인센티브제도 개편은 부록에서 자세히 소개한다.

3.3. 외국인직접투자 규제완화, 애로사항 해결을 통한 기대 효과 및 시사점

앞서 살펴본 바와 같이 정부는 외국인직접투자 유치 활성화 및 고도화를 위해 현행 외국인투자촉진법상 21개 등록규제를 원점에서 재검토하기로 했다. 또 실효성이 약화됐거나 과도한 규제에 대해서는 과감하게 철폐하거나 완화하기로 했다. 또한 글로벌 기업 헤드쿼터, 연구 · 개발(R&D)센터, 복합레저산업 등 고부가가치 산업 유치를 위한 투자유치 역량 등을 주요 과제로 제시했다. 현재 한국의 외국인투자기업은 우리 수출의 20%, 고용의 6%를 차지하며 우리 경제의 한 축을 담당하고 있으며 기존 한국의 산업이 일자리 창출 여력의 약화로 인해서 외국인

29 한국일보(2014.1.10)

직접투자 유치의 중요성이 더욱 증대되고 있는 만큼, 앞으로 정부는 외국인직접투자에 걸림돌이 되거나 장애가 되는 규제에 대해서는 적극적으로 개선해 나갈 예정이다.

이러한 적극적인 정부의 규제개혁에 힘입어, 2014년 1~9월까지의 외투금액은 증가하였다. 국가별로는 중국의 투자액(10억 3,000만 달러)이 작년 같은 기간(3억 1,000만 달러)보다 3배 넘게 증가했는데, 대만, 홍콩을 포함한 중화권의 투자는 30억 1000만 달러로 90% 가까이 늘었다. EU는 59억 3천만 달러로 84%, 미국은 28억 6천만 달러로 6.4% 증가한 반면, 일본은 16억 4천만 달러로 2013년 동기에 비해 오히려 16.6% 감소했다. 이는 엔저현상과 아베 정권이 일본내 기업을 상대로 해외투자를 지양하고, 일본 국내투자를 유도하는 정책을 펴고 있는 데 따른 것이다.

규제 개혁안이 큰 효과를 거두기 위해서는 산업 중 가장 강한 규제를 가지고 있는 서비스 산업에 대한 규제 완화가 절실하다. OECD의 2012년 한국경제보고서를 보면, 서비스부문의 외국인직접투자는 한국이 GDP 대비 6% 수준인데, OECD 평균은 37%로 거의 6배나 차이가 난다. 이러한 서비스업의 규제는 외국인직접투자 유치를 통한 고용창출도 어렵게 한다. 서비스업의 고용유발 효과는 제조업의 두 배로 10억 원을 투자할 때 서비스업은 18.2명의 고용유발 효과가 있지만, 제조업은 9.4명에 불과하다. 정부는 고용효과가 뛰어난 외국인투자기업에 임대료 감면 등 다양한 인센티브를 주겠다고 했지만, 서비스업을 제외하고 고용창출 효과를 논하는 것은 무의미하다.[30]

---

30 조선비즈(2014.1.9)

4.
외국인직접투자 규제개혁 성공사례

4.1. 울산시 규제완화 성공사례

울산시는 외국인직접투자 규제완화를 위한 노력을 통해 2011년 6억 5,600만 달러, 2012년 2억 9,400만 달러, 2013년 4,600만 달러에서 2014년 21억 9,900만 달러로 큰 폭의 증가세를 보였다.[31] 2014년도 제1회 외국인투자위원회에서 SK종합화학이 울산아로마틱스의 주식을 소유하는 것에 대해 승인했다. 울산아로마틱스는 SK종합화학과 일본기업인 JX에너지(JX Nippon Oil & Energy)가 공동출자한 파라자일렌 제조기업이다. 본 건은 규제개혁의 성공 사례로 2014년 초 일반지주회사의 손자회사와 외국기업이 합작투자 할 수 있도록 외국인투자촉진법(이하 외촉법)을 개정함에 따라 이루어진 첫 번째 합작투자 건이다. 총 9,363억 원의 투자를 통해 울산지역 경제 활성화와 국내석유화학산업의 경쟁력 강화에 기여할 것으로 기대한다.

SK가스는 2016년까지 합성수지 기초 원료인 프로필렌 생산공장을 건립하기로 했으나, 녹지 보호 규제에 가로막혀 차질을 빚었다. 그러나 울산시는 정부에 건의해 공단 내 공장 건립에 따른 녹지 훼손분 만큼 인근에 대체녹지를 조성하도록 규제를 풀고, 사우디 APC의 알 가라위 최고경영자(CEO)를 만나 규제완화에 협조를 다한다는 양해각서도 체결했다. 이러한 이유로 규제완화에 나서 최근 SK가스 합작사인 사우디 아라비아 국영기업 APC로부터 1억3,500만 달러의 투자 유치를 성사시켰다.

31 한국경제(2014.10.07)

그리고 다른 성공사례는 민간부두 용도추가 건이다. 울산항의 액체 화물 처리용량이 부족하여 기업들의 신속한 물류처리에 장애가 발생하자, 외국인투자기업이 물류 처리용량에 여유가 있는 인근 민간부두를 이용을 건의하였다. 제3차 항만기본계획은 해당 부두의 용도를 기타광석으로 한정하여 액체화물 처리는 불가능한 실정이지만, 이를 개선하기 위해, 항만기본계획의 변경 등을 통해 해당 민간부두의 액체 화물 처리가 가능하도록 용도 추가 지정하는 사례이다.[32]

4.2. 강원도 레고랜드(Lego Land) 유치사례

강원도의 제1호 개별형 외국인투자지역으로 레고랜드 코리아 개별형 외국인투자지역을 춘천에 지정했다. 레고랜드 코리아 외국인투자지역 지정은 2013년 9월에 개최된 무역투자진흥회의에서 발표된 투자활성화 대책에 따른 후속조치로 관련 규제를 완화하여 유치한 성공 사례이다. 당초 레고랜드 예정지에서 선사유적 발견으로 사업 중단이나 장기화 등의 우려가 생기자, 문화재 보존과 지역개발이라는 상생의 원칙과 지원을 통하여 성공한 사례이다.

레고랜드 코리아는 춘천시 일대에 레고를 주제로 한 테마파크, 호텔, 워터파크 등을 조성하는 사업으로 2017년 개장이 목표로 총 4,872억원을 투자해 2018년까지 1,611명의 고용을 창출할 계획으로 동아시아 최초로 레고랜드를 한국에 유치함으로써 춘천지역 경제 활성화 뿐만 아니라, 국내 관광산업 진흥에도 기여할 것으로 전망된다. 강원도는 이 테마파크가 완공되면 연간 200만명 이상의 관광객과 일자리 1만여개, 연평균 44억원의 지방세수가 늘어날 것으로 전망된다.[33]

32 정부 관련부처 합동(2014), p. 10. 〈부록 1〉 참조.

33 한국경제(2014.11.28)

4.3. 말레이시아 레고랜드 유치 성공사례

장난감 레고를 소재로 한 테마파크 레고랜드는 디즈니랜드에 이은 세계 2위 테마파크 체인으로서, 유럽과 미국 등 5곳에만 운영하던 레고랜드를 2012년 9월 말레이시아에서도 아시아 첫 레고랜드를 운영 중이다. 규제 · 세금 없는 이스칸다르 경제자유구역지역에 유치하여, 레고랜드의 운영에는 일절간섭 안하며, 년간 200만명 관광객 유치로 외국인투자 유치 성공사례이다. 말레이지아는 관광 · 교육 등 9개 산업에 법인세 · 소득세를 파격적인 감면을 실시하였다.

말레이시아 정부는 레고랜드를 유치하면서 총 투자 금액 7억 링깃(약 2,250억 원) 가운데 80%를 지원했으며, 입지 선정부터 디자인, 운영, 심지어 도로 등 각종 인프라 구축 등도 레고랜드 운영권자인 영국의 리조트그룹 멀린에 전부 일임하거나 요청을 받아 들여서 실시하여 현재 투자 유치 성공 사례로 평가되고 있다.

말레이시아 정부는 2006년 이스칸다르를 경제자유구역으로 지정하고 창조경제 · 교육 · 의료 · 물류 · 관광 · 금융 등 서비스 6개 부문과 석유화학 · 전자 · 농식품 등 제조업 3개 부문 총 9개 산업군을 집중 육성하였다. 이스칸다르에 투자하는 9개 산업군의 기업들은 국적에 관계없이 파격적인 혜택을 제공하는데, 일례로 5년간 법인세를 면제받거나 투자세액 100%를 공제받고, 이지역 기업은 수입관세와 판매세도 면제된다. 해당 기업 종사자는 소득세율이 25%에서 16%로 감면되며 부동산 · 차량 구입 시 취득세를 내지 않아도 된다. 또한 대규모 투자 때는 맞춤형 인센티브도 제공하는데, 일례로 영화산업 유치를 위하여 말레이시아 정부는 영화 등 콘텐츠 제작에 5000만 링깃 이상을 투자하면 30%를 현금으로 되돌려주겠다는 인센티브를 제공했다.

말레이시아 정부는 외자를 유치하기 위해 말레이 민족 우대 정책도 포기하고, 파격적인 지원과 규제 완화로 성공하고 있다. 말레이시아 정부는 2006년 프로젝트를 시작하면서 2025년까지 20년간 총 3,000억 링깃(약 96조 원) 투자 유치 목표를 세웠는데, 2014년 6월 말 기준 누적 투자 유치 금액은 1,462억 링깃(약 47조 원). 9년 반 만에 목표의 48%를 달성했다. 이스칸다르의 성과에 힘입어 말레이시아는 2012년 1인당 국내총생산(GDP) 1만 달러를 돌파하는 등 외국인투자의 유치의 중요성을 잘 보여주는 사례이다.[34]

4.4. 영국 규제개혁 성공사례

영국 정부는 2014년 2월부터 강력한 범 정부차원의 규제개혁을 선포하고 3,095개의 규제리스트를 없애기 위한 '레드 테이프 챌린지 프로젝트(red tape challenge project)'를 시작했다. 규제 철폐 진행 상황은 매일 인터넷 사이트에 공개하여 현재까지 800여개의 규제가 사라졌으며, 영국 정부는 향후 기업의 비용 부담을 매년 8억 5000만 파운드(약 1조 4,700억 원)를 줄일 계획이다.

영국은 또한 선진국 최저 수준인 23%의 법인세를 2015년까지 20%로 더 낮출 계획이며, 영국에 본사를 두면 해외에서 발생한 매출에 세금을 부가하지 않는 법도 통과시켰다. 이러한 규제 완화는 투자로 직결되었는데, 2014년 1분기 영국 기업의 설비 투자는 334억 파운드로 전분기 대비 5% 늘었으며, 2010년 5만개이던 런던의 벤처기업은 현재 약 9만개로 2배 가까이 증가하여 가시적인 성과를 보인 성공 사례로 평가된다.[35]

34 한국경제(2014.12.04)
35 한국경제(2014.07.28)

5.
결론

외국인직접투자의 꾸준한 유입에도 불구하고 한국의 외국인직접투자는 여전히 경제개발협력기구(OECD) 가운데 최하위 수준이다. 주요국 외국인직접투자의 비중에서 국내총생산(GDP) 가운데 한국의 외국인직접투자 잔액 비중은 12.7%(2012년 기준)로 OECD 34개국 가운데 33위로 나타났다. 또한 세계경제포럼(WEF)은 2014년 국가경쟁력평가 결과에서 한국의 순위가 10년 만에 가장 낮은 수준인 26위를 기록했는데, 이는 제도적 요인을 비롯해 금융시장 · 노동시장 등에서 낙제점을 받은 것이 가장 큰 요인이었다.

한국의 저조한 외국인직접투자 유치의 원인으로는 각종 규제가 지목되고 있다. OECD가 외국인 소유 제한, 인허가 절차 등을 비교한 외국인직접투자 규제지수에서는 한국은 6번째로 높다는 사실이 이를 보여준다. 한국의 규제지수는 0.143으로 OECD 평균(0.079)의 두 배인데, 특히 금융과 미디어 등 3차 산업의 외국인직접투자 규제는 34개국 가운데 가장 심한 것으로 나타났다. 따라서 한국의 외국인직접투자 활성화 · 고도화 계획이 필요한데, 구체적인 외국인직접투자 규제완화와 기타 애로사항 개선 계획과 실천이 필요하다. 울산시, 강원도의 레고랜드(Lego Land) 유치사례, 말레이시아 레고랜드 유치 성공사례, 그리고 영국 규제개혁 성공사례가 이를 잘 보여준다.

부록 1

정부관련부처 합동 규제개혁안(2014년)

1) 정책의 예측가능성 및 투명성 제고

(1) 정책 수립 · 운영과정에서 외투기업 의견 수렴 (범부처)

정책의 예측가능성과 투명성을 제고하기 위해, 범부처에서 정책 수립 · 운영과정에서 외투기업의 의견을 수렴한다. 현재 외국인투자기업들은 사전 의견수렴 절차가 미흡한 정책들로 인해 안정적인 경영활동에 어려움을 호소하고 있는 실정이다. 이에 대한 개선방안으로, 외국인투자기업의 경영활동에 영향을 미치는 정책의 경우 외국인투자자의 의견을 반영할 수 있는 체계를 마련한다.[36]

- 법령 제 · 개정 관련 규제 심사시 외국인투자자의 규제개혁위원회 출석 · 발언 기회
- 부여 및 심사의 원칙으로 '국제적 기준' 적용

국회 상임위, 관계 부처 및 주요 외국인투자자가 공동으로 참여하는 정책설명회, 간담회 등의 정례적 개최

(2) 외투 관련 법령 · 규칙에 대한 영문번역 서비스 확대 (법제처, 산업부)

현재 제공되는 번역 서비스는 주로 법령에 치중하고 하위 행정규칙

36 정부 관련부처 합동(2014), p. 8.

(예규, 고시)에 대해서는 번역 서비스가 미흡한 실정이다. 이를 개선하기 위해, 수요조사 등을 통해 외투기업의 경영활동에 필수적인 주요 법령 · 행정규칙에 대한 영문 서비스 제공한다. 주요 정책 도입하거나 변경할 시 영문번역 메일링 서비스 등을 통해 신속한 정책정보 제공 및 의견을 수렴하는 것이 필요하다.[37]

2) 외투기업 경영여건 제고를 위한 규제개선

(1) 금융정보 해외이전 관련 규정 명확화 (금융위)

현재 외국계 금융기관이 보유한 금융정보의 해외 위탁처리 관련 일부 규정이 모호하여 외투기업은 이의 구체화를 요청하고 있는 상황이다. 이에 대한 개선방안으로 원장의 정의 및 재위탁 범위와 관련, 금융감독 권한을 확보하면서 금융기관의 영업활동을 저해하지 않도록 구체화하는 법안이 2014년 3월 시행된다.[38]

(2) 공인인증서 발급 의무화 관련 규제개선 (금융위)

현재 원칙적으로 모든 전자금융거래에 공인인증서 사용이 의무화(단, 30만원 미만 거래는 면제)되어 있으나, 사용이 복잡하여 사실상 외투기업의 국내 전자금융거래를 통한 기업 활동을 제한하는 현상을 야기하고 있다. 외국의 경우 ID와 P/W만으로 거래가 가능하며, 기업 자체적으로 보안시스템을 구축 · 운영하고 있으므로 이에 대한 외국인투자자들의 요구가 끊임없이 제기되어왔다. 이에 대한 개선방안으로 보안성이 유지되는 선에서 다양한 보안기술과 인증 기술을 적용할 수 있도록 제도개선 방안을 2014년 12월까지 마련할 계획이다.[39]

---

37 정부 관련부처 합동(2014), p. 8.
38 정부 관련부처 합동(2014), p. 9.
39 정부 관련부처 합동(2014), p. 9.

(3) 외투기업의 중소기업 여부 판단기준 합리화 (중기청, 산업부)

현행「중소기업기본법」은 외투기업도 국내기업과 동일하게 해외 모기업의 자산규모가 5천억 이상인 경우 중소기업에서 제외하고 있다. 이에 대한 개선방안으로는, 급격한 환율변동시 해외 모기업 자산평가 변동으로 인해 국내 외투기업이 중소기업에서 제외되는 문제 해소를 위해 해외 모기업의 자산평가시 최근 5년간의 평균환율을 적용토록 할 계획이다.[40]

(4) 개발규제 혁신 및 개발절차 간소화 (산업부, 국토부)

현재 경제자유구역내 핵심 개발사업을 추진하는데 개발이익 재투자 및 타법령과의 중복절차 등이 장애가 되고 있다. 예를 들어, 개발이익 재투자 제도는 복합개발 촉진과 조성원가 인하 등을 위해 도입되었으나, 개발사업시행자에게 과도한 부담으로 작용하며 경자구역 개발부진의 부메랑으로 작용되는 경우가 종종 발생하여, 외국인투자자들의 절차상의 불편이 심화되는 실정이다. 이에 대한 개선방안으로 개발이익 재투자 비율 완화 및 중복절차를 개선하는 방안이 2014년 12월까지 마련될 예정이다.

- 개발이익환수법에 의한 개발이익금 환수외에 경자법에서 추가로 부과하고 있는 개발이익 재투자비율(현행 25%)을 완화

  * 개발이익환수에 관한 법률에 따라 개발이익금의 25% 추징하고 경제자유구역법에 따른 개발이익재투자(25%) 등 총 개발이익의 50% 반납할 의무에 따른 개발사업자 부담 증가

40 정부 관련부처 합동(2014), p. 9.

• 지역 · 지구 등의 중복지정에 따른 복합규제* 개선을 위해 일정요건 충족시 개별법상 개발계획을 경자법상 개발계획으로 간주.[41]

(5) 민간부두 용도추가 허용 (해수부)

현재 동북아 오일 허브를 구축 중인 울산항의 액체화물 처리용량이 부족하여 기업들의 신속한 물류처리에 장애가 발생하고 있다. 울산항에 위치한 외국인투자기업이 물류 처리용량에 여유가 있는 인근 민간부두를 이용하고자 하나, 제3차 항만기본계획은 해당 부두의 용도를 기타광석으로 한정하여 액체화물 처리는 불가능한 실정이다. 이를 개선하기 위해, 항만기본계획의 변경 등을 통해 해당 민간부두의 액체 화물처리가 가능하도록 용도 추가 지정하는 것을 2014년 12월 까지 마무리할 계획이다.[42]

(6) 해외건설실적 보고 간소화를 통한 기업부담 완화 (국토부)

현행 해외건설촉진법은 해외건설업자로 하여금 수주활동 및 시공 상황 전반에 대해 국토부장관(해외건설협회 위탁)에 보고토록 규정하고 있다. 현행법에 따르면, 현 수주활동 및 시공 상황 보고서식은 보고항목이 많고, 복잡하여 엔지니어링 관련 외투기업의 업무 부담으로 작용되고있는 실정이다. 이를 개선하기 위해 입찰가격 등 불필요한 자료제출 생략 등 보고서식 간소화 및 제도 개선이 2014년 12월내로 이루어질 계획이다.[43]

---

41 정부 관련부처 합동(2014), pp. 9–10.
  * 항만법, 산입법, 첨복법 등에 따라 중복 지정된 경자구역의 경우 개별법 필요에 의해 계획 등을 변경한 경우에 다시 경자법에 따라 계획변경절차를 거쳐야 함.

42 정부 관련부처 합동(2014), p. 10.

43 정부 관련부처 합동(2014), p. 10.

부록 2

글로벌 기업 헤드쿼터 유치 필요성
정부관련부처 합동(2014년)

1) 글로벌 기업 헤드쿼터 유치 필요성 및 문제점

글로벌 기업의 헤드쿼터는 해외자회사에 대한 의사결정 및 경영지원 활동을 총괄하는 거점지역으로써, 유치시 고급일자리 창출, 국내구매, 후속 생산기반 투자 등의 유발 효과가 있어 주요 투자 강국들은 다수의 헤드쿼터를 유치하고 있는 상황이다.[44] 하지만 한국은 현재 헤드쿼터를 유치하기 위한 환경구축 미흡하며, 그 원인으로는 헤드쿼터 유치에 관건이 되는 헤드쿼터 임직원에 대한 세제지원 등 고급인력의 유치 및 정주여건이 미흡하고, 또한 헤드쿼터와 해외자회사간 빈번한 국제거래시 발생하는 조세문제 등이 있다.[45] 이를 위해 헤드쿼터 인정제도 도입(산업부), 헤드쿼터 인센티브 부여 방안을 추진하고 있다.

2) 헤드쿼터 인정제도 도입

외국인투자촉진법 개정을 통하여 헤드쿼터 본연의 특성과 타국의 사례를 감안하여 합리적인 인정기준을 마련하여 외국기업의 헤드쿼터 유치에 총력을 기울일 계획이다. 〈표 5〉는 정부가 제시한 헤드쿼터 인정기준에 대한 가이드라인이다. 또한 관련 기업의 신청에 대해 외국인투자위원회의 심의 · 의결을 거쳐 헤드쿼터 인정 및 맞춤형 인센티브를

44 정부 관련부처 합동(2014), p. 11.
45 정부 관련부처 합동(2014), p. 11.

제공하는 방안도 추진할 계획이다.[46]

〈표 5〉 헤드쿼터 인정기준 예시

① (시장지위) 모기업이 세계시장을 선도(예: 제조업 1천대기업 등)하는 외국기업
② (기능) 3개 이상의 자회사 관리기능 수행(기획, 재무, 인사, 마케팅, 구매, 판매 등)
③ (FDI 금액) 국내 투자금액이 미화 100만불(약 10억원 상당) 이상
④ (고용) 20명 이상 전문경영인력 상주(이중 국내 고용이 최소 1/3 이상)

자료: 관련부처 합동(2014), 외국인투자 활성화 방안, p. 11.

3) 헤드쿼터 인센티브 부여 방안

• 외국인 임직원에 대한 소득세율 특례조치 적용 (기재부)

외국인 임직원에 대해 소득에 상관없이 동일 세율(현행 17%)을 적용하는 특례조치가 '14년말 종료예정에 있어 외국인투자가 저해될 여지가 발생한다. 그러나 헤드쿼터에 근무하는 외국인 임직원에 대해서는 상기 특례조치를 일몰제한 없이 지속적으로 적용하여 헤드쿼터에 대한 인센티브를 유지하고, 선별적인 외국인투자 유치를 도모하고자 한다.[47]

• 국제거래 관련 과세기준의 효율적인 조정시스템 구축 (기재부)

현재 한국에 진출한 외국인투자기업들은 국내법인과 해외자회사간 거래 시 동일한 물품에 대한 국세(법인세)와 관세의 가격책정이 상이하여 불편을 호소하고 있는 실정이다. 현재 관세청은 높은 수입가격 책정을 통해 높은 관세 부과하는 반면에 국세청은 낮은 수입 원가를 책정을 통해 높은 법인세 부과하고 있어 외투기업들이 애로사항으로 지속

46 정부 관련부처 합동(2014), p. 11.
47 정부 관련부처 합동(2014), p. 12.

제기하고 있는 상황이다. 이를 개선하기 위해, 국세의 정상가격사전승인(APA) 또는 관세의 과세가격사전심사(ACVA)시 국세청과 관세청이 공동 참여하여 적정가격 범위를 협의하는 사전조정제도를 2014년 12월까지 도입할 수 있도록 추진할 예정이다.[48]

• 무형자산 이전가격 산정 관련 절차 간소화 (기재부)

현재 우리나라와 헤드쿼터 본사 소재국간 무형자산의 정상가격이 다른 경우 이의 합리적 조정에 장기간(2~3년)이 소요되어 헤드쿼터의 조세 불확실성 발생하는 문제점을 안고 있다. 이를 해결하기 위해 단기적으로는 무형자산 정상가격 산출 관련 규정을 명확히 하고, 헤드쿼터와 과세 당국 간 사전승인(Advance Pricing Agreement) 신속절차(Fast track)를 마련하여 이전가격 관련 불확실성을 조기 해소할 것이며, 중장기적으로는 OECD 가이드라인 개정('15년 종료예정)에 맞춰 국내 관련 규정을 개정하여 투명성을 제고할 계획이다.[49]

• 헤드쿼터-자회사간 용역거래에 대한 과세서류 간소화 (기재부)

현재 한국의 과세행정 절차상, IT · 회계서비스 등 빈번하게 거래되는 용역거래에 대하여 복잡한 과세 증빙자료를 요구하여 헤드쿼터의 행정부담 과중되는 경향이 존재한다. 이는 현행 증빙자료 제출의무 제외 대상이 협소하여 해외자회사와의 거래가 활발한 헤드쿼터는 적용받기 곤란하여 발생하는 문제로써, 헤드쿼터의 용역거래에 대하여 과세 증빙자료 제출의무 제외대상 확대하여 부담감을 완화하도록 할 계획이다.[50]

---

48 정부 관련부처 합동(2014), p. 12.
49 정부 관련부처 합동(2014), p. 12.
50 정부 관련부처 합동(2014), p. 12.

• 헤드쿼터 임직원에 대한 출입국 편의 확대 (법무부)

현재 한국의 외국인투자 비자(D8)의 체류기한이 최대 5년임에도 실제로는 출입국사무소에서 1~3년 기간의 체류기한을 부여함으로써 주기적 갱신 필요한 실정이다. 이를 해결하기 위해 헤드쿼터 임직원에 대해서는 현재 1~3년의 기간이 부여되는 D8 비자 체류한도를 파견기간에 맞추어 최대 5년까지 확대되도록 제도화할 계획이다.[51]

4) 외국 R&D센터 유치 확대

고급인력의 수요가 많은 R&D센터 유치를 위해서도 맞춤형 지원에 나선다. 올해 종료되는 외국인기술자 소득세 감면제도(2년간 50%)를 2018년까지 연장하고, 현재 공장부지 임대로 국한돼 있는 R&D센터의 입지지원 대상에 건물임대도 포함시키기로 했다.[52]

(1) 외국 R&D센터 지원대상 선정 (산업부)

정부는 고도기술 분야, 산업지원서비스 분야 등의 연구역량을 제고할 수 있도록 외국 R&D센터 지원 대상 선정하여 조세 인센티브를 지원할 방침을 세우고 있다. 지원기준을 개별형 외투지역 지정요건과 유사하게 규정하되 고급기술 인력에 대해서만 조세 지원하는 형식을 통하여 R&D 형식의 외국인 직접투자를 유치할 계획이다. 〈표 6〉은 정부가 제시한 외국 R&D센터 조세 지원 대상에 대한 가이드라인이다. 이 밖에도 외투기업이 R&D센터 지원을 요청하는 경우, 맞춤형 인센티브를 제공하는 방안을 고려하고 있다.[53]

51 정부 관련부처 합동(2014), p. 13.
52 한국일보(2014.1.10)
53 정부 관련부처 합동(2014), p. 13.

〈표 6〉 외국 R&D센터 조세 지원 대상 예시

① (분야) 조특법 제121조의2에 따른 고도기술 및 산업지원 서비스업 분야
② (FDI 금액) 2백만불 이상 투자하여, 연구시설을 신설 또는 증설하는 경우
③ (고용) 사업과 관련된 분야의 석사 이상인 자로서 3년 이상 연구경력을 가진 상시 연구전담인력을 10명 이상 채용

자료: 관련부처 합동(2014), 외국인투자 활성화 방안, p. 13.

2) R&D센터 인센티브 부여방안

• 외국인 기술자에 대한 소득세 감면 (기재부)

현재 외국인 기술자에 대한 소득세 감면제도(2년간, 50%)가 '14년 말 종료 예정이나, R&D센터 등 고부가가치 투자를 확대하기 위해서는 외국인 기술자에 대한 조세지원이 필요하다. 따라서 해외 우수 기술인력 확보를 위해 외투 R&D센터에 근무하는 외국인 기술자에 대한 소득세 감면(2년간, 50%)을 2018년까지 적용하는 방안을 추진하고 있다.[54]

• R&D센터 유치에 적합한 입지 지원제도 도입 (기재부)

현행 외국인투자입지지원은 공장부지 임대에 국한되어있어 건물 시설이 중심인 R&D시설 지원에는 곤란하다는 문제점을 안고 있어, R&D센터 유치에 걸림돌이 되고있는 실정이다. 이를 극복하기 위해서 R&D센터의 입지지원 대상에 현행 공장부지외에 건물임대도 포함하는 것을 추진하고 있다.[55]

• R&D센터의 국내 네트워크 구축 지원 (산업부)

외투 R&D센터의 조기 국내정착 및 파급효과 극대화를 위해서는 국

54 정부 관련부처 합동(2014), p. 14.

55 정부 관련부처 합동(2014), p. 14.

내 기업 · 대학 등과 활발한 협력이 필요하며, 이에 따라 외투 R&D센터가 국내 산학연과의 협력 연구를 추진하는 경우 전국 193개 거점(25) · 연계(168) 산업단지를 지정 산학연 네트워크 구축, 기업주치의센터 운영, 해외교류협력사업 등을 지원('14년 예산 577.3억원)하는 산업클러스터 지원사업 등을 통해 지원할 예정이다. 국책과제에 외투 R&D센터와 국내 연구소간 공동연구 추진을 하는 경우 평가가점 우대도 추진할 예정이다.[56]

5) 외국인투자의 고용창출 효과 제고를 위한 인센티브제도 개편

(1) 세제감면 한도 산정시 고용효과를 확대 반영 (기재부)

현행 외투기업에 대한 세제감면 한도 산정시, 인력당 감면한도가 1천만원에 불과하여 고용창출에 대한 유인이 부족한 것으로 파악되었다. 이를 해결하기 위한 방안으로, 인력당 감면한도를 최대 2천만원으로 확대하는 것을 조세특례법을 통하여 추진할 계획이다.[57] 〈표 7〉은 이러한 개선방안을 반영한 개별형 외투지역의 조세감면 한도 산정방식에 대한 개정안이다.

〈표 7〉 개별형 외투지역 조세감면 한도 산정방식 개정(안)

구 분	현 행	개 정
투자금액에 따른 한도	FDI금액의 70%	FDI금액의 70%
고용실적에 따른 한도	고용인력 × 1천만원	고용인력 × 2천만원 (마이스터고졸업생 등) 1.5천만원 (청년근로자 등) 1천만원 (일반근로자 등)

자료: 관련부처 합동(2014), 외국인투자 활성화 방안, p. 15.

56 정부 관련부처 합동(2014), p. 14.
57 정부 관련부처 합동(2014), p. 15.

(2) 고용효과를 반영한 외투지역 임대료 감면제도 마련 (산업부)

현행 단지형 외투지역 임대료 감면제도가 투자금액 중심으로 운영되고 있어 고용효과를 고려한 지원은 부족하다는 지적이 존재했다. 이에 현재 FDI 금액 중심에서 고용창출실적을 고려한 차등 감면하는 방식으로 변경할 계획이다.[58] 〈표 8〉은 이러한 개선방안을 반영한 단지형 외투지역의 조세감면 한도 산정방식에 대한 개정안이다.

〈표 8〉 단지형 외투지역 임대료 감면률 개정 (안)

지원 요건	임대료 감면율
'70명이상 고용 & 2.5백만달러' 또는 '5백만달러 FDI' 이상	75%
150명 이상 & 2.5백만달러 이상	90%
200명 이상 & 2.5백만달러 이상	100%

자료: 관련부처 합동(2014), 외국인투자 활성화 방안, p. 15.

58 정부 관련부처 합동(2014), p. 15.

참고문헌

김승진(2014), "외투기업 사후지원제도 소개(옴부즈만, 홈닥터)", 2014 글로벌 투자유치 전략 설명회, 2014년 글로벌 FDI 전망 및 우리의 전략 14-002, KOTRA.

뉴시스(2014.4.2), "美 USTR 한국의 투자 규제 장벽 높고, 투명성도 부족"

대한상공회의소(2014), "한국 투자환경에 대한 외국계기업 인식 조사", 보도자료 2079호.

박기임(2014), "일본의 전략특구를 통한 규제개혁 돌파시도", 기업들 기대감 고조, Trade Brief, 54권, 한국무역협회.

산업통상자원부(2014.5.13), www.motie.go.kr/, "무역 · 외국인투자 관련 규제 개선", 보도자료.

산업통상자원부(2014.5.20), www.motie.go.kr/, "경제자유구역법에 '네거티브 규제 방식' 도입", 보도자료.

산업통상자원부(2014.3.28), www.motie.go.kr/, "정부에 67개 규제 뿌리뽑기 건의", 보도자료.

산업통상자원부(2014.3.25), www.motie.go.kr/, "규제 뿌리뽑기작업 본격 시동", 보도자료.

연합일보(2014.4.20), 금융硏 "작년 FDI 급감…FTA 활용 · 규제개혁 필요".

유인홍(2014), "외국인투자유치 현황 및 전망", 2014 글로벌 투자유치 전략 설명회, 2014년 글로벌 FDI 전망 및 우리의 전략, 설명회자료 14-002, KOTRA.

전용욱 외(2009), "외국인투자기업의 사업확장을 촉진하는 투자촉발요인에 대한 연구", 기획재정부 용역과제, 중앙대학교.

정부 관련부처 합동(2014.1), "외국인투자 활성화 방안", 정부 관련부처 합동.

조선비즈(2014.1.9), "외국인투자 활성화 대책, 서비스업 규제 개선은 부족",

주규희(2014), "외투기업 지속성장 지원방안", 2014 글로벌 투자유치 전략 설명회, 2014년 글로벌 FDI 전망 및 우리의 전략, 설명회자료 14-002, KOTRA.

파이낸셜뉴스(2008.6.3), "서울시, 서래 글로벌빌리지센터 개관".

하이코리아(http://www.hikorea.go.kr/)
〈http://www.hikorea.go.kr/pt/InfoDetailR_kr.pt?categoryId=1&parentId=135&catSeq=161&showMenuId=16〉
한국경제(2014.1.9), "한국, 외국인 직접투자 비중 OECD국가 중 '꼴찌'".
한국경제(2014.5.26), "아베노믹스의 '세번째 화살'…성장전략 구체화…日, 법인세 대폭 인하 · 외국인력 유치 '승부수'".
한국경제(2014.7.28), "캐머런의 '親기업' 효과…英 '세기의 침체' 벗어났다."
한국경제(2014.10.7), "빗장 푼 울산, 외국인 투자 '밀물'".
한국경제(2014.11.28), "춘천 '레고랜드' 첫 삽 떴다."
한국경제(2014.12.04), "서비스산업이 더 위기이다: 亞 첫 레고랜드 유치한 이스칸다르".
한국일보(2013.8.2), "입지 규제 완화로 투자 물꼬 터야".
한국일보(2014.1.10), "공장에서 고급인력으로… 외자유치 정책 전환".
현대경제연구원(2013), "외국인직접투자(FDI) 규제 국제 비교와 시사점: 서비스 산업 진입 OECD 평균보다 크게 어렵다", 현안과 과제 13-56, 현대경제연구원.
MK뉴스(2014.04.16) "규제완화는 돈 안 드는 최고 성장정책".
MK뉴스(2014.08.25) "美상의 "한국 규제, 혁신 억누르고 투자 막아".
www.imd.org
www.weforum.org

제12장

외국인직접투자의 문제점과 개선방안

| 제12장 |

외국인직접투자의 문제점과 개선방안

1. 서론

제 12장에서는 한국의 외국인직접투자의 문제점과 개선방안에 대하여 분석한다. 먼저 제 2절에서는 노사관계의 경직성, 외국인직접투자 제도의 미흡, 경제자유구역에 대한 제도 미흡 및 문제점, 조세제도 및 인센티브제도의 취약성, M&A형 외국인직접투자에 대한 부정적 인식, 국내 외국인직접투자 유치제도의 중복 등 국내 외국인직접투자 제도의 문제점을 중심으로 분석한다.

제 3절에서 외국인직접투자 유치제도의 개선, 지역 중견기업과의 합작투자(joint venture) 형식의 외국인직접투자 장려, 투자환경 개선방안, 외국인직접투자를 위해 특화된 투자유치 모델 선정, 경제특구 제도 개선을 통한 전문성 강화, 국내 대기업의 외국 협력업체 한국투자 장려, 기존 투자기업들의 증액투자 유도 전략 등 국내 외국인직접투자 제도

의 개선방안을 분석한다. 마지막 제 4절에서 결론을 도출한다.

2.
국내 외국인직접투자 제도의 문제점

〈표 1〉은 한국의 외국인직접투자의 주요 문제점을 보여준다. 다양한 문제점들 중에서 주요 문제점으로 지목되고 있는 외국인직접투자 제도의 미흡, 경제자유구역에 대한 제도 미흡, 조세제도 및 인센티브제도의 취약성, M&A형 외국인직접투자에 대한 부정적 인식, 국내 외국인직접투자 유치제도의 중복에 대해서 살펴본다.

〈표 1〉 한국의 외국인직접투자의 주요 문제점

구분	내용
노사관계 경직성	• 외투기업들의 57.9%가 투자결정시 매우 중요한 요인으로 평가했지만, 최근 2~3년간 개선되지 않음
외국인투자 환경의 미흡	• 한국의 산업입지는 외국인전용단지, 외국인투자지역, 자유무역지역, 관세 자유지역으로 구분 • 공급주체가 산자부장관, 재경부장관, 시 · 도지사인 국가 및 공공기관이기 때문에 가격인하에 한계 • 산업용지의 확보 및 공장건축과 관련한 각종 인허가사항이 행정기관별로 분산되어 있어서 인센티브 결정이나 산업용지 확보까지의 기간이 장기화됨으로써 외국인직접투자를 저해하는 요인으로 작용 • 부대비용이 많아 기업체의 부담이 높고 초기 투자 위험부담이 큼
경제자유구역에 대한 제도 미흡	• 경제자유구역 조성에 관한 중장기 전략이 부족하고 인허가 의제가 되어도 위원회 중복 개최 등 이중적인 절차 규제가 상존
조세제도 및 인센티브제도의 취약성	• 외국기업의 투자 유인을 위해서 다양한 정책 마련 시급
M&A형 외국인투자에 대한 부정적 인식	• 기술 유출 등으로 인한 국내 기업의 M&A에 대한 부정적인 인식 • 중소기업의 M&A에 대한 인식의 미성숙

2.1. 노사관계의 경직성

〈그림 1〉은 한국에 투자한 외투기업들이 한국의 경영환경을 평가한 것이다. 전년과 비교하였을 때, 개선되었다고 응답한 비율이 8%로 현재 한국의 외국인직접투자 제도의 문제점이 있다는 것을 알 수 있다.

〈그림 1〉 외투기업이 본 한국의 경영환경 (단위: %)

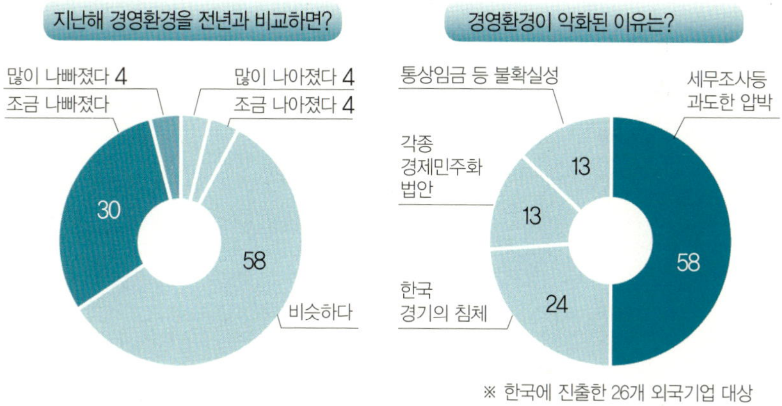

자료: 한국경제(2014.1.19)

응답 기업의 50%가 2013년 경영환경이 나빠진 요인으로 '세무조사 등 과도한 규제와 압박'을 꼽았다. 다음 경영환경 불안요인으로는 '경기 침체(24%)', '경제민주화 법안(13%)', '통상임금 등 불확실성(13%)' 등의 순이었다. 그리고 '앞으로 가장 부담이 될 요인'에 대해서도 43%가 '세무조사 등 과도한 규제와 압박'을 지목했고 '통상임금(18%)'과 각종 '투자인센티브 축소(18%)' 등에 대한 우려도 컸다. '북한 리스크'는 응답의 10%에 그쳤다. 외투기업들은 한반도의 지정학적 리스크보다 정부의 반기업 정책을 더 염려하고 있다.[1]

1 한국경제(2014.1.19)

〈그림 2〉는 외국기업이 꼽은 주요 투자 애로사항으로 투자인센티브, 투자제도절차, 조세-세무, 인증-검사, 비자, 출입국, 노무, 인사 등 다양한 문제점이 제기되고 있음을 알 수 있다.

〈그림 2〉 외국기업이 꼽은 주요 투자 애로사항(2013년) (단위: %)

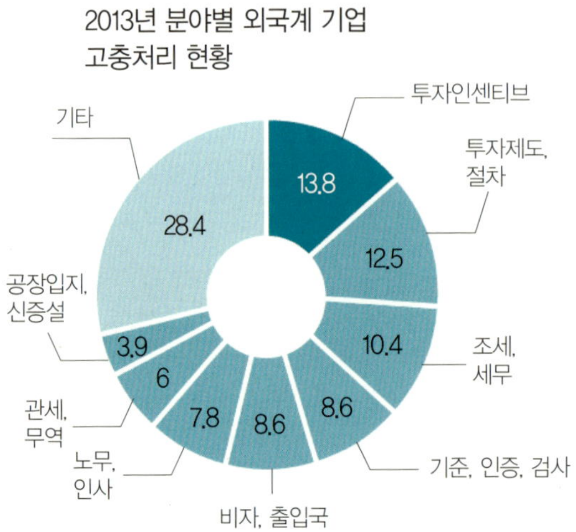

자료: 한국경제(2014.1.19)

2.2. 외국인직접투자 제도의 미흡

한국의 산업입지는 외국인전용단지, 외국인투자지역, 자유무역지역, 관세자유지역의 네 부분으로 나뉘어있다. 제도의 문제점은 첫 번째로 이들의 공급주체가 산자부, 재경부, 시/도인 국가 및 공공기관으로 되어 있기 때문에 가격인하에 한계가 있을 수밖에 없다. 두 번째는 산업용지의 확보 및 공장건축과 관련한 각종 인허가사항이 행정기관별로 분산되어 있어서 인센티브 결정이나 산업용지 확보까지의 기간이 장기화됨으로써 외국인직접투자를 저해하는 요인이 되고 있다. 세 번째로는 산업용지 구입시 취득세 등 각종 부대비용이 많아 기업체의 부담이 높고 따라서 초기 투자 위험부담이 크다는 점이다.[2] 네 번째로는 한국의 높은 외국인직접투자 규제제도 또한 외국인직접투자 유치의 문제점이다. 〈그림 3〉과 같이 OECD가 규제와 인허가 행정 등을 평가한 외국인직접투자 규제지수에서 한국이 미국, 독일 등 보다 크게 높다.[3] 따라서 현재 외국인직접투자 제도는 규제완화를 통한 외자유치라는 정책을 제대로 반영하지 못하여 정비가 미흡한 실정이다.

〈그림 3〉 주요 국가별 3차 산업의 외국인직접투자 규제지수(OECD 평균: 0.09)

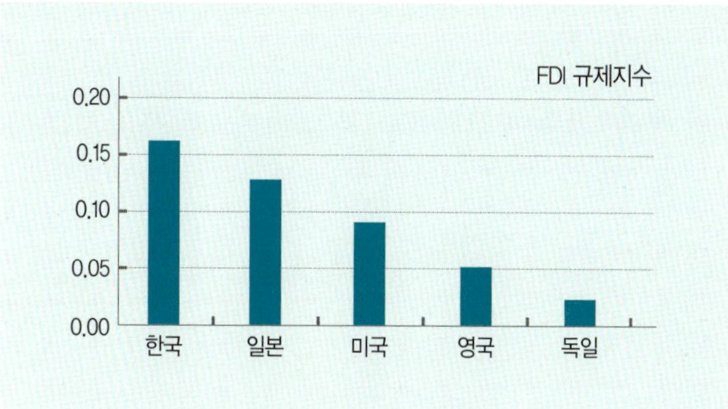

자료: OECD(2013). 한국경제(2014.1.9)에서 재인용.

2.3. 경제자유구역에 대한 제도 미흡 및 문제점

규제완화와 과감한 지원을 통해 지역 거점마다 '동북아 비즈니스 중심지'를 육성한다는 차원에서 도입된 경제자유구역 제도는 2003년 인천과 부산 진해, 광양만권, 2008년 황해, 대구 경북, 새만금 군산 등 총 6개 구역(면적 571㎢)이 지정되었으며, 개발사업비만 2012년 기준 58

---

2 오보수(2009), p. 37.

3 현대경제연구소(2013), 한국경제(2014.1.9)

조 원, 2022년 82조 원을 추가 투자할 예정이다.[4] 그러나 그 이면에는 성과도 적어 알차게 진행지도 못하고 있다는 비판이 제기되고 있다. 2003년에 가장 먼저 지정된 3개 구역은 2020년까지 개발을 완료하는 것이 목표지만, 2013년 기준 52.5% 안팎의 개발만 진행되어 진행상황이 상당히 늦다.[5] 뿐만 아니라 정부가 최근 이들 3곳을 평가했더니 80점을 넘은 곳이 없어 모두 미흡하다는 평가를 받는 등 부진한 실정이다.[6] 또한 일부지역의 경우 외자유치 실적이 낮은 이유에 대해 전문가들은 외국인직접투자가 본격적으로 이뤄질 만한 세계적 수준의 인프라 등을 갖추지 못하고 있기 때문이라는 지적이 나오고 있다.

제 6장에서 살펴본 바와 같이, 이러한 경제자유구역의 문제점을 살펴보면 크게 경제자유구역 개념의 모호 및 국내 투자유치특구의 중복, 인센티브의 부족, 각종 행정규제와 복잡한 인 · 허가 절차로 인한 신속성 결여, 국내 기업에 대한 역차별, 외국투자가의 정주여건 부족, 경직된 외국인 고용제도, 각 경제자유구역간의 중복투자 및 차별화 부재 등이 있다.

1) 경제자유구역의 개념 모호 및 국내투자유치특구의 중복문제

특구는 일정 지역이 가지고 있는 고유한 지역적 특성을 살려 다른 지역과 차별화되게 발전시킴으로서 지역의 균형있는 발전을 도모한다는 취지로 도입된 것으로, 규제의 완화, 세제혜택, 인 · 허가시 행정절차의 간소화가 적용되는 공간적으로 획정된 일정 지역을 의미하는데, 한국의 경우 자유무역지역, 자유수출지역, 수출가공지역 등 전통적인 경제특구와 비교적 새로운 경제특구인 외국인기업전용단지, 외국인투자지

4 매일경제(2013.7.3)
5 매일경제(2013.7.3)
6 경남발전연구소(2010)

역, 자유무역지역, 관세자유지역, 제주 국제자유도시 등이 경제자유구역과 중복되고 있는 실정이다.[7]

2) 각종 행정규제와 복잡한 인 · 허가 절차로 인한 신속성 결여 문제

한국 경제자유구역은 출장소 형태로 운영되고 있는 인천을 제외하고 모두 조합 형태로 운영되고 있어 신속성이 결여되고 있다. 이러한 문제의 원인은 다섯 가지 측면에서 살펴볼 수 있다. 첫째, 경제자유구역청의 조직체계이다. 경제자유구역청의 조직체계에 대한 문제점은 상당부분 독립성, 전문성, 능동성 등에 집중되어 있으며, 이는 동북아지역이 경제특구를 중심으로 한 글로벌 거점화 전략이 경쟁적으로 추진되면서 선점에 기초한 속도전이 이루어지고 있는 현재의 상황에서는 이러한 속도전에 효율적으로 대응하기 어렵다.[8] 둘째, 산업용지의 확보 및 공장 건축과 관련한 각종 인허가사항이 행정기관별로 분산되어 있어 인센티브 결정이나 산업용지 확보까지의 기간이 장기화됨으로써 외국인직접투자를 저해하는 요인이 되고 있다. 셋째로는 산업용지구입시 취득세 등 각종 부대비용이 많아 기업체의 부담이 높고 따라서 초기 투자 위험부담이 큰 것이 문제점이다. 넷째 한국의 높은 외국인직접투자 규제제도 또한 외국인직접투자 유치의 문제점이다. 마지막으로, 외투기업들의 의견을 수렴하지 않고 갑자기 규제정책을 바꾸는 식의 외국인직접투자 제도 변경이 외국인투자자들에게 한국 시장의 불신을 증가시키는 주요 요인으로 작용하고 있다.[9]

---

7 서문성 외(2009), p. 46.
8 이수행(2009), p. 57.
9 오보수(2009), p. 37.

3) 국내 기업에 대한 역차별 문제

경제자유구역에 외투기업을 유치하기 위해서는 국내기업도 입주하여 국내기업과 외투기업이 함께 어우러져 비즈니스가 이루어져야 하지만, 외투기업에게만 인센티브가 제공되고 있어 국내기업이 단독으로 진출하기에는 투자 유인 정책이 적은 것이 문제점이다.[10]

4) 외국투자가의 정주여건 부족 문제

국내 경제자유구역은 주변 경쟁국의 개발특구에 비하여 전반적으로 입지여건, 인프라 등이 불리하며, 국고지원 및 지방재정 부족으로 기본적인 기반시설의 적기 구축 곤란하다는 지적이다. 이러한 환경은 기업 유치에 어려움으로 작용하고 있다.[11]

5) 한국의 경직된 외국인 고용제도 문제

경제자유구역에서의 외국인 고용과 관련해서는 누구나 일하기 좋은 여건이 아니다. 외국인 경영자나 고소득자의 경우, 개인 세금문제 등으로 인하여 경제자유구역에서 근로하는 것을 꺼려하고 있으며, 노동자의 경우도 국내 노조 등과의 갈등으로 고용여건이 긍정적이지 않다는 편견을 가지고 있는 경우가 많다. 또한 출입국관리법과 외국인 고용 등에 관한 법률에 따라 외국인을 고용하더라도, 해당 법률의 범위와 신청에 따른 허용 요건이 까다로워서 외국인 고용이 경직되어 있는 실정이다.[12]

6) 각 경제자유구역간의 중복투자 및 차별화 부재 또한 문제

일례로, 부산 · 진해 경제자유구역과 광양만권 경제자유구역은 비교

---

10 박호신(2012), p. 121.
11 이창길(2011), p. 56.
12 박호신(2012), p. 120.

적 가까운 거리에 입지한 경제자유구역임에도 불구하고, 단순히 하나의 경제자유구역이 아니라는 이유로 해운 · 물류 업종을 서로 중점 유치하려하는 상황이 발생하고 있다. 또한 IT분야에서 인천과 대구, 황해 경제자유구역이 중복되고, BT분야에서도 인천(BT), 대구(의료), 황해(BT), 충북(바이오)이 한국 내 경제자유구역청간 유치업종 중복이 심한 상황이다.

따라서 국내뿐만 아니라 중국과 동남아시아 등 주변국들이 유사한 경제특구를 잇달아 설립하며 글로벌 기업 유치에 과열되어 있는 상황에서 지나친 장밋빛 청사진이었다는 지적도 있다. 2003년 1차 지정된 부산 · 진해, 인천, 광양만권과 후발주자인 동해안권, 대구 · 경북, 새만금 · 군산, 황해, 충북 등 전국 8개 경자구역의 단위개발 사업지구 98곳 중 개발이 완료된 곳은 19곳에 불과하다. 개발이 진행 중인 곳은 33곳뿐이며 절반에 가까운 나머지 46개(46.9%) 지구는 실시계획마저 없어 구조조정에 처할 위기이다.[13]

2.4. 조세제도 및 인센티브제도의 취약성

〈표 2〉 각국의 조세제도 (단위: %)

구 분	영국	중국	싱가포르	한 국
법인세	23% (2015년 20%까지 인하 추진)	15%	17%	22%
조세지원 제도	R&D비용: 125% 소득공제	특정 개발구에 입주하는 모든 기업에 대하여 법인세율 2년간 100% 면제 3년간 50% 감면	개척자격 등 각종 인센티브 제공	특정사업에 대하여 7년간 100% 3년간 50% 법인세 감면

13 강원일보(2014.1.13)

〈표 2〉는 영국과 중국, 싱가포르, 한국의 조세제도를 비교한 것이다. 우리나라는 1990년대 중반이후 조세감면 정책으로 외투기업에 대한 우대조치를 계속 확대해 왔다. 앞으로도 외투기업에 대한 인센티브는 고도기술 수반사업, 수출자유지역 입주업체뿐만 아니라 광범위하게 확대될 예정이다. 하지만 조세제도 측면에서 보면 법인세율이 중국(15%), 싱가포르(17%) 등 경쟁국과 비교할 때 한국(22%)은 아직 높은 실정이다.

우리나라는 특정사업에 대해서 지정해 놓은 것만 제한적으로 인센티브를 제공하지만, 싱가포르의 경우에는 각종 여러 가지 인센티브를 제공하고 있어 한국보다 유리한 조세지원제도를 제공한다. 따라서 한국도 외국기업의 투자유인을 위해서는 법인세 및 소득세율 인하, 복잡한 조세제도의 단순화, 조세 감면대상의 확대 등 정책 마련이 시급하다는 점을 알 수 있다.

2.5. M&A형 외국인직접투자에 대한 부정적 인식

한국이 외국인직접투자에 대해 부정적인 생각을 가지게 된 이유는 싼값에 기업을 인수, 합병(M&A) 하여 노력하지 않고 뛰어난 기술을 빼가고 사고 팔 때의 차익을 얻어 빠져나가는 경우가 많이 있었기 때문이다. 일례로 쌍용자동차를 인수하여 핵심기술만 획득하고 다시 팔아버린 상하이자동차, KT&G의 경영권을 위협한 후 막대한 차익을 챙기며 철수했던 칼 아이칸 사례가 있다. 앞의 두 사례에서 보듯이 외국인 M&A투자는 부정적인 이미지가 강하다. 하지만 M&A를 통하여 건전한 투자분위기 조성과 필요한 투자 자금 확보 등의 요인도 작용하여 선별적인 M&A를 통한 투자유치 전략도 필요하다.

2.6. 국내 외국인직접투자 유치제도의 중복

경제자유구역과 같이 외자유치나 특정구역의 규제를 완화한 외국인 전용기업단지, 외국인투자지역, 자유무역지역 등 유사한 제도가 아울러 도입되어 운영 중인데 현재 한국국토가 좁다는 것을 감안하면 이런 유사한 제도가 여러 지역에 지정되어 운영됨에 따라 국내 여러 경제자유구역 간 뿐 아니라 경제자유구역 이외의 외국인투자지역의 경쟁이 불가피한 상황이 하다.

무엇보다도 지정목적, 지정지역, 입주자격요건을 볼 때 자유무역지역, 경제자유구역, 외국인투자지역들이 거의 유사하다고 볼 수 있다. 즉, 모두 지정목적이 지역개발, 외자유치라는 점, 지정지역 역시 부산, 인천, 광양이 겹친다는 점(외국인투자지역제외), 외국기업에게만 조세혜택을 부여한다는 점을 감안하여 볼 때, 이들 지역끼리의 불필요한 경쟁은 피할 수 없다.[14]

〈표 3〉은 국내 외국인직접투자 제도 정리표인데 자유무역지역과 경제자유구역, 단지형 외국인투자지역에 대한 법적 근거, 지정 목적, 지정권자, 관리권자, 입지형태, 조세혜택, 임대료 및 임대료 지원, 자금지원 측면에서 각 지역을 비교한 것이다.

〈표 3〉 국내 외국인직접투자 제도

	자유무역지역	경제자유구역	외국인투자지역(단지형)
법적 근거	자유무역지역의 지정 및 운영에 관한 법률	경제자유구역의 지정 및 운영에 관한 법률	외국인투자촉진법
지정 목적	외자유치, 무역진흥, 국제물류원활화, 지역개발	외자유치, 국가경쟁력강화, 지역균형발전	외자유치

14 박재곤(2008), p. 48.

	자유무역지역	경제자유구역	외국인투자지역(단지형)
지정 권자	지식경제부장관	지식경제부장관	시도지사
관리 권자	지경부장관(산단형) 국토부장관(물류형)	시도지사	시도지사
입지 형태	비관세지역, 집적지역	특별행정구역	임대단지 운영원칙
지정 지역	마산, 익산, 군산, 대불, 동해, 율촌, 부산, 광양, 인천, 인천공항	인천, 부산-진해, 광양만, 황해, 대구-경북, 새만금-군산	천안, 오창, 인주, 구미, 평동, 대불, 진사, 금의, 당동, 지사
입주 자격	외투기업, 내국기업 제조업 (수출주목적), 물류업, 무역업 등	외투기업, 국내기업, 교육, 제조업, 물류업, 주거, 의료, 외국방송, 금융 등	외투기업, 제조업, 물류업 등
외투 기업 조세	법인세, 소득세 3년간 100%, 2년간 50% 지방세 8~15년 감면조건 - 제조업 1천만 달러 - 물류업 5백만 달러	법인세, 소득세 3년간 100%, 2년간 50% 지방세 8~15년 감면조건 - 첨단 및 관광 1천만 달러 - 물류업 5백만 달러	법인세, 소득세 3년간 100%, 2년간 50% 지방세 8~15년 감면조건 - 제조업 1천만 달러 - 물류업 5백만 달러
관세	관세유보 (수입물품, 자본재)	자본재 3년간 관세면제	자본재 3년간 관세면제
임대료	부지가액의 1%	부지가액의 1%	부지가액의 1%
임대료 감면	외투기업 100%	감면율 미결정 (관리청이 결정)	고도기술 100% 일반제조 75%
자금 지원	국비최대 75%	분담비율 미결정	수도권: 국비 40% 비수도권: 국비 75%

자료: 박재곤(2008), pp. 48-54.에서 정리.

〈그림 4〉는 국내 외국인직접투자와 관련된 관련기관을 보여준다. 대통령령으로 개정된 외국인투자촉진법에 의거하여 지식경제부, 기획재정부, 경제자유구역청(기획재정부 산하), KOTRA등이 외국인직접투자에 대한 지원을 담당하고 있다.

〈그림 4〉 국내 외국인직접투자와 관련된 관련기관

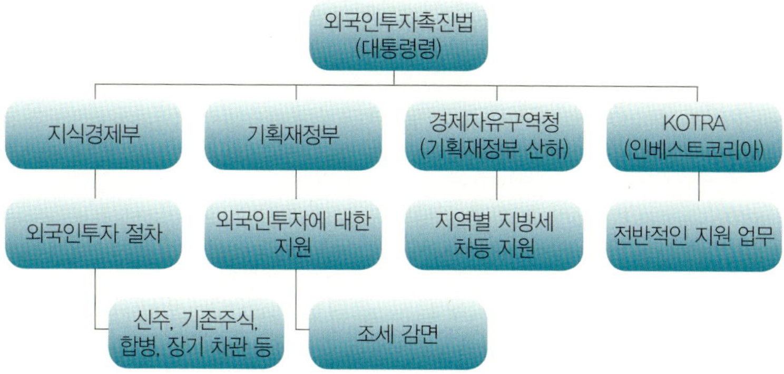

자료: 정부관련부처합동(2014), 외국인투자 활성화 방안, 정부관련부처합동.

한국의 외국인직접투자 유치기관은 기획재정부, 지식경제부, 경제자유구역청, KOTRA 산하의 인베스트코리아를 중심으로 투자유치활동이 활발하게 이루어지고 있으며, 그밖에 전국의 지자체에서도 유치활동을 하고 있다. 그러나 외자유치 유관기관이 다각화 되어 있어 업무추진이 비효율적으로 운영되고 있기 때문에 총괄 조정기능을 해주는 투자유치 전담기구 또는 협의체를 설치 할 필요가 있다. 또한 부처별 지자체와 연계한 사후관리까지 전 과정을 책임제로 운영하고 투자유치조직(Invest Korea)의 강화가 요구된다.

이러한 시스템이 가동된다면 국가투자유치 기관간의 유기적인 협조체제로 인해 실질적인 원스톱 서비스의 제공도 가능해질 것이다. 한국과 경쟁하고 있는 싱가포르는 이러한 기구를 적극 활용하고 있다. 투자유치 전담기구를 통하여 모든 투자유치 관련업무가 일원화되고 처리되고 있으며 특히 싱가포르의 경우에는 도시국가이기 때문에 중앙정부와 지자체라는 구별 자체가 없다는 차이는 존재한다.[15]

---

15 오보수(2009), p. 58.

3.
국내 외국인직접투자 제도의 개선방안

외국인직접투자를 유치하기 위해 조세와 금융상의 인센티브 제공도 중요하지만, 차별화된 투자유치 전략, 편리한 비즈니스 환경과 생활환경 등을 갖추는 것도 매우 중요하다. 기업의 경제활동이 원활히 이루어질 수 있는 환경이 조성된다면 국내기업 뿐만 아니라 외국기업도 자연히 국내에서 기업 활동을 영위하고자 할 요인이 발생할 것이기 때문이다.

3.1. 외국인직접투자 유치제도의 개선

현재 우리나라에서 운영하고 있는 경제자유구역의 지원제도 중, 조세지원, 현금지원, 입지지원 등 투자 인센티브를 제외한 사후관리체계 측면에서는 경영환경지원과 정주여건지원에 집중되어있다. 경영환경 지원에는 아직까지 외자유치의 활성화가 진행되지 않은 상황이라 지원 체계상의 환경이 미비하다고 할 수 있으며, 정주여건에 대해서도 단순히 외국인 전용 주거단지 등을 위한 토지개발에만 집중하고 있어 실질적인 정주여건의 개선이 이루어졌다고 하기 힘든 상황이다.

이에 따라, 외국인직접투자의 성공적인 운영을 위해서는 토지개발을 통한 정주여건의 개선 측면보다는 경영환경의 지원을 통한 외국인직접투자 유치를 이끌어 내기 위한 경쟁력을 의미하는 것으로, 경영환경지원 및 투자유치업무와 관련한 일원화된 서비스의 제공 등의 외국인직접투자 유치제도의 소프트웨어 경쟁력을 강화해야 한다. 기존의 정주여건 지원을 통한 외국인직접투자 유치 개념과 더불어 소프트웨어적인 여건의 강화를 위해 경제자유구역청의 권한을 실질적으로 강화하기 위

한 제도 마련이 필요하다.[16]

또한 낙제점 수준인 경제자유구역을 활성화하기 위해서는 우선 불합리한 제도 개선이 이루어져야 한다. 예를 들어 국내기업에 대해 외국기업과 동등한 인센티브 제공, 외국인투자지역 입주한도 완화, 외국인 전용 임대주택 공급기준 완화, 산업시설용지 공급가격 기준 완화, 구역 내 산업단지 기반시설 국비 지원, 대체 산림자원조성비 전액 감면 등 전국 6개 경제자유구역청과 정부의 전폭적인 지지와 제도적인 뒷받침이 필요하다.[17]

3.2. 지역 중견기업과의 합작투자(joint venture) 형식의 외국인 직접투자 장려

지역 우량 중소, 중견기업과의 조인트벤처 형식의 외국인직접투자를 장려하기 위해, 대한상공회의소의 국내 기업정보(KORCHAMBIZ.net)를 KOTRA의 인베스트코리아 등을 통해 외국투자가에게 제공하고 상호연계를 지원하는 방안을 추진해야 한다. 국내 중소기업들에 대한 외국인투자자의 투자위험을 완화하기 위해 국내기관과 외국인투자자가 공동으로 출자한 2014년 상반기 1천억 규모의 글로벌 윈윈 펀드 2호' 조성을 추진할 예정이다. 정책금융공사 등이 참여한 1호 펀드의 경우 2013년 12월 기준 소진율이 60%로 2014년 상반기 소진예정으로 좋은 성과를 거두고 있다.[18]

16 홍성헌 외(2011), p. 252.
17 세계일보(2012.12.18)
18 정부관련부처합동(2014) p. 17.

3.3. 투자환경 개선방안 마련

외국인직접투자 환경에서, 경영환경 분야별로 세부 우선 개선사항을 보면 금융환경 분야는 '본사와의 채권 채무 상계 절차 복잡' 세무환경 분야는 '불필요한 행정 중복' 노무환경 분야는 '노조의 경영권 참여요구' 인력채용환경 분야는 '지원자의 영어 의사소통 능력부족' 이 가장 우선적으로 개선해야 할 사항이다. 또한 입지선정 및 환경 분야는 '각종 인프라 부족', 물류환경 분야는 '고전적 도로교통 체증 및 통행료 부담' 이 개선되어야 할 사항이다. 노동문제에 대한 원리 원칙적 대응이 필요하며 법인세 인하 및 개선된 납세제도가 조기에 도입될 필요가 있다. 또한 외국은행 자기자본 산정기준을 해외본사 기준으로 인정하고 상계절차 필요서류 간소화가 필요하다.[19] 현재 각종 인허가와 관련하여 다양한 기관에 분산 운영되어 있는 구조를 획기적으로 간소화하기 위해 특례규정이나 위임을 보다 명확히 법률상에 명시할 필요가 있다.[20]

3.4. 특화된 투자유치 모델 선정 필요

현재의 조세감면, 현금지원 및 입지지원과 각종 규제완화, 효율적 운영제계지원 등은 우리나라만 제공할 수 있는 경영환경지원이라기 보다는 다른 나라의 경제특구에서도 지원되고 있는 제도로써, 이것만을 바탕으로 외국기업들의 투자를 유치하기에는 한계가 있다. 또한 우리나라와 같은 소규모 개방경제체제에서 싱가포르나 홍콩, 두바이와 동일하거나 비슷한 조세감면, 규제완화 등을 실현하는 데는 여러 가지 여건들로 인해 어려운 실정이다. 따라서 획일화된 조세지원, 현금지원, 입지

19 오보수(2009), p. 58.

20 홍성헌 외(2011), p. 252.

지원, 규제완화와 같은 지원제도 보다는 각각의 투자유치 업종이나, 목표, 지방자치단체에 따라 적합한 모델을 설정하여 차별화된 지원제도를 마련해야 할 것이다. 이를 통해 외자유치를 희망하는 특구나, 경제자유구역청, 지방자치단체간의 충돌을 최소화 하고, 공정한 경쟁체제의 확립도 이루어 질 수 있을 것이다.[21]

2.5. 경제특구 제도 개선을 통한 전문성 강화

〈표 4〉 기업입주단지별 인센티브 비교

구분	개발 지원		입주기업 지원				
	지반시설 국고지원	정주여건 (복합개발)	조세감면			입지지원 (저가임대)	규제특례 (경영/노동)
			법인세 소득세	관세	지방세		
경제자유구역	○	◎	외 ◎	외 ○	외 ◎	외 ◎	외 ◎
산업단지		×	×	×	○	×	×
외국인 투자지역	◎	×	외 ◎	외 ○	외 ◎	외 ◎	외 △
자유무역 지역	×	×	외 ○	외	외 ◎	외 ◎	내외 △
기업도시	○	◎	내외 ◎	×	내외 ◎	내외 ◎	외 ◎
세종시	◎	◎	내외 ○	×	내외 ◎	×	×
연구개발 특구	×	○	내외 ○	×	내외 ◎	내외 △	×

주: 1) 인센티브 적용대상: 외–외투기업에만 적용/ 내외–국내기업, 해외기업 모두 적용.
2) 인센티브 수준: ◎ – 높은 수준 / ○ – 중간수준 / △ – 낮은 수준 / × – 없음.
3) 외국인 정주여건(교육, 의료) 특혜: 경제자유구역, 기업도시, 연구개발특구에만 있음.
자료: 박호신(2012), p. 127.

21 홍성헌 외(2011), p. 253.

〈표 4〉는 기업입주단지별 인센티브 비교이다. 국내에는 경제자유구역, 외국인투자지역, 자유무역지역, 기업도시 등 다양한 유사특구가 존재하고 있다. 그러나 현재 각 특구들의 인센티브는 서로 유사점을 보이고 있다. 가령 개발면에서 경제자유구역과 기업도시가, 입주기업 지원 측면에서는 경제자유구역과 외국인투자지역과 유사한 특징을 보이고 있는 실정이다.[22]

이처럼 실제 특구간의 유사성을 간과하고 무차별적으로 지정되는 경제특구들의 난개발은 향후 각각의 발전방향을 저해하는 요소로 작용하고 있다.[23] 외국인직접투자 유치를 위해서는 각각의 전문성과 역량이 발휘되는 모습을 보여야만 하며, 이를 위해서는 우선 경제자유구역청의 독립성과 전문성을 강화하기 위한 제도적 장치들을 개선하고, 자율성을 확립해야 한다.

3.6. 국내 대기업의 외국 협력업체 한국투자 장려

한국의 글로벌 기업에 부품소재를 공급하는 외국기업을 발굴하여 국내투자를 유도하는 형식으로 전 세계에 퍼져있는 한국의 글로벌 기업 협력업체들을 대상으로 국내 투자를 촉진 전략을 고려할 수 있다. 이를 위해 글로벌 대기업과 공동으로 민관공동 맞춤형 투자유치활동과 함께 국내 대기업 및 해외 협력업체 유치를 위해 필요시 이들 기업의 인근에 중소협력형 외투지역 지정하는 것도 검토할 필요가 있다.[24]

---

22 박호신(2012), p. 126.

23 박호신(2012), p. 127.

24 정부관련부처합동(2014), p. 17.

3.7. 기존 투자기업들의 증액투자 유도 전략

〈그림 8〉 한국의 외투기업의 증액투자 비중

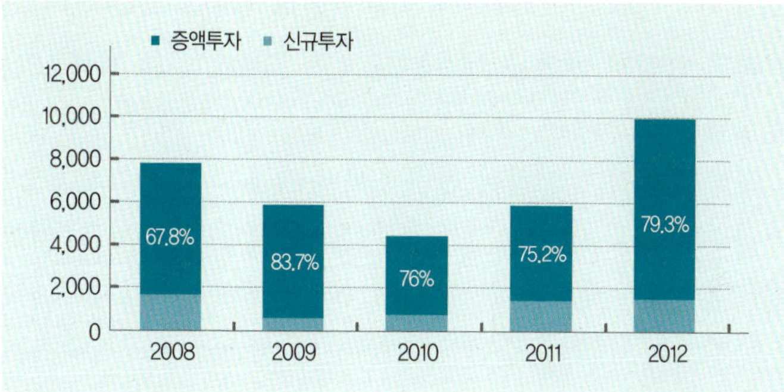

자료: 김승진(2014), p. 57.

〈그림 8〉은 한국의 외투기업의 증액투자 비중의 중요성을 보여준다. 외국인직접투자에서 신규투자와 비교한 높은 증액투자 비중을 고려할 때, 신규투자 유치에만 집중할 것이 아니라 증액투자 유치에도 전략적 접근을 시도할 필요가 있다. 외국 다국적 기업들이 한국에 투자하는 외투금액 규모를 최초 투자인 신규투자와 후속적으로 이루어지는 증액투자로 나누어 살펴볼 때, 증액투자는 평균적으로 외투금액의 50%를 차지하며 신규투자와 동일한 비중을 보여 왔다. 또한 신규투자를 통해 설립된 최초의 생산 공장들이 보다 높은 부가가치를 생산하는 완전한 형태의 생산 공장으로 발전하는데 증액투자가 중요한 역할을 하고 있으므로, 최초 설립한 단순 조립공장에서 후속적으로 외국본사에서 기술을 이전 받아 완전한 형태의 생산 공장으로 발전하거나 또는 생산기능 이외에 해외마케팅이나 연구개발 기능을 추가적으로 수행하는 공장으로 발전하기 위하여 필요한 증액투자를 유치하는 것이 필요하다.[25]

25 전용욱 외(2009), p. 3.

이같은 증액투자의 결과로 외투기업의 순차적인 성장경로는 〈그림 5〉와 같다. 이러한 성장경로를 통해 궁극적으로 한국의 생산 공장을 해외의 다른 공장을 이끄는 선도공장의 형태로 발전시키는 것이 중요하다. 증액투자의 결과로 나타나는 외투기업의 향상된 능력 수준과 그에 따른 전략적 역할의 변화를 가져온다. 선도공장은 기존 제품 또는 기존 생산 공정의 향상보다는, 창의적인 신제품의 개발 및 혁신적인 신생산 공정의 개발을 목적으로 하는 연구 · 개발 기능을 수행하는 공장이다.[26] 또한 지역별 특성과 연계해 특성화된 유치업종을 선정하고, 이를 중심으로 외국인직접투자를 유치하고 여기에 경제자유구역청의 전문성과 자율성을 강화해 수요자 중심의 경쟁력 있는 기업지원 서비스를 제공해야 한다.

〈그림 5〉 외투기업의 성장경로

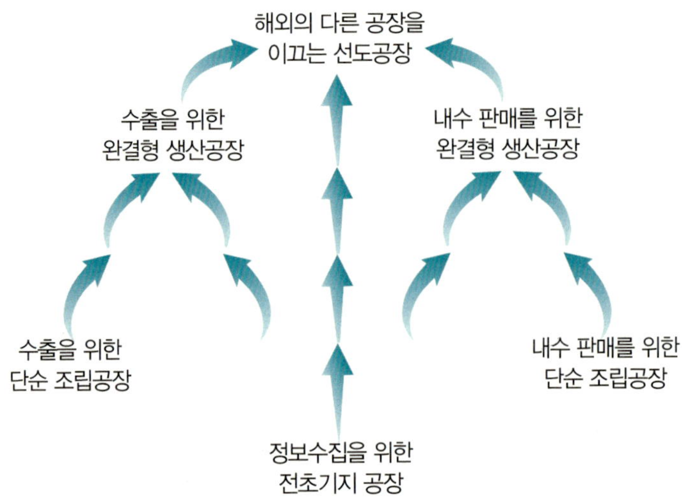

자료: 전용욱 외(2009), p. 13.

26 전용욱 외(2009), p. 17.

4. 결론

제 12장에서는 한국의 외국인직접투자의 문제점과 개선방안에 대하여 분석하였다. 국내 외국인직접투자 제도의 문제점으로 경직적인 노사관계, 외국인직접투자 제도의 미흡, 경제자유구역에 대한 제도 미흡 및 문제점, 조세제도 및 인센티브제도의 취약성, M&A형 외국인직접투자에 대한 부정적 인식, 국내 외국인직접투자 유치제도의 중복 등이 있다.

특히 제 11장 규제개혁에서 살펴본바와 같이, 한국의 높은 외국인직접투자 규제제도 또한 외국인직접투자 유치의 문제점으로 지적되고 있다. OECD가 규제와 인허가 행정 등을 평가한 외국인직접투자 규제지수는 한국이 미국, 독일 등 보다 훨씬 높다. 따라서 현재 외국인직접투자 제도는 규제완화를 통한 외자유치라는 정책을 제대로 반영하지 못하여 정비가 미흡한 실정이다. 국내 외국인직접투자제도의 개선방안으로 외국인직접투자 유치제도의 개선, 지역 중견기업과의 합작투자(joint venture) 형식의 외국인직접투자 장려, 투자환경 개선방안, 외국인직접투자를 위해 특화된 투자유치 모델 선정, 경제특구 제도 개선을 통한 전문성 강화, 국내 대기업의 외국 협력업체 한국투자 장려, 기존 투자기업들의 증액투자 유도 전략 등의 전략이 필요하다. 이러한 정책과 제도의 개선과 합리화를 통하여 창조경제의 활성화를 더욱 추진 할 수 있다.

참고문헌

강원일보(2014.1.13), "동해안권 경제자유구역 〈상〉문제점 MOU 128개 외국기업 한 곳도 입주 안 했다."

경남발전연구소(2010), "경제자유구역의 현황과 문제점-경남의 진해 및 하동지구를 중심으로", Isuue Paper 2010-31, 경남발전연구원.

김승진(2014), "외투기업 사후지원제도 소개(옴부즈만, 홈닥터)", 2014 글로벌 투자유치 전략설명회, 2014년 글로벌 FDI 전망 및 우리의 전략 14-002, KOTRA.

매일경제(2013.7.3), "경제자유구역 국내기업 역차별 없앤다."

박재곤(2008), "자유무역지역 정책의 추진방향", 한국지방정부학회, KIET 산업경제, 통권 117호 , pp. 35-47.

박호신(2012), "한국의 경제자유구역내 물류투자 활성화 방안에 관한 연구", 관세학회지, 제 13권 제 3호, pp. 113-132.

서문성(2008), 우리나라 경제자유구역 현황과 운영전략에 관한 연구, 한국해운물류연구, 제 56호, 한국해운물류학회, pp. 61-83.

세계일보(2012.12.18), "경제자유구역 지정 10년 문제점과 개선방안".

오보수(2009), "한국의 외국인직접투자 지원제도에 관한 연구", 원광대학교 석사논문.

이수행(2009), "경제자유구역의 글로벌 거점화 전략 연구-황해경제자유구역을 중심으로", 경기개발연구원, 기본연구 2009-06.

이창길(2011), "경제자유구역의 현황 및 문제점과 활성화를 위한 방안: 인천경제자유구역의 활성화 방안을 중심으로", 정부와 정책, 제3권 제2호, 가톨릭대학교 정부혁신생산성연구소, pp. 45-78.

전용욱 외(2009), "외국인투자기업의 사업확장을 촉진하는 투자촉발요인에 대한 연구", 기획재정부 용역과제, 중앙대학교.

정부 관련부처 합동(2014), "외국인투자 활성화 방안", 정부 관련부처 합동.

한국경제(2014.1.9), "국내기업 해외투자 1374억弗…외국인투자는 고작 225억弗".

한국경제(2014.1.19), "글로벌기업 헤드쿼터 유치 확대...임직원 소득세율 계속감면".
현대경제연구원(2013), "외국인직접투자(FDI) 규제 국제 비교와 시사점: 서비스 산업 진입 OECD 평균보다 크게 어렵다", 현안과 과제 13-56, 현대경제연구원.
홍성헌, 이재영(2011), "한국의 경제자유구역의 효율적 운영을 위한 개선과제에 관한 연구", 통상정보연구, 제 13권 2호, pp. 235-258.

변재웅(卞載雄)

• 계명대학교 국제통상학과 부교수. 홈페이지: http://hope.kmu.ac.kr

[학력]
• 영국 Leicester 대학교 경제학 박사 (국제경영 전공).
• 영국 Warwick 대학교 경제학 석사 수료.
• 계명대학교 경제학사 (무역학 부전공).

[주요 경력]
• (현) 대구시, 경상북도 자문/심사위원.
한영협회(The Korea-UK Association) 사무국장.
• 복지재단 "자비의 집" 감사
• (전) 계명대학교 산학협력단 부단장.
대구광역시 경제정책지원실 근무(계약직 가급).
• "Marquis Who's Who in the World" 2010년도 인명사전 등재.
• IBC 2010년 인명사전 등재 (2000 Outstanding Intellectuals of the 21st Century).
• ABI (American Biographical Institute) 2011년 인명사전 등재.

[학회]
• (현) 한국무역통상학회 부회장, 한국무역학회 부회장, 한중경상학회 부회장, 한국국제경영학회, 한국국제경영관리학회, 전문경영인학회, 중견기업학회 등 이사.

[주요 연구저서]
• 변재웅(2013), "글로벌경영", 탑북스.
• 변재웅, 이로리(2012), "한-EU FTA 특수문제연구", 계명대학교 출판부.
• 변재웅, 이로리(2010), "EU통상정책 특수문제연구 I", 계명대학교 출판부. (2011년 문화체육관광부 우수도서 선정)
• 변재웅(2010), "해외직접투자론 I (이론 및 전략)", 비즈프레스.
• Jae-Woong Byun(2012), "Success Factors in Finnish Business Environment and Its Implications", Asia Pacific Journal of Innovation and Entrepreneurship, 6(3).
• Jae-Woong Byun(2012), "The Success of Disney Corporation: Case Study of Value-based Services for Sustainable Business (2008-2012)", Journal of Korean Distribution and Management, 15(5).
• 변재웅(2011), "한국-EU FTA 체결에 따른 대구자동차 부품산업 효과 분석", 무역학회지, 36(1).
• Jae-Woong Byun, C.C. Cheong(2007), "International Trade: an Application to the Case of the U.S. Imports from France", Journal of Korea Trade, 11(2).
• Jae-Woong Byun, S. Pudney(1994), "Estimation of Discrete Dynamic Models from Endogenously-Sampled Company Panel Data: An Analysis of Direct Investment by Korean Firms in the EU". No. 94/19. 외 다수 논문 발표

외국인직접투자와 규제개혁

초판1쇄 인쇄 2015년 2월 1일
초판1쇄 발행 2015년 2월 6일

지 은 이 변재웅
펴 낸 이 신일희
펴 낸 곳 계명대학교출판부
출판등록 제347-1998-1호(1970. 9. 1.)
주 소 대구광역시 달서구 달구벌대로 1095
대표전화 053-580-6233
팩 스 053-580-6235
홈페이지 www.kmupress.com

ISBN 978-89-7585-693-8 93320 정가 23,000원

이 도서의 국립중앙도서관 출판예정도서목록(CIP)은 서지정보유통지원시스템
홈페이지(http://seoji.nl.go.kr)와 국가자료공동목록시스템(http://www.nl.go.kr/kolisnet)에서
이용하실 수 있습니다.(CIP제어번호: CIP2015003168)